伊藤塾編

第3版

うかる！司法書士

必出
3300選①
全11科目

民法編

日本経済新聞出版

第3版　はしがき

　私がこの本に込めた一番のメッセージは、基礎の徹底こそが合格への一番の近道であるということです。問われる知識が膨大な司法書士試験だからこそ大事なのが基礎の積み重ねです。単に「知っている」で済まさず、何度も繰り返し基礎を固めることが、実は合格への一番の近道であるということが、約10年の受験指導の経験の中で私が感じているところです。

　そして、この『うかる！司法書士 必出3300選』シリーズは、まさに基礎の徹底を具現化した教材となっており、司法書士試験の合格を目指す受験生のみなさんにとって、合格への一番の近道を示しているものと自負しています。

　さて、当シリーズが刊行されてから7年が経ちました。その間、本書の最大の特長であるインプット（知識の習得）とアウトプット（問題演習）の同時学習形式が好評を得、大変多くの受験生にご利用いただいています。また、第2版においては、理解を促すコメントやイメージをつかみやすくするための図を入れるなど、よりわかりやすさを向上させる内容へと改訂を行いました。

　近年は、民法の債権法及び相続法改正のほか、民法の物権法・不動産登記法の改正や、令和元年会社法改正など、社会の変化に伴い、規模の大きな改正が絶え間なく行われています。

　また、司法書士試験の傾向も初版、第2版が出版されてから少なからず変化がありました。

　そこで、このような最新の法改正及び試験傾向の変化に対応すべく版を改めることとしました。

　今後も、当シリーズを効果的に利用し、合格に向けて効率のよい学習を進めていただければ幸いです。

2022年10月

伊藤塾司法書士試験科講師

髙橋　智宏

目　次

第1編　総　則

第2編　物　権

第3編　担保物権

第4編　債権総論

第5編　債権各論

第6編　親　族

第7編　相　続

本書の特長

最強の情報集約ツール

　司法書士試験は問われる知識量が膨大であるため、いかに細かいことを多く知っているかの勝負であると思われがちですが、実は違います。**重要かつ基礎的な知識（＝Aランクの知識）を正確に押さえることが合格の必須条件**であり、これこそが合否を分けるポイントになります。

　もちろん最終的には、試験範囲全体を網羅して学習することも必要ですが、網羅することに気をとられてしまい、Aランクの知識がおろそかになってしまうのが司法書士試験の落とし穴といえるでしょう。そうならないためにも、**Aランクの知識に絞った学習を行い、盤石な基礎を固めることが何よりも重要**です。

　しかし、ただ重要知識に絞ったテキストを繰り返し読めばよいというわけでもありません。知識は単に吸収（インプット）するだけでは本試験で使えず、どのように本試験で問われるかを、問題演習（アウトプット）を通して同時に把握していく必要があります。

　本書は、司法書士試験の合格に必要な**Aランクの知識を効率的に習得するための、ドリルとテキストが一体となった最強の情報集約ツール**です。

　見開きページで構成し、左側に演習用の問題、右側に知識整理用のまとめ表を配置することで、インプットとアウトプットを同時に行うことができ、知識の吸収力が高まるのはもちろん、テキストと問題集の2冊を持ち歩く必要がないため、利便性にも優れています。また、基礎固め用の教材としても、直前期の知識の総まとめ用の教材としても活用することができるため、初学者から中上級者まで、幅広い層の受験生に適した教材となっています。

時間のない受験生の強い味方

　試験範囲全体を網羅した教材は、ページ数が多いため、時間のない受験生にとって繰り返し取り組むのが難しく、また、通勤時間などのスキマ時間を活用した学習にも扱いにくいことでしょう。

　本書は、司法書士受験用の教材の中で最もコンパクトにまとまっているため、繰り返し取り組みやすく、かつスキマ時間の活用に適した教材となっています。「繰り返し取り組んで知識の定着を図りたい」、「通勤時間を活用して知識の整理を行いたい」といった時間のない受験生の強い味方となる教材です。

　なお、本書は択一式問題に特化した教材であり、法律を学ぶ上において重要な項目に絞っているため、司法書士試験対策に限らず、司法試験予備試験、司法試験、行政書士試験、公務員試験、大学の試験等の択一（短答）式試験の対策にも使用することができます。

髙橋智宏講師

本 書 の 使 い 方

　本書は、「本書の特長」にもあるように、司法書士試験合格に必要なＡランクの知識を効率的に習得するために情報を集約したツールですが、使い方の工夫次第で、単に繰り返すよりも何倍にも増して効果を上げることができます。本書の構造と利用法を正しく把握し、学習効果を一層上げていきましょう。

① 本書の構造

1 体系 MAP

　各編の扉に民法の全体像を地図として示した「体系MAP」を掲載しています。ここで、全体の中のどこを学習するのかを把握した上で学習を進めることで、体系的な理解がしやすくなります。

2 見開きページ

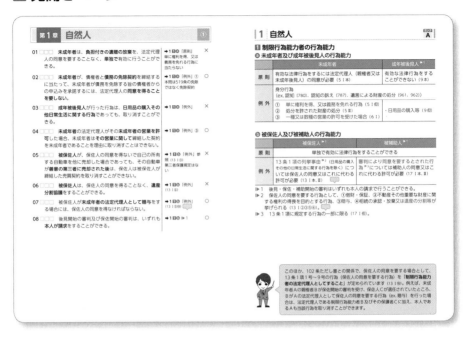

見開きページの左側は問題と解答、右側は知識を整理したテキストという構成です。

　問題を解く際は、テキストの抽象的な記載を、具体的な問題（事例問題など条文や判例の文言とは異なる表現によるもの）に当てはめる、いわば知識の応用力が必要となります。この知識の応用力を身に付けるためには、左側の問題を解いて正誤を確認して終わりにするのではなく、右側のテキストの記載と結びつけるプロセスをしっかり踏むことが必要です。どのような手順で取り組むかに関しては、次のようなやり方があります。

ⓐ 左側の問題・解答ページを先に取り組み、答え合わせの際に右側のテキストページを参照する。その後、右側のテキストページを通しで確認する

　一番スタンダードな方法で、知識の確認と整理を同時に行うことができます。講義等を受講した後の整理教材として使用するのであれば、このやり方がお勧めです。

ⓑ 右側のテキストページを通しで確認した上で、左側の問題・解答ページに取り組み、答え合わせの際に右側のテキストページを再度参照する

　先に知識整理を行うため、問題とのリンクがしやすいという利点があります。ⓐのやり方を試したが問題が解けない、あるいは、まだ知識のインプットがしっかりできていないという場合にお勧めです。

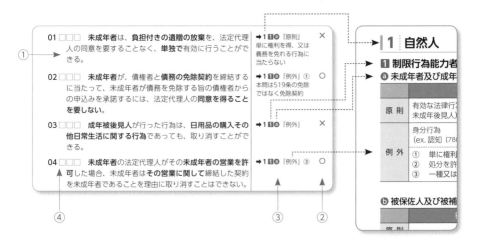

①問題文：問題には、一問一答と一問多答の形式があります。

②解答：一問一答においては、問題文どおり正しいときは○、誤っているときは×と表示して
あります。一問多答においては、「1－Ⅱ」「2－及び」等となっています。

③解説：右ページ（テキスト）のリンク先を➡以降に表示してあります。正解した場合でも、
怠らず確認しましょう。

　問題で問われている知識が他の知識との関係でどの部分に位置づけられているかも意
識しましょう。また、比較事項や関連事項等の記載があれば、併せて何度も確認しなが
ら学習しましょう。

　判例や条文の知識が必要な場合は、該当する判例・条文を提示しました。

④チェック欄：3回分用意しました。1回ごとにチェックするだけでなく、自分の正誤を○×
等の記号を用いて記録すると、さらにメリハリがつき記憶を助けます。

ⓒ 左側の問題・解答ページを中心に取り組み、解答を間違えた箇所だけ右側のテキストページを参照する

　問題を中心に取り組むため、知識の抜けを点検したいときにお勧めです。これは、直前
期に適した方法です。

　ⓐからⓒまでのいずれにするかは、学習状況や時期によって適宜合ったものを採用する
とよいでしょう。

　なお、本シリーズの最大の特長である見開きのレイアウトは、解答が見えやすいのが唯
一の難点です。そこで、目隠しとして利用可能なしおりを付けました。伊藤塾講師からみな
さんへのメッセージも入っています。合格までは辛いことも多いですが、しおりにあるメッ
セージのとおり、がんばっていきましょう。

3 講師コメント・図解

　理解しづらいところや必ず押さえてほしいところに講師からのコメント・アドバイスや関係図・イラストを置きました。これを通して、理解を深め、次の項目へ進みましょう。

4 重要度ランク

　学習の優先順位の目安として、各単元にランクを付しました。重要度が高いほうから、ＡＢＣの順に示しています。これによりメリハリが付いた学習が可能となります。

2 よくある質問

　各編の最後に「よくある質問Q＆A」と題し、伊藤塾に受験生からよく寄せられる質問をQ＆A形式でまとめています。これを通して、理解を更に深めておきましょう。

3 学習開始にあたり

　本書を徹底的に活用すれば、合格の土台となる磐石な基礎を確立することができます。実際に多くの受験生が本書に何度も繰り返し取り組み、合格を果たしています。迷うことなく本書を活用してください。

　本書を糧として、着実に一歩一歩前へ進み、合格をつかみ取ることを祈っています。

凡 例

1 法令名の表記

根拠条文や参照条文を表すカッコ内の法令名は、民法は省略し、数字のみの記載となっています。

その他、以下のとおり略記しました。

刑　法……刑
戸籍法……戸籍
借地借家法……借地借家
信託法……信託
不動産登記法……不登
民事執行法……民執
法務局における遺言書の保管等に関する法律……遺言書保管

2 条文の表記

法令名に続くアラビア数字は、条文（番号）を表します。また、必要に応じ、各項に対応してⅠⅡⅢ……（ローマ数字）を、各号に対応して①②③……を付しました。

その他、以下のとおり略記しました。

括弧書……括、前段・後段……前・後、本文……本、ただし書……但、柱書……柱
例えば、「74Ⅰ①前」は、「第74条第1項第1号前段」を意味します。また、条文を併記するときは〈，〉で、準用を表すときは〈・〉で区切ってあります。

3 判例の表記

判例については、①最高裁を「最」、大審院を「大」、②判決を「判」、決定を「決」、③元号及び年月日については、元号の明治・大正・昭和・平成・令和をそれぞれ「明・大・昭・平・令」、年月日を「○.○.○」と略記しました。例えば、「最判昭32.11.14」は、「昭和32年11月14日最高裁判決」を意味します。

先例については、発出年月日・発出機関・先例番号・先例の種類で表記しました。例えば、「昭19.10.19民甲692通」は、「昭和19年10月19日民事甲第692号民事局長通達」を意味します。

4 その他の表記

(1) 項　目

本書は、編、章に分かれています。さらに、各章の項目として、大きい順に、**1**・**2**……、**1**・**2**……、**ⓐ**・**ⓑ**……、ア・イと続きます。

(2) 記号の説明

ex.……　具体例

cf. ……　比較しておさえるべき事項

∵ ……　趣旨や理由。理解、記憶する際の補助として活用しましょう

▶ ……　表中や文中の事項につき、さらに詳しい説明や注意事項を指示

＊ ……　補足事項

💡 ……　受験生が間違いやすい知識、意識して学習してほしいポイントを指摘

💬 ……　講師からのコメント

5 参考文献

本書を作成するにあたり、以下の文献・資料を参考にさせていただきました。

- 内田貴『民法Ⅰ［第4版］・Ⅱ［第3版］・Ⅲ［第4版］・Ⅳ［補訂版］』（東京大学出版会・2008・2011・2020・2004）
- 川井健『民法概論①［第4版］・②［第2版］・③［第2版補訂版］・④［補訂版］・⑤［補訂版］』（有斐閣・2008・2005・2009・2010・2015）
- 貞家克己＝清水湛『新根抵当法』（金融財政事情研究会・1973）
- 四宮和夫＝能見善久『民法総則［第9版］』（弘文堂・2018）
- 道垣内弘人『担保物権法［第4版］』（有斐閣・2017）
- 我妻榮『民法講義Ⅰ〜Ⅴ4』（岩波書店・1954〜83）
- 我妻榮＝有泉亨＝清水誠＝田山輝明『我妻・有泉コンメンタール民法　総則・物権・債権［第7版］』（日本評論社・2021）
- 潮見佳男『民法（債権関係）改正法の概要』（金融財政事情研究会・2017）
- 潮見佳男『民法（全）［第3版］』（有斐閣・2022）
- 筒井健夫＝村松秀樹編著『一問一答 民法（債権関係）改正』（商事法務・2018）
- 堂薗幹一郎＝野口宣大編著『一問一答 新しい相続法［第2版］』（商事法務・2020）
- 東京司法書士会民法改正対策委員会編『Q＆Aでマスターする民法・不動産登記法改正と司法書士実務』（日本加除出版・2021）
- 村松秀樹＝大谷太編『Q＆A令和3年改正民法・改正不登法・相続土地国庫帰属法』（金融財政事情研究会・2022）

一歩進んだ効果的活用法

1 確かな最新情報を入手する！

伊藤塾では、司法書士試験に役立つ情報を、ホームページやSNS（YouTube、Twitter、Facebook）等で定期的にお届けしています。より効率的な学習ができるように最新情報を取得して、合格を目指しましょう。

試験情報や法改正情報、合格者の学習法、無料イベント、司法書士実務家無料講演会など、受験生に有益で正確な最新情報をホームページで発信しています。定期的にチェックして、受験勉強に役立てましょう！

[1] 伊藤塾司法書士試験ホームページから
──Web体験講義・無料公開講座・ガイダンス

最新のガイダンス・無料講義を自分の都合のつく時間に見たい！	講師や伊藤塾合格者スタッフの話を直接聞きたい、相談したい！
↓	↓
Webで	**伊藤塾校舎で**

伊藤塾校舎が遠い方やご都合が合わない方は、伊藤塾の無料ストリーミングでガイダンスや体験講義にご参加ください。

入門講座担当講師等が試験の制度から講座の特長、合格の秘訣をお伝えします。日程は伊藤塾ホームページでご確認ください。

伊藤塾 🔍検索

ガイダンス内容
●司法書士の魅力　●カリキュラム・日程 など
●司法書士試験合格の秘訣
●司法書士試験の概要
●受講料に関する相談

伊藤塾 司法書士試験ホームページ

https://www.itojuku.co.jp/shiken/shihoshoshi/index.html

[2] SNSから──YouTube、Twitter、Facebook

伊藤塾チャンネル
公式 **YouTube**

伊藤塾 司法書士試験科
公式 **Twitter**

伊藤塾 司法書士試験科
公式 **Facebook**

伊藤塾講師・伊藤塾出身合格者・司法書士実務家による、学習方法をはじめ、司法書士業務に関する動画を配信しています。

2 無料公開講座を活用する！

　伊藤塾には、合格に役立つ最新情報を提供している無料で受講できる公開講座があります。伊藤塾生でなくても、どなたでもご参加いただけます。これらは無料ストリーミングで配信もしていますので、来校の難しい場合でも、講義を視聴することができます。

　また、既刊講座等の講義内容のイントロダクションになっている無料公開講座もありますので、講座を受講する予定の方、受講を迷われている方、初めて伊藤塾を利用する方も、ぜひご活用ください。

3 無料カウンセリングで学習相談をする！

　伊藤塾では、勉強方法や受講相談など、試験に関連する質問を、講師に直接マンツーマンで相談できる「パーソナルカウンセリング制度」を用意しています。

　「どのように勉強をすればよいのか？」

　「どのように学習スケジュールを組み立てればよいのか？」etc

　学習を進めていくと湧いてくる疑問や悩みに、伊藤塾講師陣が丁寧に対応しますので、ぜひご活用ください。

民　法

総 則

●体系MAP

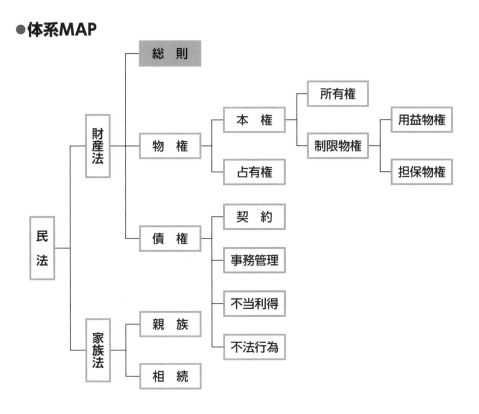

01 ☐☐☐ **未成年者**は、**負担付きの遺贈の放棄**を、法定代理人の同意を要することなく、**単独で**有効に行うことができる。

→ 1 **1** ⓐ 「原則」
単に権利を得、又は
義務を免れる行為に
当たらない
✕

02 ☐☐☐ **未成年者**が、債権者と**債務の免除契約**を締結するに当たって、未成年者が債務を免除する旨の債権者からの申込みを承諾するには、法定代理人の**同意を得ることを要しない**。

→ 1 **1** ⓐ 「例外」①
本問は519条の免除
ではなく免除契約
◯

03 ☐☐☐ **成年被後見人**が行った行為は、**日用品の購入その他日常生活に関する行為**であっても、取り消すことができる。

→ 1 **1** ⓐ 「例外」
✕

04 ☐☐☐ **未成年者**の法定代理人がその**未成年者の営業を許可**した場合、未成年者は**その営業に関して**締結した契約を未成年者であることを理由に取り消すことはできない。

→ 1 **1** ⓐ 「例外」③
◯

05 ☐☐☐ **被保佐人**が、保佐人の同意を得ないで自己の所有する自動車を他に売却した場合であっても、その自動車が**善意の第三者に売却された後**は、保佐人は被保佐人が締結した売買契約を取り消すことができない。

→ 1 **1** ⓑ 「例外」参
照（13 I ③）
第三者保護規定はな
い
✕

06 ☐☐☐ **被保佐人**は、保佐人の同意を得ることなく、**遺産分割協議**をすることができる。

→ 1 **1** ⓑ 「例外」
（13 I ⑥）
✕

07 ☐☐☐ **被保佐人**が**未成年者の法定代理人として贈与**をする場合には、保佐人の同意を得なければならない。

→ 1 **1** ⓑ 「例外」
（13 I ⑤⑩）💬
◯

08 ☐☐☐ 後見開始の審判及び保佐開始の審判は、いずれも**本人が請求**をすることができる。

→ 1 **1** ⓑ ▶ 1
◯

1 自然人

1 制限行為能力者の行為能力

a 未成年者及び成年被後見人の行為能力

	未成年者	成年被後見人 [▶1]
原則	有効な法律行為をするには法定代理人（親権者又は未成年後見人）の同意が必要（5Ⅰ本）	有効な法律行為をすることができない（9本）
例外	身分行為 (ex. 認知〔780〕、認知の訴え〔787〕、遺言による財産の処分〔961、962〕) ① 単に権利を得、又は義務を免れる行為（5Ⅰ但） ② 処分を許された財産の処分（5Ⅲ） ③ 一種又は数種の営業の許可を受けた場合（6Ⅰ）	・日用品の購入等（9但）

b 被保佐人及び被補助人の行為能力

	被保佐人 [▶1]	被補助人 [▶1]
原則	単独で有効に法律行為をすることができる	
例外	13条1項の列挙事由 [▶2]（日用品の購入その他の日常生活に関する行為を除く）については保佐人の同意又はこれに代わる許可が必要（13Ⅰ本、Ⅲ）	審判により同意を要するとされた行為 [▶3] については補助人の同意又はこれに代わる許可が必要（17Ⅰ本、Ⅲ）

[▶1] 後見・保佐・補助開始の審判はいずれも本人の請求で行うことができる。

[▶2] 保佐人の同意を要する行為として、①借財・保証、②不動産その他重要な財産に関する権利の得喪を目的とする行為、③贈与、④相続の承認・放棄又は遺産の分割等が挙げられる（13Ⅰ②③⑤⑥）。

[▶3] 13条1項に規定する行為の一部に限る（17Ⅰ但）。

このほか、102条ただし書との関係で、保佐人の同意を要する場合として、13条1項1号〜9号の行為（保佐人の同意を要する行為）を「**制限行為能力者の法定代理人としてすること**」が定められています（13Ⅰ⑩）。例えば、未成年者Aの親権者Bが保佐開始の審判を受け、保佐人Cが選任されていたところ、BがAの法定代理人として保佐人の同意を要する行為（ex. 贈与）を行った場合は、法定代理人である制限行為能力者B及びその保護者Cに加え、本人であるAも当該行為を取り消すことができます。

09 ☐☐☐ 成年被後見人は、後見人の同意を得てした法律行為も取り消すことができるが、被保佐人は、保佐人の同意を得てした法律行為を取り消すことができない。

➡1❷❷「同意権」 ○

10 ☐☐☐ 保佐人及び補助人には、いずれも、当然に代理権が付与される。

➡1❷❷「代理権」代理権付与の審判が必要 ×

11 ☐☐☐ 補助人は、家庭裁判所の審判により、法律行為についての同意権を付与されることがあるが、その法律行為は第13条1項所定の法律行為の一部に限られる。

➡1❷❶補助人の同意権は13条1項の一部 ○

12 ☐☐☐ 保佐人及び補助人は、いずれも、家庭裁判所の審判により、法律行為についての代理権を付与されることがあるが、本人以外の者の請求により当該審判を行う場合には、いずれも、本人の同意を得ることを要する。

➡1❷ ▶4 cf. 保佐開始の審判は本人の同意不要 ○

13 ☐☐☐ 未成年者Aが、A所有のパソコン甲をAの唯一の親権者Bの同意なく成年者Cに売る契約を締結した。Aが成年に達する前に、CがBに対し1か月以上の期間を定めて本件売買契約を追認するかどうか催告したにもかかわらず、Bがその期間内に確答を発しなかったときは、Aは、本件売買契約を取り消すことができない。

➡1❸❹「保護者」への催告 ○

14 ☐☐☐ Aが未成年者Bに対して建物を売却し、Bが成年に達した後、AがBに対し1か月以上の期間を定めて催告したが、Bがその期間内に確答を発しなかったときは、Bは追認したものとみなされる。

➡1❸❹「行為能力者となった者」への催告 ○

15 ☐☐☐ 銀行との間において金銭消費貸借契約を締結した被保佐人が、その銀行から2か月以内に保佐人の追認を得べき旨の催告を受けたにもかかわらず、何らの回答もしなかったときは、その契約を、追認したものとみなされる。

➡1❸❹「上記以外の制限行為能力者」への催告 ×

16 ☐☐☐ AB夫妻の子C（17歳）がDから50万円借金した場合において、Dが消費貸借契約を締結して1週間後に、Cに対して、1か月内に当該契約を追認するか否かを確答すべき旨を催告したにもかかわらず、1か月経過後もCから何らの返答もなかった場合は、取り消したものとみなされる。

➡1❸❹「未成年者」への催告 ×

2 保護者の権限と範囲

ⓐ 保護者の権限　　　　　　　○：権限あり　△：権利付与の審判が必要　×：権限なし

	未成年者	成年被後見人	被保佐人	被補助人
代理権	○ (824、859 I)	○ (859 I)	△ 付与の審判▶4が あった場合のみ	△ 代理権又は同意権の一方又 は双方の付与の審判▶4が 必要（15 III）
同意権	○ (5 I)	× 	○ (13 I)	
取消権	○ (120 I)	○ (120 I)	○ (120 I)	同意権がある場合は○ (120 I)
追認権	○ (122)	○ (122)	○ (122)	同意権がある場合は○ (122)

▶4　本人以外の者の請求によって審判をするには、**本人の同意を要する**（17 II、876の4 II、876の9 II）。

ⓑ 保護者の同意権の範囲

法律行為全般

親権者・
未成年後見人

※ 成年後見人に
同意権はない

13 条1項の列挙事項　保佐人

**同意権付与の審判
があったもの**　補助人

3 相手方保護の制度

ⓐ 相手方の催告権（20 条）

催告の相手方	1 か月以上確答がない場合の効果
未成年者・成年被後見人 （意思表示の受領能力のない者）	無意味（98 の 2 本） ∵　意思表示の受領能力がない
上記以外の制限行為能力者 （単独で追認できない者）	取り消したものとみなす
保護者 or 行為能力者となった者 （単独で追認できる者）	追認したものとみなす

この表で注目すべきなのは、**催告の相手方が単独で追認できる者**かどうかです。単独で追認できる者（保護者、行為能力者となった者）であれば、確答がない場合には法律関係を現状（有効）のまま確定させる意思があるとみることができ、追認が擬制されますが、単独で追認できない者（被保佐人、被補助人）であれば、このようにみることができないため、取消しが擬制されます。

17 □□□　**未成年者**Aがその所有する土地について、法定代理人Bの同意を得ないで、買主Cとの間で売買契約を締結した場合において、AがCに**詐術を用い、自分が成年者であることを信用させた**上、売買契約を締結したものであるときは、Aは、売買契約を**取り消すことができない**。

➡**13⓫**「効果」
詐術を用いた制限行為能力者は取り消すことができない

○

18 □□□　**成年被後見人**又は**被保佐人**が相手方に**行為能力者である旨を誤信させるため詐術を用いた場合、後見人**は、成年被後見人の行為を**取り消すことができる**が、**保佐人**は、被保佐人の行為を**取り消すことができない**。

➡**13⓫**「効果」
後見人も取り消すことができない

×

19 □□□　家庭裁判所が選任した管理人は、**家庭裁判所の許可**を得ないで、不在者を被告とする建物収去土地明渡請求を認容した判決に対し**控訴**することができる。

➡**2** ▶6

○

20 □□□　不在者が管理人を置いた場合には、その不在者の**生死が明らかでなくなった**としても、利害関係人は、その管理人の**改任**を家庭裁判所に請求することができない。

➡**2**「改任」

×

21 □□□　Aの父Bが**船舶事故に巻き込まれたまま生死不明**になった場合に、事故に遭遇して生死不明になったことを理由として、Aの請求により失踪宣告がされた場合には、Bは、**事故から1年を経過した時に死亡したものとみなされる**。

➡**31**「特別失踪」「効果」
危難が去った時に死亡みなし

×

22 □□□　AはBと婚姻していたが、ある日、Bが**家を出たまま行方不明**となり、その後**7年が経過した場合**において、Bの失踪宣告がされた場合は、Bは**失踪宣告時に死亡したものとみなされる**。

➡**31**「普通失踪」「効果」
7年間の期間満了時に死亡みなし

×

特別失踪の場合、事故や災害の時に死亡した可能性が高いので、死亡したとみなされる時は**「危難が去った時」**となります。例えば、海難事故が原因の行方不明による特別失踪の場合、事故が収束した時に死亡したものとみなされます。

❺ 制限行為能力者の詐術 (21条)

意 義	制限行為能力者が自己の**行為能力を偽る**ことで、行為能力者であるように相手方を誤信させること ▶5
効 果	制限行為能力者側の**取消権が否定される**

▶5 【詐術の具体例】
   ❶ 制限行為能力者であることを認めた上で同意権者の同意を得たことを信じさせるために術策を用いること（大判大12.8.2）。
   ❷ 制限行為能力者であることを単に黙秘するのみでは、「詐術」に当たらないが、制限行為能力者の他の言動とあいまって相手方の誤信を強めさせた場合は「詐術」に当たる（最判昭44.2.13）。

2 不在者財産管理人

選 任		家庭裁判所は、利害関係人又は検察官の請求により、不在者財産管理人を選任する（25Ⅰ）
権限	原 則	権限の定めのない代理人（103） → 保存行為、（性質を変えない範囲内の）利用行為・改良行為 ▶6
	例 外	上記の権限を超える行為（ex. 遺産分割）→ 家庭裁判所の許可が必要（28）
改 任		不在者の**生死が明らかでないとき** → 家庭裁判所は管理人を改任できる（26）

▶6 不在者財産管理人は、不在者を被告とする訴訟において、家庭裁判所の許可を得ないで、控訴・上告をする権限を有する（最判昭47.9.1）。
   ∵ 控訴・上告は財産の現状を維持するための行為として保存行為に該当する。

3 失踪宣告

1 失踪宣告の要件及び効果

	普通失踪（30Ⅰ）	特別失踪（30Ⅱ）
要 件	① 不在者の生死が**7年間**不明 ② 利害関係人の請求があること ③ 家庭裁判所の審判があること	① 危難が去った後生死が**1年間**不明 ② 利害関係人の請求があること ③ 家庭裁判所の審判があること
効 果	**7年間の期間満了時**に死亡みなし	**危難が去った時**に死亡みなし

💡失踪宣告は、失踪者の権利能力までを奪うものではないため、生存地での売買や金銭消費貸借等の契約は有効。

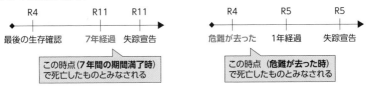

23 □□□　Aは、Bと婚姻をしていたが、ある日、Bが家を出たまま行方不明となった。Bの**失踪宣告がされた後**、Bが**生存していたことが判明した場合**、Bの失踪宣告が取り消されない限り、Aは、**相続により取得したBの遺産を返還する必要はない**。　　➡️ 3 ❷❸ ▶️7　○

24 □□□　ある日、Aが家を出たまま行方不明となった。Aについて**失踪宣告がされた後**、Aが家出した日に交通事故で**死亡していたことが判明した場合**、Aが死亡したとみなされる時期は、Aの**失踪宣告が取り消されなくとも**、**現実の死亡時期にまで遡る**。　　➡️ 3 ❷❸ ▶️7　×

25　Aが失踪宣告を受け、Aの妻Bが生命保険金を受け取るとともに、Aの土地を相続した。Bは、受け取った生命保険金を費消し、また、相続した土地をCに売却した。その後、Aが生存することが明らかになったため、失踪宣告は取り消された。この事例に関する以下の記述は、正しいか。

1 □□□　Bが生命保険金を費消した際にAの生存について**善意**であったとしても、**遊興費として生命保険金を費消**した場合には、Bは、保険者に対し、費消した生命保険金の相当額を返還しなければならない。　　➡️ 3 ❷❸ ▶️8　×

2 □□□　BがCに土地を売却した際、BとCが共にAの生存について**善意**であった場合において、CがAの生存について**悪意**であるDに土地を転売したときは、Aについての失踪宣告の取消しにより、Dは、当該土地の所有権を失う。　　➡️ 3 ❷❸❶① 絶対的構成　×

3 □□□　BがCに土地を売却した際にAの生存について**悪意**であったときは、Cが**善意**であっても、Aについての失踪宣告の取消しにより、Cは、当該土地の所有権を失う。　　➡️ 3 ❷❸❶②　○

26 □□□　**権利能力なき社団の債権者**は、その債権に基づき、**構成員の個人財産**を差し押さえることができない。　　➡️ 4 「構成員の責任」　○

27 □□□　権利能力なき社団の構成員が当該社団に拠出した不動産は、当該**社団の名義で登記**することができない。　　➡️ 4 「登記の可否」　○

② 失踪宣告の取消し (32条)

ⓐ 要件と効果

要 件	① 本人又は利害関係人から失踪宣告取消しの請求があること ② 失踪者の生存の証明、又は異なる時期での死亡が証明されたこと ③ 家庭裁判所の審判があること ▶7	
効 果	原 則	失踪宣告の効果として生じた財産上・身分上の変動は遡及的に消滅する
	例 外	① 失踪の宣告後、その取消し前に当事者双方が善意でした行為の効力は維持される (大判昭13.2.7)　cf. 詳細は ⓑ ② 善意で財産を得た者の返還義務は、現存利益に限定される ▶8

▶7　失踪宣告を受けた者が、生存していることや失踪宣告による死亡時と異なる時に死亡していたことが判明しても、失踪宣告が取り消されない限り、失踪宣告の効力は失われない。

▶8　「財産を得た者」とは、相続人や生命保険金の受取人など、失踪宣告後の「行為」を要することなく財産を取得した者をいう (通説)。
　　また、「現存利益」があるといえる例として、①生活費、②借金の返済に充てた場合がある (大判昭7.10.26)。一方、遊興費に充てた場合は、現存利益はない。

ⓑ 失踪宣告の取消しと財産上の行為

事 例　失踪宣告がされたA所有の土地を相続したBが、その土地をCに売却、更にはCがDに売却した後、Aの失踪宣告が取り消された場合

① B及びCの双方が善意の場合　⇒　C及びDは所有権を取得する (絶対的構成　通説)
② B又はCの一方又は双方が悪意の場合　⇒　C及びDは所有権を取得しない

4 権利能力なき社団

意 義	法人格のない団体をいう (ex. 同好会、サークル)
所有形態	総有　→　潜在的な持分すら認められず、使用収益権のみが認められる
構成員の責任	構成員は社団の債務につき、個人的に取引の相手方に対し直接に債務や責任を負わない (最判昭48.10.9)
登記の可否	登記名義人になることができない (最判昭47.6.2) ▶9

▶9　権利能力なき社団の所有財産 (総有財産) は代表者の個人名義等で登記をする (昭28.12.24民甲2523回)。

01 □□□　Aがその所有に係る土地をBに騙されて売り渡し、その後当該契約を取り消す旨の手紙を出したが、その到達前にAが**意思能力を喪失**した場合、当該取消しの効力は生じない。

→ 1 ▶ 2　　✕

02 □□□　未成年者Aの法定代理人BからAにおいて土地を買い受ける旨の申込みを受けたCが、土地を売り渡す旨の意思表示を直接**Aに対して**したときは、Cから契約の成立を主張することができない。

→ 1 「受領能力」　　○

03 □□□　AとBとが通謀して、A所有の土地をBに売却したかのように仮装したところ、Bは、その土地上に**建物を建築してその建物を善意のCに賃貸**した場合、Aは、Cに対し、土地の売却が無効であるとして建物からの退去による土地の明渡しを求めることができる。

→ 2 ❷❻① 〔　〕
ＡＢ間の契約は無効
処理　　○

04 □□□　Aから土地を賃借したBがその土地上に**甲建物を建築**し、その所有権の保存の登記がされた後に、甲建物について**ＢＣ間の仮装の売買契約**に基づきBからCへの所有権の移転の登記がされた場合において、ＢＣ間の売買契約が**仮装のものであることを知らなかったA**が賃借権の無断譲渡を理由としてＡＢ間の土地賃貸借契約を解除する旨の意思表示をしたときは、Bは、Aに対し、ＢＣ間の売買契約は無効であり、賃借権の無断譲渡には当たらない旨を主張することができる。

→ 2 ❷❻② 〔　〕
ＢＣ間の契約は無効
処理　　○

05 □□□　AとBとが通謀して、A所有の土地をBに売却したかのように仮装したところ、Aは、**売買代金債権を善意のCに譲渡**した。Bは、土地の売買契約が無効であるとして、Cからの代金支払請求を拒むことはできない。

→ 2 ❷❻③ 〔　〕
ＡＢ間の契約は有効
処理　　○

06 □□□　相手方と通じて**債権の譲渡を仮装**した場合において、仮装譲渡人が債務者に譲渡の通知をしたときは、仮装譲渡人は、当該債権につき弁済その他の債務の消滅に関する行為がされていない場合でも、当該債権譲渡が**虚偽であることを知らない債務者**に対して当該債権譲渡が無効であることを主張することができない。

→ 2 ❷❻③ 〔　〕
仮装譲渡人と譲受人
間の契約は無効処理　　✕

1 効力の発生

時　期	通知が相手方に到達した時（到達主義　97 I）[▷1、2]
受領能力	意思無能力者、未成年者、成年被後見人に受領能力はない（98の2本）

▷1　相手方が正当な理由なく意思表示の通知が到達することを妨げたときは、通常到達すべきであった時に到達が擬制される（97 II）。

▷2　意思表示は、表意者が通知を発した後に死亡、意思能力の喪失、行為能力の制限があっても、その効力を妨げられない（97 III）。

2 通謀虚偽表示

ランク A

1 意義と効果

意　義		相手方と通じて、表示された効果意思に対応する内心的効果意思が欠けていることを知りながらする意思表示
効果	原　則	無　効（94 I）
	例　外	善意の第三者には無効を対抗することができない（94 II） 💡当事者間では依然として無効扱い

2 善意の第三者（94条2項）の検討

ⓐ 意　義

94条2項の第三者とは、当事者及びその包括承継人以外の者であって、虚偽表示の外形について、①新たに②独立した③法律上の、利害関係を有するに至った者をいう。

ⓑ 94条2項の第三者の具体例 💬

	該当する	該当しない
①	不動産の仮装譲受人から更に譲り受けた者及び転得者（最判昭 28.10. 1）	土地が仮装譲渡されて建物が建築された場合の借家人（最判昭 57. 6. 8）
②	仮装譲渡された不動産につき、抵当権の設定を受けた者（大判大 4.12.17）	土地賃借人が、土地上の建物を仮装譲渡した場合の土地賃貸人（最判昭 38.11.28）
③	仮装債権の譲受人（大判昭 13.12.17）	仮装譲渡された債権の債務者 （大判昭 8. 6.16）
④	虚偽表示の目的物に対して差押えをした者（最判昭 48. 6.28）	仮装譲受人に対する一般債権者 （大判大 9. 7.23）

善意の第三者（94 II）の検討では、事例の当てはめが重要ですが、94条2項の第三者に当たるなら（当該第三者との関係で）**有効処理**となり、当たらないなら**無効処理**となります。この点に注意して該当する左頁の問題を解いておきましょう。

07 □□□　AとBとが**通謀**して、A所有の甲土地の売買契約を仮装し、Bへの所有権の移転の**登記をした後、善意の**Cが Bから甲土地を譲り受けた。その後、Cが登記をする前に、AがDに甲土地を譲渡した。この場合、BとDが対抗関係に立ち、BがDよりも先に自己への所有権の移転の登記を経由したことで、BがDに優先することになるので、Bから甲土地を譲り受けたCは、**登記なくしてDに対して甲土地の所有権の取得を対抗することができる。**

➡2 2C イ
CとDは対抗関係
×

08 □□□　Aは、Bと協議の上、譲渡の意思がないにもかかわらず、その所有する土地をBに売り渡す旨の仮装の売買契約を締結した。この場合において、Bが、AB間の協議の内容を**知っているCに土地を転売**し、さらに、Cは、その協議の内容を**知らないDに土地を転売**したときは、Aは、Dに対し、AB間の売買契約の無効を主張することができない。

➡2 2d ア
○

09 □□□　Aは、Bと協議の上、譲渡の意思がないにもかかわらず、その所有する土地をBに売り渡す旨の仮装の売買契約を締結した。この場合において、Bが、AB間の協議の内容を**知らないCに土地を転売**し、さらに、Cは、その協議の内容を**知っているDに土地を転売**したときは、Aは、Dに対し、AB間の売買契約の無効を主張することができる。

➡2 2d イ
絶対的構成
×

10　虚偽表示によって権利者として仮装された者から直接に権利を譲り受けた第三者が善意であった場合において、その「善意の第三者」からの転得者がいる場合、「**転得者等が善意の場合にのみ保護する**」という見解がある。以下の記述は、この見解を前提とすれば正しいか。

1 □□□　この見解によれば、転得者が前主である**善意の第三者に対して債務不履行責任を追及することができる**こととなって、善意の第三者を保護した趣旨を没却する。

前提となる見解は、相対的構成
➡2 2d イ「批判」 1－○

2 □□□　この見解によれば、善意の第三者が虚偽表示の対象となった**財産を処分したり、当該財産に担保権を設定したりすること**が、**事実上大幅に制約される**ことになる。

➡2 2d イ「批判」 2－○
債務不履行責任を追及されるおそれがあるため

3 □□□　この見解によれば、**取引関係について綿密に調査した者は保護されず**、逆に調査を怠った者が保護される結果となり、妥当でない。

➡2 2d イ「批判」 3－○
調査して、悪意となった者は保護されない

❻ 「第三者」が対抗要件を備えることの要否

ア 通謀虚偽表示の当事者（表意者及び相手方）との関係

結 論	不 要 (大判昭 10. 5.31)
理 由	通謀虚偽表示の当事者と第三者とは、いわば前主・後主の関係に立ち、対抗関係に立たない

イ 仮装譲渡人から譲渡を受けた者との関係 (最判昭 42.10.31)

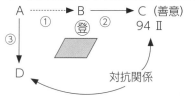

結論：CがDに所有権を対抗するためには、**登記が必要**

理由：Aを起点として二重に目的物が譲渡されたものと構成できるから、CとDは、対抗関係に立つ

❼ 転得者との関係

ア 悪意の第三者からの善意の転得者（C悪意、D善意の場合）

結論：Dは 94 条 2 項によって**保護される** (最判昭 45. 7. 24)

理由：転得者も「第三者」に含まれる

イ 善意の第三者からの悪意の転得者（C善意、D悪意の場合）

	絶対的構成 (大判昭6.10.24)	相対的構成
結 論	一旦善意者Cが現れれば、転得者Dは、たとえ悪意であっても保護される	転得者Dの善意・悪意によって、Dが保護されるか保護されないかを決める
理 由	法律関係の複雑化を避け早期安定を図るべき	善意者Cを「わら人形」として介在させることで悪意者Dが保護されるのは妥当ではない
批 判	悪意者Dが善意者Cを「わら人形」として介在させることで、悪意の者が保護されることになり、妥当ではない 反論 　Dが、「わら人形」としてCを介在させた場合には、CとDとを一体としてみて悪意者と判断すればよい	・法律関係が複雑になるおそれがある ・善意者Cが悪意者Dから**債務不履行責任**(415)を**追及**されることになり、善意者保護の趣旨を没却する ・善意の第三者の取引の相手方が善意者に限定され、**権利の譲渡性・流通性が大幅に制限**される ・取引関係について**綿密に調査した者は悪意となり保護されず**、逆に調査を怠った者が善意のままで保護される結果となるのは、妥当でない

11 □□□ AとBの共有である甲不動産について、AがBに無断でA単独所有の登記を経由したが、Bが**その事実を知りながら長期間これを放置していた**場合において、Aが、Cとの間で甲不動産の売買契約を締結し、Cへの所有権の移転の登記を経由した。甲不動産がABの共有であることをCが**知らなかった**ときは、Bは、Cに対し、自己の持分を主張することができない。

→2❸❺ア ○
長期間放置していたことにつき帰責性が認められる

12 □□□ AB間で**通謀して売買予約による不実の仮登記**がされたが、Bはそれを奇貨としてほしいままに自己名義の**本登記に直し**、Cに不動産を売却した場合、Aは**善意無過失**のCに本登記の無効を対抗することができない。

→2❸❺イ ○

13 □□□ AとBの共有である甲不動産について、AがBに無断でA単独所有の登記を経由し、その後**直ちに**Cとの間で甲不動産の売買契約を締結し、Cへの所有権の移転の登記をした。この場合、甲不動産がAとBの共有であることをCが知らなかったときでも、Bは、Cに対し、自己の持分を主張することができる。

→2❸❺ウ参照 ○
A単独の登記後、直ちに売却→Bに帰責性なし→94条2項は類推適用されない

14 □□□ Aが真意では買い受けるつもりがなく、Bから土地を買い受ける契約をした場合において、BがAの真意を知らなかったときは、**Bが注意すればAが真意でないことを知ることができた**としても、その契約は有効である。

→3❶「例外」 ×

15 □□□ Aが真意では売却するつもりがないのに、Bに対して甲土地を売却する契約をしたが、**Bが注意すればAが真意でないことを知ることができた**場合であっても、その後に、Aが真意でなかったことにつき**善意のCがBから甲土地を買い受けた**ときは、AはCに対して甲土地の所有権を主張することができない。

→3❶▶3 ○

3 94条2項の類推適用（外観法理）

ⓐ 外観法理が適用されるための要件及び効果

要 件	① 虚偽の外観の存在 ② 虚偽の外観を作出したに等しい権利者の帰責性 ③ 第三者の信頼
効 果	真の権利者は、外観を信頼して取引をした善意の第三者に対して、自己に権利が属すると主張することができない

ⓑ 要件②「虚偽の外観を作出したに等しい権利者の帰責性」の検討

ア 典型的場面（本人の帰責性＝大）

　Aが、自己所有の土地がB名義で登記されているのを知りながら放置していた場合
→　Bからその土地を善意で買い受けたCとAとの関係に94条2項が類推適用される（最判昭45.9.22）。

イ 本人の作出した外観が加工された場合（本人の帰責性＝小）

　AB間で通謀して売買予約による不実の仮登記がされたが、Bがそれを奇貨としてほしいままに自己名義の本登記に直し、Cに不動産を売却した場合
→　Aは善意無過失のCに本登記の無効を対抗できない（最判昭43.10.17）。

ウ 真の権利者に帰責性がない場合

　真の権利者が、虚偽の権利の帰属を示す外観の作出につきなんら積極的な関与をしておらず、また、虚偽の外観（登記）を放置していたとみることもできない場合には、真の権利者に帰責性が認められず、94条2項の類推適用は、否定される（最判平15.6.13）。

3 心裡留保

ランク **B**

1 効 果

原 則	有 効（93 I 本）
例 外	相手方が、悪意又は有過失の場合　→　無効（93 I 但）▶3

▶3　心裡留保による意思表示の無効は、善意の第三者に対抗することができない（93 II）。

この場合、**本人が作出した外観（仮登記）以上の責任（本登記）を負う**ことになるため、110条（権限外の行為の表見代理）の法意に照らし、「第三者の信頼」の要件を厳格にし、整合性をとっているのです。

16 □□□ ＡＢ間の売買契約において、Ａの意思表示が、詐欺による取消しと、錯誤による取消しの双方の要件を満たす場合には、Ａは錯誤による取消しのみを主張することができる。　➡4**1**▶4　　×

17 □□□ ＡＢ間の売買契約において、Ａは錯誤による意思表示を行った。このとき、Ａに生じた錯誤が**法律行為の目的**及び**社会通念に照らして重要なものでない場合**であってもＡが無過失であれば、Ａは当該売買契約の取消しを主張することができる。　➡4**2**ⓑ　　×

18 □□□ ＡＢ間の売買契約において、**Ａの錯誤が重過失**によるものであっても、**ＢがＡの錯誤につき悪意**であるときは、Ａは取消しを主張することができる。　➡4**2**ⓒ例外①　　○

19 □□□ ＡＢ間の売買契約において、Ａの錯誤が**重大な過失**によるものであった場合でも、Ｂが**Ａと同一の錯誤に陥っていた**ときは、Ａは、売買契約を取り消すことができる。　➡4**2**ⓒ例外②　　○

20 □□□ ＡＢ間の売買契約において、Ｂに法律行為の基礎とした事情についてのその認識が真実に反する錯誤があった場合において、**その事情が法律行為の基礎とされていることが表示されていない**ときは、錯誤が法律行為の目的及び取引上の社会通念に照らし重要なものであっても、Ｂは、売買契約を取り消すことができない。　➡4**2**ⓓ　　○

21 □□□ ＡＢ間の売買契約において、Ｂが甲土地をＣに転売し、Ｃへの所有権の移転の登記がされた後、Ａが本件売買契約を**錯誤に基づき取り消した**場合において、Ｃは、Ａの錯誤につき**善意であるときは、過失があっても**、Ａに対し、甲土地の所有権を主張することができる。　➡4**3**　　×

4 錯 誤

1 類型と効果

類 型	① 意思表示に対応する意思を欠く錯誤（表示錯誤） ② 表意者が法律行為の基礎とした事情についてのその認識が真実に反する錯誤（事実錯誤）
効 果	取り消すことができる（95 I 柱）▶4

▶4　錯誤取消しと詐欺取消しの両方が問題となる事案では、表意者は、**いずれかを選択して主張**することができると解されている。

2 要 件

> ⓐ　錯誤に基づく意思表示であること
> ⓑ　法律行為の目的及び取引上の社会通念に照らして**重要な錯誤**であること

その錯誤が当該法律行為の目的にとって重要であり、かつ、一般的にも重要であることを要する（大判大5.7.5、大判大7.10.3参照）。

> ⓒ　表意者に重過失がないこと

例外　① 相手方が錯誤につき**悪意重過失**であるとき、又は
② 相手方が同一の錯誤に陥っていたとき（**共通錯誤**）
→ 表意者に重過失があっても、取消しできる（95 Ⅲ）。

> ⓓ　（事実錯誤では）その事情が法律行為の基礎とされていることが表示されていること ▶5

ex. 近くに駅ができると勘違いしてB所有の甲土地をAが購入した際に、Aが「この土地の近くに駅ができるから買うんですよ」と言っていたときは、Aは錯誤による取消しを主張することができる。

▶5　黙示の表示も「表示」に含まれる（最判平元.9.14）。

3 第三者の保護

錯誤に基づく意思表示の取消しは、**善意無過失**の第三者に対抗することができない（95 Ⅳ）。

①の場合、相手方にも落ち度が認められることから、相手方の保護の必要性が低いといえ、②の場合も、同様の勘違いをしていた相手方の保護の必要性は低いといえます。**相手方の保護の必要性が低い点を考慮する**のがポイントです。

22 □□□ Aが、Bから抜群の効果があると虚偽の説明を受け、これを信じて甲薬品を購入した。Aが詐欺による当該売買契約の取消しを主張するには、Bの主観的事情として、Aを欺罔して甲薬品に抜群の効果があると**誤信させようとする故意**だけでなく、その誤信に基づきAに**購入する意思表示をさせようという故意**があったことを要する。　→ 5 **1** ▶ 6 　○

23 □□□ Aが土地をBに**強迫されて譲渡**し、更にBがその**事情につき善意無過失のCに転売**し、それぞれ所有権の移転の登記を経由した場合、Aは、Bに**取消しの意思表示**をすれば、Cに対し、その登記の抹消を請求することができる。　→ 5 **1**「強迫」①　96条3項は詐欺のみに適用　○

24 □□□ 金銭の**借主の強迫行為**によって貸主との間で、その金銭債務についての**保証契約**をした者は、**貸主がその事情につき善意無過失のとき**は、保証契約の意思表示を取り消すことができない。　→ 5 **1**「強迫」②　96条2項は詐欺のみに適用　×

25 □□□ Aが**Bに欺罔されて**A所有の土地をその事情につき**善意無過失のCに売却**した場合、Aは、AC間の売買契約を詐欺を理由として取り消すことはできない。　→ 5 **1**「詐欺」②　○

26 □□□ A所有の土地に**Bの1番抵当権、Cの2番抵当権**が設定されており、**BがAに欺罔されてその1番抵当権を放棄した**後、その放棄を詐欺を理由として取り消した場合、Bはその事情につき善意無過失のCに対してその取消しを対抗することができない。　→ 5 **2** ▶ 8　×

27 □□□ Aはその所有の土地をBに売却し、所有権の移転の登記後に、Bの**詐欺を理由として売却の意思表示を取り消した**にもかかわらず、Bがその土地を事情につき**悪意（背信性はない）のCに転売**し、その**所有権の移転の登記をした場合**でも、Aは土地の所有権をCに主張することができる。　→ 5 **3**　Cは取消後の第三者　×

5 詐欺・強迫

1 効 果

		詐 欺 [▶6]	強 迫
効 果		取り消すことができる（96 Ⅰ）	取り消すことができる（96 Ⅰ）
	第三者との関係	① 善意無過失の第三者に対し、詐欺取消しを対抗できない（96 Ⅲ） ② 相手方以外の者が詐欺をした場合 → 相手方が悪意又は有過失の場合に限り、取り消すことができる（96 Ⅱ）	① 善意無過失の第三者に対しても強迫による取消しを対抗できる [▶7] ② 第三者が強迫をした場合は、相手の善意悪意を問わず、取り消すことができる

▶6 詐欺があったといえるためには、詐欺者に、①相手方を欺いて錯誤に陥らせようとする意思と、②その錯誤によって意思を表示させようとする意思という、二重の故意が必要となる。

▶7 善意無過失の第三者が現れても、表意者の取消権は制限されない。

【意思表示の規定における第三者保護規定の要件】

心裡留保	通謀虚偽表示	錯 誤	詐 欺	強 迫
善 意	善 意	善意無過失	善意無過失	なし

2 96条3項の「善意でかつ過失がない第三者」に関する問題

意義	詐欺による取消前に新たに独立した法律上の利害関係に入った者（大判昭 17. 9. 30）[▶8]

▶8 詐欺により1番抵当権が放棄されたため順位が上昇する2番抵当権者は、96条3項の「第三者」に当たらない（大判明 33. 5. 7）。
∵ 「新たに」法律上の利害関係に入っていないため。

3 詐欺又は強迫を理由とした取消後の第三者

結論	表意者と取消後の第三者とは、対抗関係に立ち、先に登記を備えた者が優先する（大判昭 17. 9. 30、最判昭 32. 6. 7、通説、177 復帰的物権変動）。

cf. 詐欺による取消しは、取消前の善意無過失の第三者に対抗することができない（96 Ⅲ）。

騙されたことにつき本人に一定の落ち度が認められる詐欺の場合と異なり、本人に落ち度のない強迫では、①第三者による強迫の規定、②強迫による取消前の第三者の保護の規定は存在しないのです。

01 □□□ **任意代理人**は**やむを得ない事由があるとき**でも、**本人の許諾を得なければ**、復代理人を選任することができない。 　→1 **1 5** ア「復任権」「例外」　×

02 □□□ **法定代理人**は、やむを得ない事由で復代理人を選任した場合を除き、その**選任及び監督に過失がなかったとき**であっても、本人に対して責任を負う。 　→1 **1 5** ア「原代理人の責任」「原則」　○

03 □□□ **法定代理人**は、**やむを得ない事由**で復代理人を選任した場合には、本人に対して責任を負うことはない。 　→1 **1 5** ア「原代理人の責任」「例外」　×

04 □□□ **復代理人**は、**代理人を代理**するものであって、**本人を代理**するものではない。 　→1 **1 5** イ「原代理人からの独立性」①　×

05 □□□ **復代理人**が代理行為をするに当たっては、**代理人のため**にすることを示さなければ、代理行為としての効力を生じない。 　→1 **1 5** イ「原代理人からの独立性」① 本人のためにすることを示す　×

06 □□□ Ａから自動車の売却の代理権を付与されたＢが、Ａの承諾を得て、Ｃを復代理人として選任した場合において、Ｃが売買代金を受領した場合、Ｃは、**代理人Ｂに対して受領物の引渡義務を負う**ほか、**本人Ａに対しても**受領物の引渡義務を負う。 　→1 **1 5** イ「原代理人からの独立性」②　○

07 □□□ **復代理人の代理権**は、**代理人の代理権が消滅**しても消滅しない。 　→1 **1 5** イ「原代理人への従属性」②　×

08 □□□ 代理人が**復代理人を選任した場合**でも、**代理人**は**代理行為を行う**ことができる。 　→1 **1 5** イ▶1　○

1 代理総説

1 代理の種類

ⓐ 任意代理と法定代理

任意代理とは、**本人の意思に基づく代理権授与によって**代理権が生じる場合をいう。

法定代理とは、**本人の意思ではなく、法律の規定によって**代理権が生じる場合をいう。

ⓑ 復代理

ア 任意代理と法定代理の比較

		任意代理 (104)	法定代理 (105)
復任権	原則	な　し	あ　り
	例外	① 本人の許諾を得たとき　又は ② やむを得ない事由があるとき	―
原代理人の責任	原則	債務不履行責任の一般原則に従う	復代理人の選任及び監督について**過失がなくても全責任を負う**
	例外		やむを得ない事由によって復代理人を選任した場合 → **選任及び監督**について、責任を負う

イ 復代理人の地位

復代理人の地位	●**原代理人からの独立性** ① 復代理人は、**本人の代理人である**（106 Ⅰ）▶1 　→ 復代理人は、**本人の名において**代理行為をし、その効果は**本人に直接帰属** ② 本人・復代理人間にも、本人・代理人間と同一の法律関係が生じる（106 Ⅱ） ●**原代理人への従属性** 復代理人の代理権は代理人の代理権に基づく → ① 復代理権の範囲は、原代理人の代理権の範囲を超えることができない 　　② 代理人の代理権が消滅すれば、復代理人の復代理権も消滅する

▶1　代理人の代理権は、代理人が**復代理人を選任しても消滅しない。**

106条2項により、復代理人が委任事務の処理に当たって金銭等を受領した場合には、復代理人は、相手方から受領した物を本人に対して引き渡すべき義務を負うとともに、代理人に対しても引き渡す義務を負います。そして、復代理人が代理人に対して受領物を引き渡したときは、本人に対する受領物引渡義務が消滅します（最判昭51.4.9）。

09 ☐☐☐ AがBを利用して売買契約を締結しようとしている場合、Bが**代理人であるか使者であるかを問わず**、Bに**意思能力があることが必要**である。

→ 1 2 「意思能力」「使者」
使者に意思能力は不要 ✕

10 ☐☐☐ **未成年者を代理人に選任**した場合に、その者が代理人としてした法律行為は本人がこれを取り消すことができる。

→ 1 2 「行為能力」「代理」
代理人に行為能力不要 ✕

11 ☐☐☐ AはBを**使者として**Cとの間で売買契約を締結しようとしている。Bが**売買の目的物を誤って表示**し、表示内容による売買契約が成立した。Bに**重過失がある場合**、Aは錯誤による取消しを主張することができない。

→ 1 2 「意思表示の判断」 ✕

12 ☐☐☐ **自己契約**又は**双方代理**としてされた法律行為の効力は、**無権代理**となり、追認をすることができる。

→ 1 3 「効果」「原則」 〇

13 ☐☐☐ **弁済期が到来していない債務**の弁済も、**債務の履行に該当**するため、第108条1項ただし書により、双方代理が可能である。

→ 1 3 ▶4 ✕

14 ☐☐☐ 不動産の所有権の移転の登記申請について、同一の司法書士が**登記権利者と登記義務者の双方を代理**することは、無権代理行為とみなされるが、申請者双方の同意を得ている場合には、許される。

→ 1 3 ▶5
「債務の履行」に準じるとするのが判例 ✕

15 ☐☐☐ AがBに、Aの代理人としてAの所有する甲不動産をCに売り渡す契約を締結する**代理権**を**授与**した後、**Aが破産手続開始の決定を受けた**場合に、Bの代理権は消滅しない。

→ 1 5
「破産手続開始決定」 ✕

使者のイメージは伝書バトです。すなわち、伝書バト（使者）はただ相手方に手紙を届けるだけの存在であり、手紙を書く（意思決定をする）のは本人となります。この観点から代理と比較して押さえるとよいでしょう。

② 代理と使者の比較 💬

	代 理	使 者[▶2]
意思表示の決定権限	代 理 人	本 人（使者に決定権はない）
意 思 能 力	必 要	不 要
行 為 能 力	不 要 (102)	不 要
意思表示の判断	代理人を基準	本人を基準

▶2　使者の復任は原則可能。本人の許諾又はやむを得ない事由がなくても認められる。

③ 自己契約・双方代理

		自己契約	双方代理
意 義		同一の法律行為について、当事者の一方が相手方の代理人となること	同一人が同一の法律行為について、当事者双方の代理人となること
効果	原則	無権代理行為とみなす[▶3]　→　追認により本人に効果が帰属する(113 I)	
	例外	①　本人があらかじめ許諾した場合　→　本人に効果が帰属する ②　債務の履行に当たる場合[▶4、5]	

▶3　自己契約や双方代理には該当しないが、代理人と本人との利益が相反する行為（利益相反行為）も、無権代理行為とみなされる（108 Ⅱ本）。

▶4　①弁済期未到来の債務の弁済、②消滅時効にかかった債権に対する弁済等は、108条1項ただし書の「債務の履行」に当たらない。
　　∴　本人の利益を害するおそれがある。

▶5　「債務の履行」に準ずべきものとして、売買に基づく所有権の移転の登記の申請（最判昭43. 3. 8）がある。

④ 代理人の能力

【制限行為能力者が代理人としてした行為の取消しの可否】

原 則	不 可　∴　代理人に行為能力は不要
例 外	他の制限行為能力者の法定代理人としてした行為　→　可

⑤ 代理権の消滅

【代理権の消滅事由】　　　　　　　　　　　　　　　　○：消滅する　×：消滅しない

		法 定 代 理		任 意 代 理	
		本 人	代理人	本 人	代理人
事由	死 亡	○	○	○	○
	破産手続開始決定	×	○	○	○
	後見開始の審判	×	○	×	○
	委任の終了事由の発生	―	―	○	○

16 □□□　Aの代理人Bが、**直接Aの名を示して**、Cとの間 | ➡2**1**「方法」② | ×
でA所有の絵画の売買契約を締結した場合には、当該契
約の効果は代理人Bに帰属する。

17 □□□　Aの代理人Bが、**Aのためにすることを示さない** | ➡2**1**「方法」③ | ◯
で、CからC所有のマンションを購入する旨の契約を締 | 「例外」
結した場合において、当該契約をBがAのために締結す
ることを**契約当時Cが知っていたとき**は、Aは、当該マ
ンションの所有権を取得することができる。

18 □□□　Bが、Aから授与された代理権の範囲内でAの代 | ➡2**2**「効果」「例外」 | ×
理人としてCとの間でAの所有する甲不動産を売り渡す
契約を締結したものの、その際、BがCから受け取った
売買代金を着服する意図を有していた場合には、Cが、
Bの代金着服の意図を**知ることをできた**としても、当該
契約の効力は、Aに帰属する。

19 □□□　代理人Bが本人Aのために相手方Cとの間で代理 | ➡2**3ⓐ**「原則」 | ◯
行為として売買契約を締結した場合において、Cが心裡
留保の意思表示をしたが、その意思表示が真意ではない
ことをBが知っていたときは、当該売買契約は無効とな
る。

20 □□□　AがCから**甲動産を購入するための代理権**をBか | ➡2**3ⓐ**「例外」 | ×
ら授与されている場合において、AがBの代理人である
ことを示して、Cとの間で甲動産の売買契約を締結した
場合に、Cが甲動産につき無権利であることを**Bが知っ
ていた**が、Aがその事実を知らず、かつ、そのことに過
失がなかったときは、甲動産について即時取得が成立す
る。

2 代理行為

1 顕 名（本人をA、代理人をB、相手方をCとする）

意 義	代理人が代理行為をする場合、本人に**法律効果**を帰属させることを示すこと
方 法	① 「A代理人B」 → AC間に効果帰属（99 I） ② 「A」 → **AC間に効果帰属**（署名代理） ∵ 効果帰属主体が明らかになるため ③ 「B」 → 原則：BC間に効果帰属（100本） 例外：相手方が代理意思を**知り**又は**知ることができた**ときは、AC間に効果帰属（100但）

2 代理権の濫用（107条）

意 義		代理人が自己又は第三者の利益を図るために代理権の範囲内の行為を行うこと
効果	原 則	本人に効果が帰属する
	例 外	相手方が**悪意又は有過失** → **無権代理**とみなされる

3 代理行為の瑕疵

ⓐ 意思表示の主観的要件の判断（101条）

原 則	代理人基準 ∵ 意思表示をする（受ける）のは代理人
例 外	① 特定の法律行為の委託があり かつ ② 本人が悪意又は有過失 → **本人基準**（代理人が知らなかったことを主張できない）

取引の安全の観点から、原則は契約を有効として相手方を保護していますが、相手方が代理権濫用の意図について悪意又は有過失の場合にまで本人を犠牲にして相手方を保護する必要はないため、無権代理という柔軟な形で本人の保護を図っています。

21 □□□ Aの代理人Bが、Cとの間で金銭消費貸借契約及びA所有の甲土地に抵当権を設定する旨の契約（以下両契約を合わせて「本契約」という。）を締結した。本契約がBのCに対する**詐欺**に基づくものである場合、**Aがこれを過失なく知らなくても**、Cは、本契約を取り消すことができる。

➡2**3❻**
Aは96条3項の「第三者」に該当しない。また、Bは96条2項の「第三者」に該当しない

○

22 □□□ 本人が無権代理人に対して契約を追認した場合でも、**相手方は、その追認があったことを知らないときは、**無権代理であることを理由として契約を**取り消すことができる。**

➡3**2**▷7

○

23 □□□ 無権代理人の行為が表見代理とならない場合に、本人が無権代理人に対して追認する旨の意思表示をしたとしても、**相手方は、本人からその旨の通知を受けない限り追認の効果を主張することはできない。**

➡3**2**▷7
相手方からの主張は可

×

24 □□□ Aから代理権を与えられたことがないのにもかかわらず、BがAの代理人としてCとの間で不動産を買い受ける旨の契約を締結した。AがCに対してその**不動産の引渡しを請求**したときでも、その**契約を追認**したことにはならない。

➡3**2**▷6
相手方に履行を請求する行為は、黙示の追認に該当

×

25 Aの代理人であると称するBが、Cとの間で、Aが所有する甲建物の売買契約（以下「本件売買契約」という。）を締結したところ、Bが代理権を有していなかった。この事例に関する次の記述は正しいか。

1 □□□ BがCから受け取った売買代金をA名義の預金口座に入金し、Aがこれを認識しながら6か月間そのままにしていたという場合、黙示の追認がなかったとしても、取り消すことができる行為の**法定追認について定めた規定の類推適用**により、本件売買契約を追認したものとみなされるので、Aは、追認を拒絶することができない。

1 − ✕
➡3**2**▷6
法定追認は無権代理に類推適用されない

2 □□□ Aは、Bがした本件売買契約について**追認を拒絶**した後でも、改めて本件売買契約を追認することができる。

2 − ✕
➡3**2**「意義」
確定的に無効となる

❺ 代理行為と詐欺

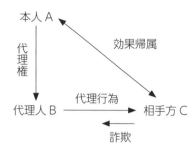

結論：**本人Aが取消権を取得する**(96 I、
101 I)
理由：効果は本人に帰属するため

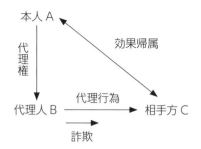

結論：相手方Cは、Aが善意無過失で
あっても、**取り消すことができる**
(96 I)
理由：本人は、96条3項の「第三者」
に当たらないため（新たな利害関
係人ではない）

3 ｜ 無権代理　

1 意義と効果

意 義	代理人として代理行為をした者に代理権がないことをいう
効 果	本人への効果帰属が不確定な状態となる（113 I）

2 本人がとることのできる法的手段

	追　認	追認拒絶
意 義	無権代理人がした行為の効果を本人に**確定的に帰属させる**旨の意思表示	無権代理人がした行為の効果を本人に**確定的に帰属させない**旨の意思表示
要 件	① 明示又は黙示の意思表示によってすること ▶6 ② 相手方又は**無権代理人**に対してすること ▶7	
効 果	原則として、契約の時に遡って本人に効果帰属する（116本）	本人への効果不帰属が確定する → 追認拒絶後、改めての追認は不可

▶6　**125条は**、「取り消すことができる行為」について法定追認を定めたものであるから、**無権代理行為には類推適用されない**（最判昭54.12.14）。なお、本人が無権代理人の締結した契約の履行を相手方に請求する行為は、黙示の追認に当たる（大判大3.10.3）。

▶7　無権代理人に対してした場合、**相手方がその事実を知るまでは**、相手方に対して追認したことを主張することができない（113 II）。他方、**相手方からその効果を主張することはできる**（大判大14.12.24）。

26 □□□　Bが代理権がないにもかかわらず、Aの代理人と称して、A所有のカメラをCに売却した場合、CがBに代理権がないことを**過失により知らなかった**ためにBに対して代金を支払ったときは、Cは、当該契約を**取り消す**ことができない。

➡3 ③ⓐ「取消権」 ✕
善意であれば足りる

27 □□□　無権代理人がした契約について、相手方が本人に対して相当の期間を定めて契約を追認するか否かを**催告**したが、**応答のないままその期間が経過**した場合、本人は、契約を**追認したものとみなされる**。

➡3 ③ⓐ ▶8 ✕

28 □□□　Bが代理権がないにもかかわらず、Aの代理人と称して、A所有の甲土地をCに売却した。CがBの無権代理を**過失により知らなかった**場合でも、Bが自己に**代理権がないことを知っていた**ときは、Cは、Bに対し、第117条に基づく無権代理人の責任を追及することができる。

➡3 ③ⓑ「要件」④ ◯

29 □□□　Aは、代理権がないにもかかわらず、Bのためにすることを示して、Cとの間でB所有の甲土地を売却する旨の契約を締結した。この場合、Cは、Aに対し、**無権代理人としての責任を追及**し、損害賠償として、**甲土地を転売することによって得られるはずであった利益に相当する額**を請求することができる。

➡3 ③ⓑ ▶9 ◯
履行利益の典型例

30 □□□　Aが、実父Bを代理する権限がないのに、Bの代理人と称してCから金員を借り受けた後、Bが死亡し、**AがBを単独で相続**した場合、Cは、Aに対し、貸金の返還を請求することができる。

➡3 ④「単独相続の ◯
場合」

31 □□□　Aが、実父Bを代理する権限がないのに、Bの代理人と称してCから金員を借り受けた後、Bが死亡し、**AがBの子Dと共にB**を相続した場合、Dが無権代理行為の追認を拒絶しているとしても、Cは、Aに対し、**Aの相続分の限度で**貸金の返還を請求することができる。

➡3 ④「共同相続の ✕
場合」

信頼利益とは、契約が有効であると信じたことにより被った損害をいいます（ex. 自動車の売買で履行日に自動車を引き渡してもらえると信じた買主が借りた駐車場代）。**履行利益**とは、契約が有効であったならば得られた利益をいいます（ex. 土地の売買でその土地を転売することによって得られるはずだった利益）。

3 相手方がとることのできる法的手段
ⓐ 催告権と取消権の要件

催告権 (114) ▶8	取消権 (115)
相手方の善意・悪意を問わない	相手方の善意が必要

▶8　本人がその期間内に確答しない場合には、**追認拒絶したものとみなされる** (114後)。

ⓑ 無権代理人の責任

意 義	無権代理行為の効果が本人に帰属しない場合に、無権代理人が負う**無過失責任**
要 件	① 他人の代理人として契約をした者が、自己の代理権の存在を証明することができなかったこと (117 Ⅰ) ② 本人の追認を得ることができなかったこと (117 Ⅰ) ③ 契約が存在すること (＝相手方が取消権 (115) を行使していないこと) ④ 相手方が、代理権のないことにつき、**善意無過失**であること (117 Ⅱ①②) 　＊ 無権代理人が自己に代理権がないことを知っていた場合、相手方は善意であれば足りる ⑤ 他人の代理人として契約をした者が行為能力を有すること (117 Ⅱ③)
効 果	相手方の選択に従い、履行の責任又は損害賠償の責任を負う (117 Ⅰ) ▶9

▶9　「損害賠償」は、信頼利益だけでなく、**履行利益**の賠償をも含む (大判大4.10.2)。

4 無権代理と相続

事 例		結 論
無権代理人が本人を相続 ▶10	単独相続の場合	無権代理行為は当然に有効となる (最判昭40.6.18)
	共同相続の場合	共同相続人全員が共同して追認権を行使しない限り、無権代理行為は、**無権代理人の相続分に相当する部分についても有効とならない** (最判平5.1.21)
本人が無権代理人を相続		本人は、**追認拒絶をすることができる** (最判昭37.4.20) ▶11
相続人が無権代理人を相続した後に本人を相続		無権代理行為は当然に有効となる (最判昭63.3.1)

▶10　本人が**死亡前に追認拒絶をしていた場合**は、無権代理行為は有効にならない (最判平10.7.17)。この場合においても、相手方は本人を相続した無権代理人に対して、無権代理人の責任を追及することはできる。

▶11　追認拒絶をすることができるとしても、相手方は、相続人である本人に対して、**無権代理人の責任** (117 損害賠償義務等) の承継を主張することができる (最判昭48.7.3)。

32 □□□　AからコピーНの**賃借に関する代理権**を与えられたBが、Cとの間でコピー機を**買い受ける契約をした**場合、CがBに売買契約締結の代理権があると信じるにつき正当な事由がある場合には、AはCからの請求を拒否することができない。

➡ 4 ❶ 「権限外の行為の表見代理」　○

33 □□□　Aがその所有する甲土地の売買に関する代理権をBに授与し、Bにその旨の**委任状を交付**した。Aはその後、**代理権の授与を撤回した**が委任状を回収しないでいたところ、BがこのＡ**委任状を用いて**甲土地を第三者Cに売り渡した。CがBに売買契約締結の**代理権があると信じる**につき善意無過失である場合には、AはCからの請求を拒否することができない。

➡ 4 ❶ 「代理権消滅後の表見代理」　○

34 □□□　A所有の不動産の賃貸借に関する代理権を有するBが、Aの代理人として、Cに不動産を売却した場合において、C**がBに売却に関する代理権があると信じたことについて、Aに何らの過失もない場合**には、表見代理は成立しない。

➡ 4 ❶ ▶ 12
本人の過失の有無は表見代理の成否に影響なし　×

35 □□□　**代理権消滅後**にかつての代理人が従来有していた**代理権の範囲を超えて**代理行為をし、第三者が無過失であり、その者に**権限があると信ずべき正当な理由を有するとき**は、表見代理が成立する。

➡ 4 ❶ⓑ②　○

36 □□□　Bの妻Aは、Bの実印を無断で使用して、Aを代理人とする旨のB名義の委任状を作成した上で、Bの代理人としてB所有の土地をCに売却した。この場合、**Aに売却の権限がなかったことにつき**Cが善意無過失であったときは、Cは、当該土地の所有権を取得することができる。

➡ 4 ❶ⓐ 「結論」
善意無過失の対象に注意　×

37 □□□　無権代理人は、相手方が無権代理人に対して第117条の規定によりした履行の請求に対して、**表見代理が成立することを主張・立証して自己の責任を免れることができる。**

➡ 4 ❷ 「結論」②　×

> 表見代理の制度は、無権代理人に代理権があると信頼した相手方を保護して取引の安全を図る趣旨であるため、無権代理人の責任逃れをさせるための制度ではないことを理解しておきましょう。

4 表見代理

1 類型と要件

	要 件
代理権授与表示による表見代理 (109)	① 代理権を授与した旨の表示があること（実際には代理権は授与されていない） ② 表示された代理権の範囲内の行為であること ③ 第三者が善意無過失であること
権限外の行為の表見代理 (110)	① 基本代理権が存在すること 💬 ② 代理人が基本代理権の範囲外の行為をすること（権限外の行為） ③ 第三者に正当な理由があること ▶12
代理権消滅後の表見代理 (112)	① かつて代理権が存在していたこと ② かつての代理権の範囲内の行為であること ③ 第三者が善意無過失であること

▶12 正当な理由の存否について、**本人の過失や行為（作為又は不作為）があることを要しない**（最判昭 28.12.3、最判昭 34.2.5）。そのため、法定代理にも適用される。

ⓐ 権限外の行為の表見代理の基本代理権が法定代理権である場合の判例

（最判昭 44.12.18）

結論	問題となる行為が、当該夫婦の**日常の家事に関する法律行為の範囲内**に属すると信じるにつき正当な理由のあるときに限り、110 条の趣旨を類推適用し、第三者を保護する
理由	110 条を直接適用すると、夫婦の財産的独立（762 I）が損なわれるおそれがある

ⓑ 重畳的な類型

次の場合にも表見代理が成立する。

> ① 代理権授与の表示はされたものの代理権を有しない者が**表示された代理権の範囲外の行為**をした場合（109 II）
> ② 代理人であった者が代理権消滅後に**過去に有していた代理権の範囲外の行為**をした場合（112 II）

2 表見代理と無権代理人の責任との関係

問題点	「表見代理の成立の要件」と「無権代理人の責任追及の要件」とが同時に充足される場合に、①「相手方は、表見代理の主張をせずに無権代理人の責任（117 I）を追及することができるか」、また、②「無権代理人は、表見代理の成立を主張して自己の責任を免れることができるか」
結論	① 相手方は、表見代理の成立と無権代理人の責任の追及を選択的に主張することができる ② 無権代理人は、表見代理の成立を主張して自己の責任を免れることができない（最判昭 62.7.7 通説）

01 □□□　「無効」は、**いつでも**主張することができるが、「取消し」は、**行為の時から**5年が経過すると主張することができなくなる。

➡**1 1**「期間制限の有無」　✕

02 □□□　ＡＢ夫妻の子Ｃ（17歳）がＤとの間で金銭消費貸借契約を締結し、50万円を受け取った場合において、Ｃは**ＡＢの同意を得なければ**本件金銭消費貸借契約を取り消すことができない。

➡**1 1 ⓐ**　✕
単独で取り消し得る

03 □□□　被保佐人が銀行から金銭を借りた場合において、その債務を**保証した者**は、その当時債務者が保佐開始の審判を受けていることを知らなかったときは、被保佐人が締結した金銭消費貸借契約を取り消すことができる。

➡**1 1 ⓐ**💡　✕
取消権者は限定列挙

04 □□□　ＡがＢの詐欺により、Ｂとの間で、Ａ所有の土地を売り渡す契約を締結した場合、売買契約の締結後、**20年が経過した後**にＡが初めて詐欺の事実に気付いた場合は、**その時から5年以内**であれば、Ａは、売買契約を取り消すことができる。

➡**1 1**「期間制限の有無」　✕
126条の20年は除斥期間である

05 □□□　成年被後見人が単独で契約を締結したことをその成年後見人が知った場合、その成年後見人が取り消すには、**その行為を知った時から5年以内**にする必要があるが、意思無能力を根拠とする無効であれば、その行為を知った時から**5年を過ぎても主張**することができる。

➡**1 1**「期間制限の有無」　◯
意思無能力による無効主張→期間制限なし

06 □□□　成年被後見人Ａは、単独で、その所有する建物を代金400万円でＢに売却し、この代金のうち、30万円をＣに対する**債務の弁済**に充てた上、**200万円を遊興費**に、120万円を**生活費**にそれぞれ使い、残りの50万円を所持している。この場合において、Ａの成年後見人が建物の売買契約を取り消したときに、ＡがＢに返還すべき金額は、次のうちどれか。
　　　1　400万円
　　　2　280万円
　　　3　200万円
　　　4　80万円
　　　5　50万円

➡**1 2**「例外」②　3
債務の弁済や生活費等、必要な出費に充てた場合→他の財産の支出を免れているので、現存利益あり
遊興費等として浪費した場合→現存利益なし

1 総 論

1 無効と取消しの比較

	無 効	取消し
効 力	初めから当然に生じない	いったん有効に成立した行為の効力が遡って消滅する（121）
主張できる者	誰でも	取消権者のみ（➡ ⓐ）
追認の可否	不可（119本）（➡ ⓑ）	可（122）
期間制限の有無	期間制限なし	追認できる時から5年間 行為の時から20年間（126）

ⓐ 取消権者（120条）　💡限定列挙

理 由	取 消 権 者
制限行為能力	**制限行為能力者**（単独で有効に取り消すことができる） 制限行為能力者の代理人 ▶1、承継人、同意権者
錯誤・詐欺・強迫	意思表示をした者、その者の代理人、承継人

▶1　他の制限行為能力者の法定代理人としてした行為にあっては、当該他の制限行為能力者を含む。

ⓑ 無効行為の追認

原則	有効にすることはできない（119本）
例外	無効であることを知って追認すれば、**その時点で新たな行為**をしたものとみなされる（119但）　💡遡及効なし（cf.116）

2 原状回復義務

原則	無効な行為に基づく債務の履行として給付を受けた者は、原状回復義務を負う（121の2 I）
例外	① 無償行為が無効又は取り消された場合（121の2 II）▶2 ② 意思無能力者、**制限行為能力者**の返還すべき範囲（121の2 III） → **現存利益**の返還義務を負う

▶2　ex. 贈与が無効又は取り消された場合、無効原因又は取消原因につき善意の受贈者は、現存利益の返還義務を負う（121の2 II）。

07 □□□ 未成年者Aが、親権者Bの同意を得ないでCに壷を売却した場合には、Aは、成年者となる前は、**Bの同意を得たときでも**、売買契約を追認することができない。

→ **2 ❶ ❺** ▶ 3 ⑦
同意を得れば追認可

×

08 □□□ 制限行為能力者が行為能力の制限によって取り消しうる行為によって生じた債務を行為能力者となった後に承認した場合であっても、**当該行為が取り消すことができるものであることを当該制限行為能力者が知らない**ときは、当該行為を追認したものとはならない。

→ **2 ❶ ❺ ②**
取り消しうることを了知する必要がある

○

09 □□□ 未成年者Aは、単独の法定代理人である母親Bの所有する宝石を、Bに無断で自己の物としてCに売却し引き渡した。Aが、**Bの同意を得て**、Cに対し**売買代金の履行請求**をした場合には、Aは、未成年者であることを理由にAC間の売買を取り消すことができない。

→ **2 ❷ ❷ ①**
法定代理人の同意を得ているので法定追認は有効である

○

10 □□□ Aは、Bの詐欺により錯誤に陥り、Bから、ある動産を買い受けるための売買契約を締結したが、その後に、Bの詐欺が発覚した場合において、Aが売買代金を弁済する前にBから売買の**目的物である動産の引渡しを受けた**場合は、追認があったものとみなされる。

→ **2 ❷ ❺** 「履行・受領」

○

11 □□□ AはBの詐欺により壺を売却したが、まだ売買を取り消していない。このとき、Aが**Bから壺の引渡しを請求された場合**、この請求を受けたという事実をもってAは**追認をしたものとみなされる**。

→ **2 ❷ ❺** 「履行の請求」
債務者が履行の請求を受けた場合は法定追認事由とならない

×

12 □□□ Aが被保佐人Bに対し金銭を貸し付け、Bの保佐開始の審判が取り消された後、Bが**新たに担保を提供し**たときは、Bは追認したものとみなされる。

→ **2 ❷ ❺** 「担保の供与」(125 ④)

○

13 □□□ Aは、Bの詐欺により錯誤に陥り、Bから、ある動産を買い受ける旨の売買契約を締結したが、その後に、Bの詐欺が発覚したため、Aは、売買契約を取り消したいと考えている。この場合において、Aが、当該売買代金請求権の譲渡を受けたCからの強制執行を免れるために、**追認する趣旨ではないことを示した上で**売買代金の弁済をしたときは、追認をしたものとはみなされない。

→ **2 ❷ ❸ ③**
125 条ただし書により、異議をとどめることができる

○

2 取り消すことができる行為の有効確定

◢1 追 認

ⓐ 意 義

取り消すことができる行為を確定的に有効なものとする意思表示（取消権の放棄）。

ⓑ 要件等

追認権者	取消権者と同様（122）
要 件	① **取消しの原因となっていた状態が消滅していること**▶3 ex. 制限行為能力者が行為能力者となった。詐欺で騙されたことを知った ② **取消権を有することを知っていること**

▶3 ⑦保護者が追認をするとき、⑦制限行為能力者（成年被後見人を除く）が保護者の同意を得て追認をするときは、①の要件を満たす必要がない（124 Ⅱ）。

◢2 法定追認 （125条）

ⓐ 要 件

①	追認をすることができる時以後であること
②	125条所定の行為があること（➡ ⓑ）
③	異議をとどめていないこと

ⓑ 125条所定の行為

○：法定追認に当たる ×：当たらない

取消権者 の地位	履行・受領	履行の請求	更 改	担保の供与	譲 渡	強制執行
債権者	○	○	○	○	○	○
債務者	○	×	○	○	—	×

取消権者が**追認を態度で示している**場合に、追認したつもりでなくとも追認したものとみなすのが法定追認です。本来、追認には「追認するぞ！」という内心的効果意思が必要ですが、追認をする意思がなくとも追認した扱いにするのです。

01 □□□　法律行為の当時、**停止条件の不成就が確定**してい
た場合において、**当事者がそれを知らなかったとき**は無
条件の法律行為となる。

➡1 **2**「既成条件」
「停止条件」
無効。当事者の知・
不知は関係ない　×

02 □□□　法律行為の当時、**解除条件の成就が確定**していた
場合には、その法律行為は**無効**となる。

➡1 **2**「既成条件」
「解除条件」　○

03 □□□　**不法行為をしないことを停止条件**とする法律行為
は有効である。

➡1 **2**「不法条件」
💬　×

04 □□□　当事者の一方が第三者に対して**不法行為に基づく
損害賠償責任**を負ったときは、**他方がその賠償責任を履
行する旨の契約**は有効である。

➡1 **2**「不法条件」
参照
契約全体として不法
行為性はない　○

05 □□□　**不能な事実**を条件とする法律行為は無効である。

➡1 **2**「不能条件」
停止条件なら無効、
解除条件なら無条件
となる　×

06 □□□　贈与契約に、**贈与者が欲するときは**贈与した物を
返還するものとする旨の条件を付したとしても、当該贈
与契約は有効である。

➡1 **2**「純粋随意条
件」「解除条件」　○

1 条 件

1 意 義

　法律行為の効力の発生又は消滅について、将来の不確実な事実の成否にかからしめること。停止条件（その成就によって法律行為の効力が**発生**、127Ⅰ）と解除条件（その成就によって既に発生している法律行為の効力が**消滅**、127Ⅱ）がある。

2 条件の種類と法律行為の効力

条件の種類			効 力
既 成 条 件 (131) (法律行為の成立当時、既に成否が客観的に確定している条件)	停止条件	条件成就が既に確定	**無条件**
		条件不成就が既に確定	無 効
	解除条件	条件成就が既に確定	無 効
		条件不成就が既に確定	無条件
不 法 条 件 (132) (その条件を付することにより、**法律行為全体**が不法行為性を帯びること)	停止条件		無 効
	解除条件		
不 能 条 件 (133) (条件となる事実の内容が実現不可能な場合)	停止条件		無 効
	解除条件		無条件
純粋随意条件 (134) (当事者の一方が欲しさえすれば成就させることができる条件)	停止条件	債務者の意思のみにかかる場合 （気が向いたら100万円贈与する等）	無 効
		債権者の意思のみにかかる場合	有 効
	解除条件	債務者の意思のみにかかる場合	有 効
		債権者の意思のみにかかる場合	有 効

　条件の内容が「**不法な行為をしないこと**」を条件とする場合（ex. Aを殺さなかったら100万円あげる）にも、その法律行為は無効となります（132後）。不法な行為をしないことを条件とする法律行為を認めると、当該法律行為の利益を放棄すれば不法行為をしてもよいという心情に当事者を導くことになるからです。

07 ☐☐☐　解除条件付法律行為がされた場合において、その条件が成就したときには、当該法律行為は、**法律行為時に遡って**効力を失う。

→**1 3**
原則として条件成就時から効力を失う

✕

08 ☐☐☐　Ｙは、Ｘとの間で、Ｙが交際中のＡと結婚したら、Ｙ所有の甲自動車をＸに贈与する旨を約した。その後、Ｙは、Ａから結婚の申込みを受けたが、**仕事の都合から回答を保留**し、これがきっかけとなって、結局、**ＹとＡとの関係が破綻**し、ＹがＡと結婚する見込みはなくなった。この場合、Ｘは、Ｙに対し、甲自動車の引渡しを請求することができる。

→**1 4**①
故意に条件の成就を妨害していない

✕

09 ☐☐☐　Ｙは、Ｘとの間で、Ｘ所有の甲カメラが壊れたら、Ｙ所有の乙カメラをＸに贈与する旨を約した。その後、Ｘは、Ｘの妻である**Ａに甲カメラを壊すように依頼し、Ａが甲カメラを壊した**。Ｘが、甲カメラが壊れたとして、Ｙに対し、乙カメラの引渡しを請求した場合、Ｘの請求は認められる。

→**1 4**②
不正に条件を成就させている

✕

10 ☐☐☐　債務の履行の催告と同時に、**催告期間内に履行しないことを条件**とする解除の意思表示をしても、この意思表示は無効である。

→**1 5** ▶**1**

✕

11 ☐☐☐　**相殺の意思表示**に、条件又は期限を付すことはできない。

→**1 5**「相殺」

〇

12 ☐☐☐　債務者が出世した時に借金を返済するといういわゆる**出世払いの約定**は、債務に**停止条件**を付したものである。

→**2 1** 💬

✕

3 条件成就の効果

条件が成就した場合、停止条件付法律行為は**条件成就の時から**その効力を生じ（127 I）、解除条件付法律行為は**条件成就の時から**その効力を失う（127 II）。

＊　当事者の意思により遡及させることができる（127 III）。

4 条件成就の妨害等

①　条件成就によって不利益を受ける者が、**故意に条件の成就を妨害した場合**

→　相手方は、条件が成就したものとみなすことができる（130 I）

②　条件成就によって利益を受ける者が、**不正に条件を成就させた場合**

→　相手方は、条件が成就しなかったものとみなすことができる（130 II）

5 条件の可否 ▶1

解 除	原則として**条件**を付すことができない
相 殺	**条件又は期限**を付すことはできない

▶1　「一定の催告期間内に代金を支払わないときは、売買契約を解除する。」という停止条件付解除の意思表示は**有効**である（大判明43.12.9）。

2 期　限

1 意　義

法律行為の効力の発生・消滅又は債務の履行を、将来**到来することが確実な事実**の発生にかからしめること。

確 定 期 限	事実の発生時点が確定している期限　ex. 2020年8月12日
不確定期限	発生時点が不明な期限　ex. Aが死亡した時

2 期限の利益

期限の利益は、**債務者**のためにあるものと推定される（136 I）。また、期限の利益は**放棄**することができる（136 II本文）。

「100万円借りるが、出世したら返す」という**出世払い債務**は、**不確定期限付きの債務**と解されています（大判明43.10.31、大判大4.3.24）。この約定をした当事者の意思としては、100万円を返すことを前提として、いつ返すか定まっていないだけと考えられるからです。

01 □□□ 建物賃貸人について、建物の敷地である**土地の所有権の取得時効**が完成した場合であっても、**建物賃借人**はその時効を援用することができない。　➡ **1 1 ⓑ**「否定例」2段目　○

02 □□□ 主たる債務について消滅時効が完成した場合には、主たる債務者が時効の援用をしないときでも、その**連帯保証人**は、主たる債務につき時効を援用することができる。　➡ **1 1 ⓑ**「肯定例」1段目　○

03 □□□ **物上保証人**は、被担保債権の消滅時効を援用することができる。　➡ **1 1 ⓑ**「肯定例」2段目　○

04 □□□ **詐害行為の受益者**は、詐害行為取消請求の被保全債権の消滅時効を援用することができる。　➡ **1 1 ⓑ**「肯定例」4段目　○

05 □□□ 抵当不動産の**第三取得者**は抵当権の被担保債権の消滅時効を援用することができるのに対して、抵当不動産の**後順位抵当権者**は先順位抵当権の被担保債権の消滅時効を援用することができない。　➡ **1 1 ⓑ**「肯定例」3段目、「否定例」3段目　○

06 □□□ **金銭債権の債権者**は、債務者の資力が自己の債権の弁済を受けるについて十分でないときでも、**債務者に代位**して、他の債権者に対する債務の消滅時効を援用することはできない。　➡ **1 1 ⓑ** ▶2　×

1 時効総論

1 時効の援用

ⓐ 総論

意　義	時効によって利益を受ける者が、時効の利益を受ける旨の意思表示(145)
法的性質 (停止条件説)	「時効の援用」によって初めて権利の得喪が生じる（最判昭61.3.17） ∵　時効の援用によって初めて時効の効果が生じると解することで、 当事者の意思を尊重すべきである▶1
効　力	その起算日に遡る（144）

▶1　各援用権者の意思を尊重するという援用制度の趣旨から、援用権者が数人いる場合において、そのうちの1人が援用しても、その効果は他の者には及ばない（援用の相対効）。

ⓑ 時効の援用権者の範囲（当事者：権利の取得・消滅について正当な利益を有する者）

	援用権者	対象となる権利
肯定例	保証人・連帯保証人（145括）	主たる債務
	物上保証人（145括）	被担保債権
	第三取得者（145括）	被担保債権
	詐害行為の受益者（最判平10.6.22）	被保全債権
否定例	一般債権者▶2	他の債権者に対する債務
	土地上の建物賃借人（取得時効）	建物賃貸人のための土地所有権
	後順位抵当権者（最判平11.10.21）	先順位抵当権の被担保債権

▶2　金銭債権の債権者は、債権者代位権（423）に基づき、債務者に代位して、他の債権者に対する債務の消滅時効を援用することができる（最判昭43.9.26）。

少し理解しにくいかもしれないので補足します。一般債権者という地位に基づいて、他の債権者に対する債務の消滅時効を援用できませんが、債権者代位権の行使要件を満たす場合には、**債務者の有する他の債権者に対する債務の消滅時効の援用権を代位行使する**ことができるということです。

07 □□□　**時効完成後**に、債務者が**時効の完成を知らずに**、債務の存在を承認することは、**時効の利益の放棄には当たらない**。

→1**2**「理由」
cf. 時効完成を知っている場合は時効の利益の放棄に当たる　○

08 □□□　**時効完成後**に、債務者が**時効の完成を知らず**に、債務の分割弁済を約束した場合、時効の利益の放棄には当たらないので、債務者は、**時効を援用することができる**。

→1**2**「理由」
信義則上許されない
分割弁済の約束は権利の承認に当たる　×

09 □□□　消滅時効の利益は、期限の利益と同様に、それにより利益を受ける債務者のために存在するので、**債務者は、債務の発生後は、いつでも時効の利益を放棄することができる**。

→1**3**▶3　×

10 □□□　時効の完成後に、**被保佐人が、保佐人の同意を得ずにした時効利益の放棄は、取り消すことができる**。

→1**3**▶4
cf. 権利の承認は同意不要　○

11 □□□　債務者が、**いったん時効の利益を放棄した後**でも、時効の利益を放棄した時点から再び時効は進行するので、**再度時効が完成**すれば、債務者は、**時効を援用することができる**。

→1**3**▶5　○

12 □□□　時効の完成後に**主たる債務者がした時効利益の放棄**は、保証人に対しても効力を生ずるので、**保証人は、時効を援用することができない**。

→1**3**「効果」②
cf. 権利の承認　×

2 援用権の喪失

事 案	時効の完成を**知らずに**債務の弁済、承認などの自認行為をし、後に時効が完成したことを知った場合、改めて援用できるか
結 論	時効を援用することは**できない**（最大判昭 41. 4.20）
理 由	時効完成を知らない以上、時効利益の放棄があったとはいえないが、相手方は、債務者がもはや時効を援用しないとの期待を抱くから、**信義則上**、時効を援用することは許されない（**援用権の喪失**）
例 外	債務者が消滅時効完成後に債務の承認をしたときでも、再び新たな時効の進行が始まるので、それが完成すれば、時効を援用することができる（最判昭 45. 5.21）

3 時効利益の放棄 cf. 時効の援用

意 義	時効完成後にする時効の利益を受けない旨の意思表示（146）
要 件	① 時効完成**後**に放棄の意思表示をすること（146）▶3 ② 時効にかかる権利につき、処分能力・権限があること▶4 ③ 時効完成を知っていること
効 果	① 援用権者は、時効利益を放棄すると、時効を援用できなくなる▶5 ② 時効利益の放棄の効果は、放棄した者に限って及ぶ（**相対効**） → 主債務者が時効の利益を放棄しても、保証人は、主債務の消滅時効を援用することができる（大判大 5.12.25）

▶3 時効完成**前**に、あらかじめ放棄することは**できない**（146）。

▶4 法定代理人等の同意を得ないでした未成年者、被保佐人、被補助人（同意が必要な場合に限る）の放棄、及び成年被後見人の放棄は、**取り消すことができる**。

▶5 ただし、放棄後、**再び新たな時効の進行が始まる**ので、それが完成すれば、時効を援用することができる（最判昭 45. 5.21）。

> 時効の完成を知らないのであれば、時効利益の放棄があったと認められません。また、時効が完成しているのであれば、時効の更新事由である「承認」と認められないため、信義則ルートで妥当な結論を導いているのです。

13 □□□ 債権者が債務者に対して給付の訴えを提起したが、**訴えを取り下げたため、訴訟が終了したとき**でも、その終了の時から**6か月を経過**するまでの間は、債権の消滅時効は完成しない。

→1 4ⓑ「裁判上の請求等」 ○

14 □□□ 債権の消滅時効の期間の満了前に、債務者が債権者に対して**債務の一部を弁済**したときは、その時から**新たに消滅時効の進行が始まる**。

→1 4ⓑ「承認」 ○

15 □□□ **未成年者**であるＡがその債権者Ｂに対してＡの法定代理人Ｃの同意を得ないでその**債務を承認**したときは、Ｃはその承認を取り消すことができず、その債権の消滅時効につき更新の効力が生じる。

→1 4ⓑ ▶7 ✕

16 □□□ 未成年者が所有する土地を権原なく継続して占有する者がいる場合において、その者による取得時効の期間の満了前6か月以内の間に当該未成年者に法定代理人がないときは、当該**未成年者が行為能力者となった時**又は**法定代理人が就職した時から6か月**を経過するまでの間は、当該未成年者に対して、土地の取得時効は完成しない。

→1 4ⓑ「未成年者・成年被後見人」 ○

17 □□□ 債権者が債務者に対して債務の**履行の催告**をしたことにより、**消滅時効の完成が猶予**されている間に、債権者が債務者に対して**再度の催告**をしたときは、その時から6か月を経過するまでの間、債権の消滅時効は完成しない。

→1 4ⓒ1段目 ✕

18 □□□ **協議を行う旨の合意**は、時効の完成猶予の期間の延長が認められるが、その効力は**通算5年**を超えることができない。

→1 4ⓒ2段目 ○

4 時効の完成猶予と更新

ⓐ 意　義

完成猶予	時効の完成が猶予されること（その期間、時効は完成しない）
更　新	進行中の時効期間が無になり、あらためて時効が進行すること

ⓑ 全体像

事　由	完成猶予（猶予期間）	更　新
裁判上の請求等	その事由が終了するまで	○
	途中で終了したときは、その時から6か月	－
催　告	催告の時から6か月	－
協議を行う旨の合意	▶6	－
承　認 ex. 一部弁済・利息支払	－	○▶7
未成年者・成年被後見人	行為能力の取得又は法定代理人の就職時から6か月	－

▶6　次の①から③までのいずれか早い時まで
　　①合意から1年経過時、②合意による協議期間（1年未満）の経過時、③協議続行拒絶通知から6か月経過時

▶7　未成年者及び成年被後見人は、単独で有効に承認することはできないが（大判昭13.2.4）、被保佐人及び被補助人は単独で有効に承認することができる（大判大7.10.9）。

ⓒ 時効の完成猶予の期間の延長の可否

初　度	再　度	完成猶予期間の延長の可否
催　告	催　告	×（初度の催告のみ）
協議の合意	協議の合意	○（通算5年以内）
催　告	協議の合意	×（催告のみ）
協議の合意	催　告	×（協議の合意のみ）

「時効の完成猶予」は、**権利行使の意思を明らかにしたと評価できる事実**が生じた場合に認められ、他方、「時効の更新」は、**権利の存在について確証が得られたと評価できる事実**が生じた場合に認められます。

19 □□□　所有の意思をもって平穏かつ公然に他人の物を占有した者が、**占有開始時に自分に所有権があると過失なく信じていた場合**には、たとえ、**その後に自分に所有権がないことを知ったとしても**、**10年間占有を継続**すれば、その物を時効取得する。

→ **2 1**「要件」③
占有開始時に善意無過失であればよい
○

20 □□□　不動産の**時効取得**の場合は、**時効を援用した時にその所有権が時効取得者に帰属**する。

→ **2 1**「効力」
占有開始時に遡って取得
×

21 □□□　**用益物権**は時効により取得し得るが、**債権を時効により取得し得る場合はない**。

→ **2 1**「対象権利」
不動産賃借権
×

22 □□□　Aは、Bに対し、自己所有の甲土地を売却し、甲土地を引き渡したが、その後、Cに対しても甲土地を売却し、甲土地の所有権の移転の登記を経由した。この場合、Bは、甲土地の引渡しを受けた時点で所有の意思を有していたとしても、**AC間の売買及び登記の経由があったことを知ったときは、その時点で所有の意思を失うの**で取得時効は成立しない。

→ **2 1** ▶8
AC間の売買及び登記を知ってもBの所有の意思は失われない
×

23 □□□　Bが、AからA所有の一筆の土地の一部を買い受け、引渡しも受けた後、Aが、Cに対しても同土地の全部を売却し所有権の移転の登記を経由した場合であっても、AB間の売買は有効であるから、Bは、**自分の土地を占有**していることになり、その土地を**時効取得することはできない**。

→ **2 1** ▶9
自己所有地も時効取得可
×

24 □□□　占有者が、他人により占有を奪われたとしても、**占有回収の訴えを提起して勝訴し、かつ現実にその占有を回復した場合**には、継続して占有したものと扱われるので、**占有を奪われていた期間も、時効期間に算入**される。

→ **2 1** ▶10
○

25 □□□　Bの抵当権が設定され、その登記を経た土地を、Aが**時効取得**した場合でも、Bの**抵当権は消滅しない**。

→ **2 1** ▶11
×

26 □□□　甲建物に居住して**悪意の自主占有を8年間続けた**Aは、甲建物を善意無過失のBに譲渡して引き渡した。Bは、自ら**8年間甲建物に居住**した後、甲建物を**悪意のCに譲渡して引き渡し**、Cがこの建物に居住して**2年間が経過**した。この場合、Cは、甲建物について取得時効を主張することができない。

→ **2 2** ▶12 ❶
BとCのみの占有を主張することも可
×

2 取得時効

1 総 論

要 件 (162)	① 「所有の意思」をもって、平穏かつ公然に占有を開始すること [8] ② 他人の物であること [9] ③ 一定期間の占有の継続があること [10] 　原 則　　　　　　　　　　　　：20年間の占有継続 　**占有開始時に善意無過失の場合**　：10年間の占有継続 　💡途中で悪意になっても10年間の占有により時効取得することができる
効 力	時効が援用されると、占有者は**占有開始時に遡って原始取得する**（144）[11]
対象権利	・所有権 ・用益物権　　cf. 地役権（283） ・担保物権：質権についてのみ認められる　（×留置権、先取特権、抵当権） ・債 権：**不動産賃借権**

- [8] 自主占有かどうかは、占有取得の原因たる事実によって**客観的に判断される**（最判昭45.10.29）。**売買契約に基づく占有は自主占有**であるが、**賃貸借契約に基づく占有は他主占有**である。
- [9] **自己の物**（最判昭42.7.21参照）や、「一筆の土地の一部」も時効取得し得る。
- [10] 占有者が、占有を奪われた場合に**占有回収の訴え**（200）で勝訴し、その占有を回復すれば、自然中断がなかったものとされる（203但）。
- [11] 抵当権の負担の付いた土地について第三者が時効取得した場合、第三者は**抵当権の負担のない所有権を取得**し、抵当権は消滅する。

2 時効の起算点

原 則	**起算点は固定**（最判昭35.7.27、最判平15.10.31）
例 外	占有を承継した場合は、自己の占有開始時又は承継した占有の開始時のいずれかを起算点として選択することができる（187Ⅰ）[12]

- [12] 【具体例】
  ❶ 善意無過失の占有者Aから悪意のBが占有を承継した場合、Bは、Aの占有と自己の占有とを併せて主張することによって、**10年間で時効取得**することができる（最判昭53.3.6）。
  ❷ 悪意又は有過失のAから占有を承継した善意無過失のBは、**自己固有の占有のみ**を主張して、10年間で時効取得することができる（187Ⅰ、162Ⅱ）。

27 □□□　所有権は時効により消滅しないが、**所有権に基づく妨害排除請求権**や、**所有権に基づく登記請求権**は、時効により消滅する。

所有権とそれに基づく権利は消滅時効にかからない　✕

28 □□□　**同時履行の抗弁権**が付着している債権の消滅時効は、**履行期**から進行する。

➡3**1** ▶13　〇

29 □□□　**不確定期限のある債権**の消滅時効は、期限の到来後、債権者から履行の請求を受けた時、又は債務者が期限の到来を知った時の、いずれか早い時から進行する。

➡3**2**「不確定期限ある債権」　✕

30 □□□　**割賦払債務**について、債務者が割賦金の支払を怠ったときは債権者の請求により直ちに残債務全額を弁済すべき旨の約定がある場合には、残債務全額についての消滅時効は、債務者が割賦金の支払を怠った時から進行する。

➡3**2** ▶14　✕

31 □□□　代金支払**期限の定めがない売買契約**に基づく代金支払債務の履行遅滞に陥る時期及び消滅時効の客観的起算点は、**契約が成立した時**である。

➡3**2**
〇　消滅時効
✕　履行遅滞　✕

32 □□□　善意の不当利得者の**不当利得返還債務**は、**期限の定めのない債務**であるため、**消滅時効の客観的起算点**は、**不当利得返還請求権が発生した時**であり、**履行遅滞に陥る時期**は、**債務者が履行の請求を受けた時**である。

➡3**2**
大判昭2.12.26　〇

33 □□□　**債務不履行によって生ずる損害賠償請求権**の消滅時効は、**本来の債務の履行を請求し得る時**から進行する。

➡3**2**
最判平10.4.24　〇

34 □□□　**期限の定めのない金銭消費貸借契約に基づく貸金債権**の消滅時効は、催告後、相当期間が経過した時から進行する。

➡3**2**
催告は無関係
cf.履行遅滞　✕

35 □□□　**人の生命又は身体の侵害に基づく損害賠償請求権**の消滅時効の時効期間は、**債務不履行**によるか、又は**不法行為**によるかにかかわらず、同一である。

➡3**3**「生命・身体侵害の損害賠償請求権」　〇

3 消滅時効

1 債権の時効期間 ▶13

主観的起算点	権利行使できることを知った時から **5年間**を経過した時
客観的起算点	権利行使できる時から **10年間**を経過した時

▶13 同時履行の抗弁権が付着していることは、消滅時効の進行の妨げとならない。

2 消滅時効の客観的起算点と履行遅滞の時期との比較

		消滅時効の起算点	履行遅滞の時期
確定期限ある債権		期限到来の時 ▶14	期限到来の時（412 Ⅰ）
不確定期限ある債権		期限到来の時	① 期限が到来し、かつ債務者がこれを知った時（412 Ⅱ） ② 期限到来後、債権者が請求した時
期限の定めのない債権	原則	債権成立の時	履行請求を受けた時（412 Ⅲ）
	債務不履行に基づく損害賠償債権	本来の債務の履行を請求できる時（最判平10.4.24）▶15	履行請求を受けた時（412 Ⅲ）
	消費貸借契約に基づく返還請求権	催告に関係なく、消費貸借契約の成立時より相当期間を経過した時	催告後、相当期間経過後（591 Ⅰ）

▶14 債務者が割賦金の支払を怠った場合において、債権者の請求により直ちに残債務全額を弁済すべき旨の約定があるときには、残債務全額についての消滅時効は、**債権者が残債務全額の弁済を求める旨の意思表示をした時**から全額について進行する（最判昭42.6.23）。

▶15 契約の解除により発生する原状回復請求権（545 Ⅰ本）の消滅時効は、**解除の時**から進行する（大判大7.4.13）。

3 債務不履行と不法行為の時効期間

	債務不履行		不法行為	
	主観的起算点	客観的起算点	主観的起算点 ▶16	客観的起算点
一般的な債権	5年	10年	3年	20年
生命・身体侵害の損害賠償請求権	5年	20年	5年	20年

▶16 被害者が**損害及び加害者を知った時**から起算する（724 ①）。

よくある質問 Q&A ── 総則

Q p12の問04で、何が論点となっているのかがわかりません。

A 本問では、土地の賃借人であり、その土地上に建築された甲建物の所有者である
Bが、甲建物の仮装売買をしています。借地上の建物の譲渡があれば、土地の賃
借権も従たる権利として共に譲渡されたことになりますが、これが無断の賃借権
の譲渡であるとして、土地の賃貸人のAが解除権（612Ⅱ）を行使できるかが論点
となっています。しかし、「土地賃借人が、土地上の建物を仮装譲渡した場合の
土地賃貸人」は94条2項の第三者に当たらないとされているため（最判昭
38.11.28）、甲建物の仮装売買は無効として処理され（94Ⅰ）、土地の賃借権も譲渡
されなかったことになります。したがって、Bは、Aに対し、賃借権の無断譲渡
には当たらない旨を主張することができるということになります。

Q p24の問13に関して、弁済期が到来していない債務の弁済は、なぜ
108条1項ただし書の「債務の履行」に該当しないのでしょうか？

A そもそも、108条1項ただし書で「債務の履行」が例外として定められている
のは、債務の履行は本人に不利益とならず、利益相反の構造にならないからで
す。弁済期が到来していない債務の弁済は、期限の利益を放棄した上で行うわけ
ですから、本人に不利益となるおそれがあるため、「債務の履行」には該当しな
いとされているのです。

Q p28の問24と問25の違いがわかりません。黙示の追認と法定追認は
違うのでしょうか？

A 本人が相手方に無権代理人の締結した契約の履行の請求をしたことは、黙示の追
認に当たります。これは追認の一種であるため、本人の追認するという内心的効
果意思が必要となります。一方、取り消し得る法律行為に関して、取消権者が
125条に列挙されている行為（契約が有効であることを前提とした行為）をした
場合に、内心的効果意思がなくてもこれを追認したものとしてみなすのが法定追
認です。無権代理の追認は、本来認められない本人への効果帰属を認める点で法
定追認より強い効果を持つため、125条の無権代理行為への類推適用は否定さ
れています。すなわち、無権代理行為の追認は、追認の内心的効果意思が認めら
れる行為でなければ、その効力が生じないということです。

物　権

●体系MAP

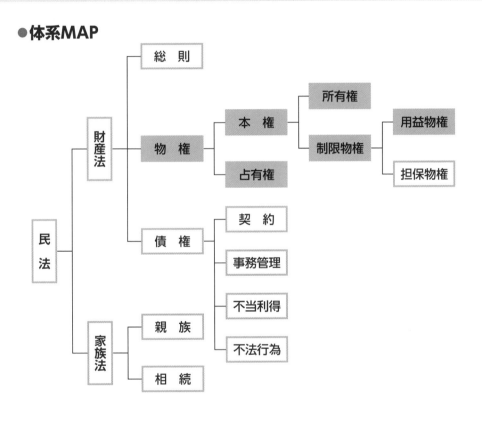

01 □□□ **構成部分が変動する集合動産**であっても、その種類、所在場所及び量的範囲を指定するなどの方法によって目的物の範囲が特定される場合には、**1個の集合物として譲渡担保の目的とすることができる。**

➡**1**② ○

02 □□□ 装飾用ステンドガラスは、それが建物の窓として、**開閉することができない状態ではめ込まれている**ときは、独立した所有権の客体とはならない。

➡**1**③「要件」 ○
独立性の要件を満たさない

03 □□□ 土地の所有者は**分筆の登記をすることなく**一筆の土地の一部を他人に譲渡することができる。

➡**1**③「例外」❶ ○

04 □□□ 土地の賃貸借は、**一筆の土地の一部を目的とする**ことができるが、地上権は、**一筆の土地の一部**を目的として設定することができない。

➡**1**③「例外」参照 ✕
設定登記をする場合、前提として分筆登記が必要

05 □□□ Aが、Bから**賃借している土地上に建物を所有し、所有権の保存の登記を経由**している場合において、この土地の一部を隣地所有者Cが占拠した。このとき、AはCに対して**妨害排除請求をすることができる。**

➡**3**「例外」「物権・債権間」 ○

06 □□□ 公示方法のある物権相互間の優劣は、成立時期の先後ではなく、公示の先後によって決められることになり、**後に登記された物権が先に登記された物権に優先することはない。**

➡**3**「物権相互間」「例外」② ✕
一部の先取特権に関し例外あり

1 物権の客体となるための要件

	要 件	例 外
①	有体性（85）	❶ 転抵当権（376 I）、❷ 転質権（348）、❸ 権利質（362）
②	特定性	集合動産譲渡担保▶1
③	独立性・単一性 cf. **一物一権主義**	❶ 一筆の土地の一部の時効取得・譲渡、❷ 土地の一部を目的とする地役権設定（282 II）
④	支配可能性	

▶1　構成物に流動性がある点を捉えて②の例外としている。単一の物ではない点に着目すれば、③の例外にも該当する。

2 一物一権主義

意 義	1個の物権が成立するためには、その客体は、①物の一部ではなく**独立の物**であり、かつ、②物の集合ではなく**1個の物**であることを要する
趣 旨	物の一部又は物の集合の上に物権を認めると、外部から物権の存在を認識することが困難となり、取引の安全を害する

3 物権の優先的効力

	物権相互間	物権・債権間
原 則	先に成立した物権が後から成立した物権に優先する	物権が債権に優先する （「**売買は、賃貸借を破る**」）
例 外	①　「公示の原則」による修正 　　物権の優劣は、公示の先後（対抗要件の具備の前後）によって決められる ②　法が、物権相互間の優劣に特別の順位を定めている場合には、それに従う 　　ex. **先取特権**（329～332等）	**不動産賃借権**は、公示方法を備えることにより、物権と同等の効力を取得することができる（605、借地借家10、31等） 💡対抗力を備えた不動産賃借権には、**賃借権に基づく妨害排除請求権及び返還請求権**が認められる（605の4）▶2

▶2　対抗要件を具備していない場合であっても、正当な権原を有しない不法占拠者に対しては、不動産賃借人は、所有者の有する物権的請求権を代位行使することができる。

07 □□□ **未成年者**Aは、単独の法定代理人である母親Bの所有する宝石を、Bに無断で自己の物としてCに売却し引き渡した。Bは、AC間の売買が取り消されない限り、Cに対し、所有権に基づき宝石の返還を請求することが**できない**。

→**4a**
他人物売買なので所有者はB

×

08 □□□ Aは、Bに対し、A所有の指輪を売り渡し、占有改定による引渡しをした。その後、Aが、この指輪をCに対しても売り渡し**占有改定による引渡しをした**後、Dがこの指輪をAから盗み出した場合、BはDに対して、指輪の返還を請求することができる。

→**4a**
占有改定による引渡し→即時取得の適用なし
→所有者はB

○

09 □□□ Aの所有する土地上のA所有の庭石が隣地であるBの所有する土地に転がり込んだ後20年が経過した場合、AのBに対する**所有権に基づく返還請求権は時効により消滅する**。

→**4a** ▶3

×

10 □□□ Bの所有するブロック塀が地震によりAの所有する土地内に倒れ込んだ場合、Aは Bに**過失がないときであっても**、所有権に基づき妨害排除請求をすることができる。

→**4a** ▶4
相手方の故意・過失は不要

○

11 □□□ A所有の土地上に、Bが**無断で建物を建築し、未登記のまま**当該建物をCに譲渡した。この場合、Aが建物収去土地明渡請求をする相手方は、BとCのいずれでもよい。

→**4b**「結論」「原則」
相手方はCのみ

×

12 □□□ A所有の甲土地上にある乙建物について、Bが所有権を取得して**自らの意思に基づいて所有権の移転の登記をした**後、乙建物をCに譲渡したものの、**引き続き登記名義を保有**しているときは、Bは、Aからの乙建物の収去及び甲土地の明渡しの請求に対し、乙建物の所有権の喪失を主張して、これを拒むことができない。

→**4b**「結論」「例外」

○

13 □□□ Aの所有する甲土地の上にBが無権原で自己所有の乙建物を建てた後、その所有権の保存の登記をしないまま、Cに乙建物を譲渡した場合において、乙建物につき、Aの申立てにより処分禁止の仮処分命令がされ、**裁判所書記官の嘱託によるB名義の所有権の保存の登記**がされたときは、Aは、Bに対し、甲土地の所有権に基づき、建物収去土地明渡しを請求することができる。

→**4b**「関連判例」①

×

❹ 物権的請求権 ▶3

ⓐ 物権的請求権の3類型

類　型	請求の内容	要　件 ▶4	請求の相手方
物権的返還 請求権	目的物の返還	現に、物権者の占有が正当な権原なくして奪われていること	権原なしに現に目的物を占有している者
物権的妨害 排除請求権	妨害の除去	現に、物権者の占有が権原なく妨害されていること	現に妨害状態を生じさせている者
物権的妨害 予防請求権	妨害の予防	妨害の可能性があること	将来、物権侵害行為をするおそれのある者

▶3　物権と切り離して**物権的請求権のみを譲渡**することはできず、**所有権に基づく物権的請求権は消滅時効にかからない**（大判大5.6.23）。また、不法占拠者に対しては、**対抗要件を欠いても、物権的請求権を行使することができる**（最判昭25.12.19）。

▶4　請求の相手方に**故意又は過失があることを要しない**。

ⓑ 請求の相手方に関する問題──妨害物の所有者と登記名義人

事　例　BがAの土地に勝手に建物を建築して保存登記をした後、それをCに譲渡した。

問題点　土地所有者であるAは、誰に対して明渡請求権を行使すべきか。

結　論 (最判平6.2.8)	原則	Cを明渡請求の相手方とすべき
	例外	Bが自らの意思に基づいて建物の所有権の登記を経由した場合には、引き続き**登記名義を保有する限り**、Bは譲渡による所有権の喪失を主張できない
理　由		Cは、建物を実際に所有し、土地を占拠している 一方で、Aは地上建物の所有権の帰属に重大な利害関係を有しており、AとBとは、Aが地上建物の譲渡によるBの所有権の喪失を否定してその帰属を争う点で、対抗関係にも似た関係といえる
関連判例		①　A所有の甲土地上の未登記建物の所有者Bが、当該建物を未登記のまま第三者Cに譲渡した場合において、その後、その意思に基づかず、処分禁止の仮処分の申請に伴い裁判所書記官の嘱託によるB名義の保存登記がされても、Aは、Bに対し、建物収去土地明渡しを請求することができない（最判昭35.6.17） ②　A所有の甲土地の上の乙建物の所有名義人となっているBが実際には**乙建物を所有したことがない場合**には、建物所有者Cとの合意により仮装の保存登記がされたときでも、Aは、Bに対し、建物収去土地明渡しを請求することができない（最判昭47.12.7）

01 登記請求権に関する以下の記述に対し、〇又は×及びⅠ、Ⅱ、Ⅲで答えよ。
Ⅰ　物権的登記請求権　Ⅱ　債権的登記請求権　Ⅲ　物権変動的登記請求権

1 □□□　A所有の土地がAからBへ、BからCへと順次
売買された。所有権の登記名義が依然としてAにある場
合であっても、CはBに対して登記を請求することがで
きる。

1－〇
➡2②
誰から誰に対する請
求かを意識
Ⅰ
Ⅱ
Ⅲ

2 □□□　Aが所有していた土地をBが**時効により取得**し、
所有権の移転の登記を経由しないまま**Cに売却**した場合、
BはAに対し、所有権の移転の登記を請求することがで
きる。

2－〇
Bに所有権はない
契約等は存在しない
のでⅡはない
Ⅲ

3 □□□　不動産についてAからB、BからCへと順次所
有権の移転の登記がされた場合において、B及びCへの
所有権の移転の**取得原因が無効**なときは、**AはCに対し
て**その登記の抹消を請求することができる。

3－〇
➡2④
Aは所有権者
Ⅰ

4 □□□　A所有の土地がAからB、BからCに順次売買
され、所有権の移転の登記がされた後、AB間の売買契
約が**強迫を理由に取り消された**ときには、**Aは、Cに対し**、
BからCへの移転の登記の抹消を請求することができる。

4－〇
➡2④
Ⅰ

5 □□□　A所有の土地がAからBへ、BからCへと順次
売却され、それぞれ所有権の移転の登記がされ、現在の
名義人は、Cである。**AからBへの売買が無効**であっても、
BはCに対し、その登記の抹消を請求することができない。

5－×
➡2⑤
AからBへの契約が
無効ならBからCへ
の所有権移転も無効
Ⅲ

6 □□□　A所有の土地がAからB、BからCに順次売買
され、所有権の移転の登記がされた後、AB間の売買契
約が**強迫を理由に取り消された**ときには、**AはBに対し**、
AからBへの所有権の移転の登記の抹消を請求すること
ができる。

6－〇
➡2⑥
Bに登記がなくても
Aは請求できる
Ⅰ
Ⅲ

「登記請求権」では、ある事例からどの種類の登記請求権を行使できるかを問う
ような出題がされます。誰のもとに所有権があるか？、誰から誰に物権変動があ
るか？、誰と誰の間に契約が成立しているか？をチェックしましょう。

┃1┃各登記請求権の行使のために検討すべきポイント ランクB

		検討すべきポイント
Ⅰ	物権的登記請求権	**請求権者に物権があること**
Ⅱ	債権的登記請求権	求める登記を基礎づける**契約等が有効に存在**すること
Ⅲ	物権変動的登記請求権	求める登記が**物権変動の過程と一致**していること ▶1

▶1　Ⅰ、Ⅱの両方が存在しない場合にも、Ⅲを選択する。Ⅲの登記請求権は、実体と公示が一致しない場合に、これを是正する最後の手段としての意味も有する。

┃2┃出題頻度の高い事例の分析 ランクA

——▶ は、有効な契約（売買など）を表す。

--------▶ は、契約が無効、又は制限行為能力や強迫を理由に取り消されたことを表す。

⤸ は、登記の請求者と相手方を表す。　　　〇：該当する　✕：該当しない

	事例	ポイントの検討	Ⅰ	Ⅱ	Ⅲ
①	登 A ——▶ B 所	i　Bは所有者 ii　契約あり iii　物権変動の過程と一致	〇	〇	〇
②	登 A ——▶ B ——▶ C 所	i　Cは所有者 ii　契約あり iii　物権変動の過程と一致	〇	〇	〇
③	登 A ——▶ B ——▶ C 所	i　Bは所有者ではない ii　契約あり iii　物権変動の過程と一致	✕	〇	〇
④	所 A --------▶ B --------▶ C 登	i　Aは所有者 ii　契約なし iii　物権変動は生じていない	〇	✕	✕
⑤	所 A --------▶ B --------▶ C 登	i　Bは所有者ではない ii　契約なし →　Ⅰ、Ⅱの登記請求権がないため、Ⅲとなる iii　物権変動に関与	✕	✕	〇
⑥	所 A --------▶ B --------▶ C 登	i　Aは所有者 ii　契約なし iii　物権変動に関与	〇	✕	〇

02 □□□　Aは、その所有する土地をBに売却した場合、B　→3　○
に対し、**所有権の移転の登記を請求**することができる。

03 □□□　AからBへの所有権の移転の**登記を申請すべき義**　→4**2**①　×
務を負っているCがAからその土地について地上権の設
定を受けたときは、Bは、先に登記をしなければ、所有
権の取得をCに対抗することができない。

04 □□□　甲土地がAからBに売却された後、Aが死亡した。　→4**2**②　×
Aの単独相続人Cがその土地を権原なく占拠していると
きは、Bは、登記をしなければ、Cに当該土地の明渡し
を求めることはできない。

05 □□□　Aは、B所有の甲不動産を買い受けたが、その旨　→4**2**③　○
の所有権の移転の登記をしていない。Cは、甲不動産を　Cは無権利者
Bから買い受けて占有しているが、その売買契約は、**詐**
欺によるものとして取り消された。この場合において、
Aは、Cに対し、甲不動産の所有権の取得を対抗するこ
とができる。

06 □□□　AがBから土地を購入したが、その所有権の移転　→4**2**④　○
の登記を受けないうちに、当該土地につき**無権原のC**が
当該土地上に建物を建築した。Aは、所有権の移転の登
記を受けなくても、Cに対し、当該土地の明渡しを請求
することができる。

07 □□□　Aがその所有する土地をBに売り渡したが、その　→4**2**⑤　○
旨の登記を経由しないでいたところ、Bはその土地をC
に転売した。この場合、**Cは、Aに対して**土地の所有権
を主張することができる。

08 □□□　**AがBに土地を売り渡した後に死亡した。その後**　AとAの相続人とは　×
Aの相続人がその土地をCに売り渡した。登記は依然と　法律上一体とみなさ
してA名義のままである。この場合Bは、Cに対して土　れる
地の所有権を主張することができる。　→通常の二重譲渡と
　同様。BとCは対抗
　関係 (177)

09 □□□　Aは、B所有の甲不動産を買い受けたが、その所　→4**3ⓑ事 例**　○
有権の移転の登記がされない間に、甲不動産がBからC　「結論」
に譲渡されて所有権の移転の登記がされ、更にCからD
に譲渡され、Dが所有権の移転の登記をした。この場合
において、**Cが背信的悪意者**に当たるときでも、**Dは、**
Aとの関係でD自身が背信的悪意者と評価されない限り、
甲不動産の所有権の取得をAに対抗することができる。

3 登記引取請求権

登記引取請求権とは、**登記義務者が登記権利者に対して、登記を請求する権利**である。登記記録上所有者と表示されている者に固定資産税が課されるため、その実益がある。

4 177条の第三者

1 177条の第三者の意義

177条の「第三者」とは、「当事者及びその包括承継人以外の者で、登記の欠缺を主張する正当の利益を有する者」をいう（大連判明41.12.15）。

2 「第三者」に当たらない者（＝登記なくして対抗できる「第三者」）

①	詐欺や強迫によって登記の申請を妨げた者、他人のために登記を申請する義務のある者
②	被相続人からの譲受人からみた相続人
③	**不実の登記の名義人**（無権利者）**及びその者からの譲受人・転得者**
④	**不法占拠者・不法行為者**（最判昭25.12.19 等）
⑤	**前主・後主の関係にある者**
⑥	**背信的悪意者**（最判昭43.8.2等）　cf. **3**背信的悪意者

3 背信的悪意者

ⓐ 意義

登記の欠缺を主張することが**信義則に反して許されない者**。

ⓑ 転得者との関係 ── Bは、Dに対して所有権の取得を対抗することができるか

事例	Cが背信的悪意者である場合
結論	Dは背信的悪意者でない限り「第三者」（177）に当たるから、登記を備えていないBは、Dに対して所有権の取得を対抗**できない**（最判平8.10.29、通説）
理由	Cが背信的悪意者であるとしても、**AC間の売買は無効ではなく**、Dは、Cから不動産の所有権を承継取得することができる

10 □□□　Aがその所有する甲土地をBに売却し、更にBが甲土地をCとDに二重に**売却した後、Aが未成年を理由に売買の意思表示を取り消した**場合には、Cは、その後に所有権の移転の登記を経由すれば、A及びDに対し、自己の所有権を対抗することができる。

➡5❶
制限行為能力を理由とする取消「前」の第三者

×

11 □□□　Aが、所有する土地をBに売却し、更にBが土地をCに**売却した後**、AがBの詐欺を理由に売買を**取り消した**。この場合、Cは、Bの詐欺につき**善意無過失**であれば、Aに対し、土地の所有権を対抗することができる。

➡5❶
詐欺による取消「前」の第三者「例外」

○

12 □□□　Aが、その所有する土地をBに売却して所有権の移転の登記を経由し、更に、BがCに対し、この土地を転売した。その後、AB間の売買契約が解除され、**AからBへの所有権の移転の登記が抹消された**場合、AからCに対する土地の返還請求が認められる。

➡5❶
解除「前」の
第三者「原則」

○

13 □□□　Aは、その所有する土地をBに売り渡したが、Bの債務不履行を理由としてその売買契約を**解除**した。**その後、Bがその土地をCに転売**した場合、Cへの所有権の移転の登記がされていても、Cは自己の所有権をAに対抗することはできない。

➡5❶
解除「後」の
第三者

×

14 □□□　Bがその所有する土地をCに売り渡し、その旨の登記を経た後に、その**売買以前からその土地を占有していた**Aがこれを**時効取得**した。AはCに対して土地の所有権を主張することができる。

➡5❶
時効取得「前」の第三者

○

15 □□□　A所有の土地の所有権につき、Bの取得時効が完成した後、CがAから土地を買い受けて登記をしたときは、Cの登記がされた後、**更にBが時効取得に必要な期間占有を続けた場合でも**、Bは、Cに対し、時効により所有権を取得したことを対抗することができない。

➡5❶▶3

×

16 □□□　A所有の甲土地の所有権についてBの取得時効が完成した場合において、当該取得時効が完成した後にCがAから甲土地を買い受け、その旨の所有権の移転の登記がされたときは、Bは、Cに対し、甲土地の占有を開始した時点より後の時点を時効期間の起算点として選択し、**時効完成の時期を遅らせることにより**、甲土地の所有権を取得したことを主張することはできない。

➡5❶▶2

○

5 登記を対抗要件とする物権変動の具体例

1 取消し、解除、時効取得と登記

			「……前」の第三者との関係	「……後」の第三者との関係
取消し	制限行為能力者 強迫		制限行為能力者（被強迫者）は**登記なくして**第三者に対抗できる	対抗関係
	錯誤 詐欺	原則	表意者は**登記なくして**第三者に対抗できる	対抗関係（大判昭17.9.30）
		例外	善意無過失の第三者には対抗できない	
解除		原則	解除者は**登記なくして**第三者に対抗できる	対抗関係（最判昭35.11.29）
		例外	**登記を備えた第三者**には対抗できない（最判昭33.6.14）	
時効取得 ▶2			時効取得者は**登記なくして**第三者に対抗できる（最判昭41.11.22等）	対抗関係 ▶3（最判昭33.8.28）

▶2 　時効援用者において起算点を選択し、時効完成の時期を早めたり遅らせたりすることはできない（最判昭35.7.27）。

▶3 　時効取得者が、第三者が登記取得後、**更に占有を継続して時効期間を経過した**ときは、時効取得者は、登記なくして当該第三者に対抗することができる（最判昭36.7.20）。

【時効完成前の第三者】

所有者 B ②売却→ 第三者 C
①占有開始
③時効完成→**時効取得**
登記なくしてCに対抗できる A 占有者

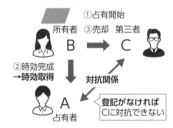

【時効完成後の第三者】

所有者 B ③売却→ 第三者 C
①占有開始
②時効完成→**時効取得**
対抗関係
A 占有者
登記がなければCに対抗できない

上の左図の「時効完成前の第三者」の結論は、AはCから甲土地を時効取得しており、AとCは**当事者類似の関係に立つ**と捉えられることから導かれます。また、右図の「時効完成後の第三者」の結論は、BからAへの時効による所有権取得と、時効完成後におけるBからCへの譲渡が、「A←B→C」といった**二重譲渡と同視できる**ことから導かれます。

17 ☐☐☐ 甲不動産を所有していたAが死亡し、B及びCは その共同相続人である。Bが甲不動産につき**単独相続の 登記**をした上、その後これをDに売り渡して所有権の移 転の登記をした場合には、CはDに対して自己の持分を 主張することができる。 → 5 2 事例 ① ○

18 ☐☐☐ 甲不動産を所有していたAが死亡し、その相続人 はB及びCであるところ、Bの債権者Dが、甲不動産に つき、Bも共同相続をしたものとして代位により相続に よる所有権の移転の登記をした上で、Bの持分を差し押 さえた場合には、Bが**相続を放棄していた**ときであって も、Cは、相続放棄による持分の取得をDに対抗 することができない。 → 5 2 事例 ② ×

19 ☐☐☐ 甲土地を所有するAが死亡し、その子B及びCが 相続人である。Aは、甲土地について、Bの持分を4分 の3、Cの持分を4分の1として相続させる旨の遺言を したが、Cが、甲土地について、**自己の持分を2分の1 とする相続を原因とする所有権の移転の登記をした**とこ ろ、**Cの債権者であるDが当該登記に係るCの持分を差 し押さえた**。この場合にDは、Bに対し、甲土地の2分 の1の持分を差し押さえた旨を主張することができる。 → 5 2 ▶ 4 ○

20 ☐☐☐ 甲土地を所有していたAが死亡し、B及びCはそ の共同相続人である。Bが甲土地につきBC各持分2分 の1の共同相続の登記をし、**自己の持分をDに売却して 持分の移転の登記をした後**、BとCが甲土地をCの単独 所有とする遺産分割協議をした場合、Cは、Dに対し、 その持分の移転の登記の抹消を請求することができない。 → 5 2 事例 ④ 「遺産分割前」 ○

21 ☐☐☐ ある土地の所有者Aが死亡し、その共同相続人B 及びCの共同相続の登記後、土地をBが単独で所有する 旨の**遺産分割協議が成立**した。**その後**、Cは、その登記 をする前に自己の法定相続分に相当する持分をDに譲渡 しその登記を経由した場合、Bは、法定相続分を超える 持分の取得をDに対抗することができる。 → 5 2 事例 ④ 「遺産分割後」 法定相続分に対応す る持分のみ対抗する ことができる ×

22 ☐☐☐ Aがその所有する不動産を**Bに遺贈する旨の遺言** をして死亡した場合において、Aを単独で相続したCが、 その不動産について相続登記をして、**Dに売り渡して所 有権の移転の登記をした**ときは、Bは、Dに対し、遺贈 による所有権の取得を対抗することができない。 → 5 3 ○

2 相続と登記——BはYに登記なくして対抗できるか 💬

以下、Xの共同相続人をAB、相続した不動産を甲土地とする。

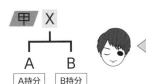

ここでは共同相続人のAの持分とBの持分を分けて考えることが理解のコツです。Aの法定相続分の持分については、Bは無権利者であることに着目するとよいでしょう。

事例 ①　Aが**無断で単独名義の登記をした上で甲土地の全部をYに譲渡した場合**

結論　Bは、登記なくして自己の持分をYに対抗**できる**

事例 ②　Aが**相続放棄をし、Bが単独相続をした旨の登記をしないでいるうちに、A の債権者YがAの相続分を差し押さえた場合**（最判昭42.1.20）

結論　Bは、登記なくしてYに単独相続による土地所有権の取得を対抗**できる**

事例 ③　Xが遺言でAの相続分を3分の1、Bの相続分を3分の2と指定したが、A が法定相続分である2分の1の割合による相続登記をした後、自己の持分をY に譲渡した場合（899の2 I）▶4

結論　Bは、登記なくしてYに、Bの法定相続分を超える持分（3分の2－2分の 1＝6分の1）の取得を対抗**できない**

▶4　相続人が特定財産承継遺言（ex. 相続させる旨の遺言）により権利を承継した場合 にも、**法定相続分を超える部分**について、対抗要件を備えなければ、第三者に対抗で きない（899の2 I）。

事例 ④　ABが甲土地をBの単独所有とする旨の**遺産分割協議**をし、一方で、Aが甲 土地の全部をYに譲渡した場合

AがYに譲渡した時期		結　論
遺産分割前	Bの持分	登記なくしてYに対抗できる
	Aの持分	登記なくしてYに対抗できない（909但）
遺産分割後	Bの持分	登記なくしてYに対抗できる
	Aの持分	登記なくしてYに対抗できない（899の2 I）

3 遺贈と登記

被相続人Aから甲土地の遺贈を受けたBが、Aの死亡後、その登記をしないでいるうち に、Aの相続人Cが甲土地をDに売却した場合、BはDに対して登記がなければ甲土地の 所有権を対抗できない（最判昭39.3.6）。

23 □□□　AがBに立木を譲渡し、Bは立木に明認方法を施した　➡**6 1**「存続期間」　○
したが、その後、長年の風雨によりその**明認方法は、消失**してしまった。その後、AがCにその立木を譲渡し、Cが明認方法を施した場合、BはCに対して立木の所有権を対抗することができない。

24 □□□　AがBに立木を売り渡したにもかかわらず、後に　➡**6 2** 2段目　×
Cに立木所有権を含むものとして土地を売り渡した場合には、AからCへの所有権の移転の登記がされるよりも前にBが立木の明認方法を施したとしても、BはCに対して立木の所有権を対抗することができない。

25 □□□　AがBに立木と共に土地を売り渡し、Bは立木に　➡**6 2** 3段目　×
明認方法を施した。その後、AがCに立木所有権を含む　対抗要件は登記であ
ものとして土地を売り渡し、移転登記を完了した場合で　るため、明認方法は
も、BはCに立木の所有権を対抗することができる。　無意味

26 □□□　Aが**立木の所有権を留保**して土地のみをBに譲渡　➡**6 2** 4段目　○
したが、立木につき**明認方法を施さないでいるうちに、**BがCに土地と共にその立木を売り渡し、Cへの所有権の移転の登記がされた。この場合、AはCに対して立木所有権を主張することができない。

27 □□□　Aが**甲土地をBに譲渡し、Bが甲土地上に立木を**　➡**6 2**《関連判例》　○
植栽した後、Aが甲土地を立木も含めてCに譲渡し、C　この事案での立木の
が甲土地について所有権の移転の登記を経由した場合、　所有権の対抗要件は
Bは、Cが所有権の移転の登記を経由する前に立木に**明**　明認方法
認方法を施していれば、立木の所有権をCに対抗することができる。

6 立木の物権変動——明認方法

1 明認方法の意義等

意　義	明認方法とは、立木等、本来土地の定着物として土地所有権と一体をなすものについて、土地とは別個の所有権を公示する方法として用いられるものをいう
存続期間	第三者が利害関係を有するに至った時まで存続していなければ第三者に対抗できない（大判昭6.7.22、最判昭36.5.4）

2 対抗関係の検討 💬

立木の二重譲渡	Aが立木のみをBに売却後、この立木をCにも売却した場合、立木所有権の優劣は、**BCの明認方法の先後**による
立木のみの譲渡と立木付土地の二重譲渡（大判大10.4.14）	Aが立木のみをBに譲渡後、Cに土地と立木を共に譲渡した場合、立木所有権の優劣は、**Cの土地の所有権移転登記とBの立木の明認方法の先後**による
立木付土地の二重譲渡（大判昭9.12.28）	立木が土地と共に譲渡された場合は、立木所有権と土地所有権の対抗要件は、原則に戻り、**土地の所有権移転登記**である
譲渡人が立木所有権を留保した土地の譲渡（最判昭34.8.7）	Aが立木所有権を留保して土地のみをBに譲渡後、BがCに土地と共に立木を譲渡した場合、立木所有権の優劣は、**Aの立木所有権の留保の明認方法とCの土地の所有権移転登記の先後**による

《関連判例》

　　Aは所有する更地をBに譲渡し、Bはその更地に植栽したが、土地所有権移転登記も立木の明認方法も施していなかった場合、Aが、土地と立木をCに売却し、Cが土地の所有権移転登記を備えた場合は、Bは、Cに対し立木所有権を対抗することはできない（最判昭35.3.1）。

【対抗要件】

立木のみ譲渡	土地+立木の譲渡
↓	↓
明認方法	登記

土地に付着している立木のみを独立して譲渡する場合、この物権変動を第三者に対抗するためには、**明認方法**を備える必要があります。これに対して、土地と共に立木が譲渡された場合には、立木は不動産（土地）の一部の扱いを受けるため、土地だけでなく立木についても、この物権変動を第三者に対抗するためには（土地の）**登記**を備える必要があります。

第3章 物権の混同

01 □□□　CがBの所有地について抵当権の設定を受け、次にAがその土地について地上権の設定を受けた後、**AがBからその土地を買い受けた**場合におけるAの地上権は、混同により消滅する。

➡**1**
2①との違いに注意
○

02 □□□　AがBの所有地について地上権の設定を受けた後、**Cはその地上権について抵当権の設定を受けた**。その後、AがBからその土地を買い受けた場合、Aの地上権は、混同により消滅する。

➡**2**①
×

03 □□□　Aが自己所有の土地に、Bのために1番抵当権を設定した後、Cのために2番抵当権を設定した場合において、**BがAからその所有地を譲り受けても**、Bの1番抵当権は消滅しない。

➡**2**②
○

04 □□□　AがBに対する債権を担保するためにB所有の土地に2番抵当権の設定を受けたが、Cがその土地の上に1番抵当権の設定を受けていた場合において、Aが**Bからその土地を贈与された**ときは、Aの2番抵当権は消滅しない。

➡**2**③
×

05 □□□　Aが自己の債務を担保するために、自己所有の土地にBのために1番抵当権を設定した後、Cのために2番抵当権を設定した場合において、**BがAを相続した**としても、Bの1番抵当権は消滅しない。

➡**2** 上記②との比較事例
付従性により消滅する
×

1 物権の混同の原則

同一物について所有権及び他の物権が同一人に帰属したときは、当該他の物権（占有権を除く）は消滅する。また、所有権以外の物権（占有権を除く）及びこれを目的とする他の権利が同一人に帰属したときは、当該他の権利は、消滅する（179 Ⅰ本、Ⅱ前）。

2 物権の混同の例外 (179条1項ただし書、2項後段)

物若しくは所有権以外の権利又は消滅する他の権利が第三者の権利の目的である場合

①	Aの地上権に対しCの抵当権が設定してある場合、地上権者Aが、土地所有権を取得しても、**地上権は混同で消滅しない** ∵ 地上権が消滅するとすればCの抵当権も消滅することになり、Cに不利益が生じるため
②▶1	B所有の土地にAの1番抵当権及びCの2番抵当権が設定されている場合において、AがBの土地所有権を取得しても、**1番抵当権は消滅しない** ∵ 1番抵当権が消滅するとすれば、AはCに優先する抵当権を有していたにもかかわらずCに優先される結果となり、Aに不利益が生じるため
③▶2	B所有の土地にAの1番抵当権及びCの2番抵当権が設定されている場合において、CがBの土地所有権を取得したときは、**2番抵当権は消滅する** ∵ 2番抵当権は1番抵当権に優先する立場になく、2番抵当権を存続させる実益がないから

cf. 債権の混同

債権及び債務が同一人に帰属したときは、その債権は、消滅する（520本）。

上記②との比較事例

1番抵当権者が被担保債権の債務者である土地所有者を単独相続した場合には、2番抵当権が存在しても、1番抵当権の被担保債権が520条（債権の混同）により消滅してしまうので、1番抵当権は**付従性により消滅する**。

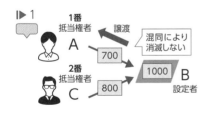

▶1
1番抵当権者 A → 譲渡 → 混同により消滅しない [700] [1000] B 設定者
2番抵当権者 C [800]

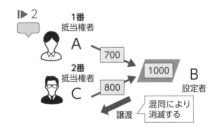

▶2
1番抵当権者 A [700] [1000] B 設定者
2番抵当権者 C [800] → 譲渡 → 混同により消滅する

▶1の事例では、本来はそれぞれの配当額が「A:700万円、C:300万円」ですが、混同によりAの1番抵当権が消滅すると仮定すると、Cの2番抵当権の順位が繰り上がり、「C:800万円、A:200万円」となってしまうため、Aの1番抵当権は混同により消滅しません。これに対し、▶2の事例では、本来は「A:700万円、C:300万円」ですが、混同によりCの2番抵当権が消滅しても、Aの1番抵当権の順位は変わらず、その結果、「A:700万円、C:300万円」となるため、Cの2番抵当権は混同により消滅します。

01 □□□　占有は物を**所持**していることにより成立し、**占有意思は必要ではない**。

➡1**1**「内容」「要件①」　✕

02 □□□　**土地の所有者が死亡して相続が開始**した場合、相続人が当該土地が相続財産に属することを知らないときでも、自主占有を取得する。

➡1**1** ▶1　○

03 □□□　**動産質権者**がその目的物である甲動産を預かったまま20年間占有を継続したときは、質権者は甲動産の所有権を時効取得することができる。

➡1**2ⓐ** ▶2
質権者の占有は他主占有である　✕

04 □□□　土地の買主が、その土地の引渡しを受けた場合でも、それが**他人所有の物であるとの事実を知っていれば**、自主占有を取得しない。

➡1**2ⓐ** ▶2　✕

05 □□□　Bに対して甲動産を貸し渡しているAがBに対して甲動産の返還を求めたところ、**Bが、甲動産は自己の所有物であるとして、これを拒否**した場合でも、Aは、甲動産に対する占有を失わない。

➡1**2ⓑ**「具体例」「要件①」　✕

06 □□□　甲土地の所有者Cから同土地を賃借して占有していたBが死亡し、AがBを**相続した後、Aが甲土地をBの所有に属すると過失なく信じてCに賃料を支払うことなく占有を開始**し、相続後10年間占有を継続した。甲土地について、Aは、取得時効を主張することができない。

➡1**2ⓑ**「具体例」「要件②」❷
相続を185条の新権原として自主占有が認められ得る　✕

07 □□□　占有者は、**所有の意思をもって、善意、平穏、公然、無過失**に占有するものと推定されるので、短期の取得時効を主張する者は、自己が無過失であることの証明責任を負わない。

➡1**2ⓒⓓ**　✕

1 占有権の取得

1 占有権の成立

成立要件		①自己のためにする意思をもって、②物を所持すること (180)
内容	要件①	所持による事実上の利益を自己に帰属させようとする意思 ▶1
	要件②	社会通念上、物を事実上支配すると認められる状態 ▶1

▶1 被相続人の占有権は、相続によって（被相続人の死亡により、相続人が物を現実に所持、管理していなくても、また、相続の開始を知らなくても当然に）、**相続人が承継する**（最判昭44.10.30）。

2 占有の類型・態様

❶ 自主占有・他主占有

意義	自主占有	所有の意思をもってする占有	所有の意思の有無は、**占有権原の性質に従って客観的に判断** ▶2
	他主占有	所有の意思のない占有	
区別の実益		① 自主占有には、取得時効 (162) が認められる ② 善意占有者の損害賠償責任の範囲が異なる (191)	

▶2 売買契約が無効であった場合や、他人物売買において目的物が他人の物であることを知っていた場合の買主にも、所有の意思が認められる。一方、賃借人、質権者、受寄者には、所有の意思が認められない。

❷ 他主占有から自主占有への変更

要件		① 自己に占有をさせた者に対し所有の意思のあることを**表示**すること 又は ② **新たな権原**により、更に所有の意思をもって占有を始めること
具体例	要件①	賃借人が賃貸人に対して、以後、賃貸借契約の目的物を自己の物として占有使用すると宣言し、賃料を支払わない場合
	要件②	❶ 賃借人が賃借物を買った場合 ❷ 相続人が、(1)**新たに相続財産を事実上支配**することにより占有を開始し、(2)**占有開始の時点で所有の意思を有したことが客観的に明らか**である場合には、「新たな権原」による自主占有への転換が認められる（最判昭46.11.30）

❸ 占有の態様に関する推定

占有者は、**所有の意思をもって、善意、平穏、公然**に占有するものと推定される (186 I)。

❹ 無過失の推定 (162条2項、163条、192条)

短期取得時効	推定されない（最判昭46.11.11）
即時取得	**推定される**（最判昭41.6.9） 💡前主の占有につき権利の推定が働くため (188)、無過失も推定される

08 □□□　第188条にいう占有物の上に行使する権利とは、**所有権その他の物権に限られ、賃借権その他の債権は含まれない**。 ➡ 2**1**「推定される権利」 ✕

09 □□□　土地の占有者は、その土地の所有者である旨を主張する者からその所有権に基づき明渡しを請求された場合において、その者から土地の所有権を譲り受けた旨の主張をするときは、第188条による推定は働かず、**所有権の譲受けに係る事実を主張立証**しなければならない。 ➡ 2**1**「効力」 ○

10 □□□　**悪意占有者**は、占有物から生じた**果実を取得**することができる。 ➡ 2**2**「果実収取権」 悪意占有者は不可 ✕

11 □□□　所有の意思をもって善意で甲動産を占有しているAは、**自己の責めに帰すべき事由によって甲動産が滅失**したときは、回復者に対し、**損害の全部**を賠償する義務を負う。 ➡ 2**2**「賠償範囲」「原則」 ✕

12 □□□　**悪意の占有者**は、占有物が**滅失**したときは、**自己の責めに帰すべき事由によらない場合**でも、回復者に対し、損害の全部を賠償する義務を負う。 滅失につき無過失の場合に賠償義務はない ✕

13 □□□　**賃借権を有すると信じてB所有の甲建物を権原なく占有していたAが自らの責めに帰すべき事由によって甲建物を損傷した場合**には、Aは、Bに対し、その損傷によって**現に利益を受けている限度**において賠償する義務を負う。 ➡ 2**2**「賠償範囲」「例外」 賃借人は他主占有者として全額を賠償 ✕

14 □□□　**善意の占有者**は、果実を取得した場合には、**通常の必要費については回復者に償還させることができない**。 ➡ 2**2**「費用償還請求」「必要費」例外 ○

15 □□□　**善意の占有者**は、占有物に支出した**有益費**について、回復者の選択に従い、費やした金額又は増価額の償還を請求することができるが、裁判所は、回復者の請求により、その償還に相当の**期限**を**許与**することができる。 ➡ 2**2**「費用償還請求」「有益費」 ✕

16 □□□　**善意の占有者が本権の訴えにおいて敗訴**したときでも、敗訴が確定するまでの果実を取得することができる。 ➡ 2**2** ▶ 3、4 訴え提起時から悪意とみなされる→果実収取権はない ✕

2 占有権の効果

1 権利の推定 (188条)

意　義	占有者が占有物の上に行使する権利は、適法に有するものと推定される
推定される権利	所有権に限られず、賃借権や受寄者の権利のように、**占有を正当とする権利（本権）のすべて**
効　力	推定されるのは権利の**存在又は帰属** 🕯占有の**移転**の適法性は推定されない　cf. 188条適用の具体例

2 占有者と本権者との利益調整

		善意占有者	悪意占有者 ▶3
果実収取権 (189、190)		○	✕ ▶4
賠償範囲	原則	現に利益を受けている限度（191本）	全部の賠償 (191本)
	例外	所有の意思のない占有者（他主占有者） →　全部の賠償（191但）	
費用償還請求	必要費 (196 I)	原則：占有者は、回復者にその全額を償還させることができる 💬 例外：占有者が果実を取得した場合 →　**通常の必要費については償還不可**	
	有益費 (196 II)	占有物の**価格の増加が現存する場合に限り**、回復者の選択に従い、支出した金額又は増価額を償還させることができる 💬	
		―	裁判所は、回復者の請求により、償還の期限の許与ができる 💬

▶3　善意の占有者が本権の訴えにおいて敗訴した場合、**訴え提起時**から悪意とみなされる（189 II参照）。

▶4　現に存する果実を返還した上、既に消費した果実、及び過失によって損傷し又は収取を怠った果実の代価を償還しなければならない（190 I）。

占有者による必要費や有益費の支出は、**本権者の不当利得**となるため、占有者の善意・悪意を問わずに、その償還を請求することができます。なお、有益費の償還の期限の許与は、占有者が多額の有益費をわざと支出して、その償還請求権を被担保債権とする留置権を行使する事態を防ぐ趣旨でされるため、占有者が**悪意**の場合に限定される点を理解しておきましょう。

17 □□□　占有者がその**占有を妨害された場合**は、その**妨害が存在するときに限り**占有保持の訴えによってその**妨害の停止及び損害の賠償**を請求することができる。

→ 3 **1**「占有保持の訴え」「行使期間」　×

18 □□□　占有者がその**占有を妨害されるおそれがある場合**には、妨害の危険の存する間、占有保全の訴えによってその**妨害の予防及び損害賠償の担保**を請求することができる。

→ 3 **1**「占有保全の訴え」
妨害の予防**又は**損害賠償の担保を請求可　×

19 □□□　占有回収の訴えは、占有者が**占有を奪われたことを知った時**から、１年以内に提起しなければならない。

→ 3 **1**「占有回収の訴え」「行使期間」
占有を**奪われた時**から１年以内　×

20 □□□　Aの自宅の隣接地にあった大木が、**台風による風雨によって**Aの自宅の庭に倒れ込んだため、Aは、庭に駐車していた車を有料駐車場に停めざるを得なくなった。この場合において、Aは、当該隣接地の所有者であるBに対し、占有保持の訴えにより大木の撤去を請求することができるが、**損害賠償**を請求することはできない。

→ 3 **1** ▶5
相手方に故意又は過失がないため　○

21 □□□　動産甲の占有者AがBの**欺罔**によってBに**任意に甲の占有を移転**した場合には、Aは、Bに対し、占有回収の訴えにより甲の返還を求めることはできない。

→ 3 **1** ▶6　○

22 □□□　Aが占有する時計を**遺失**した場合、その取得者であるBに対して、占有回収の訴えを提起することができない。

→ 3 **1** ▶6　○

23 □□□　建物の直接占有者である賃借人が、間接占有者である**賃貸人の建物への立入りを拒んだ**ときは、賃貸人は、当該建物に対する間接占有を侵奪されたものとして、占有回収の訴えを提起することができる。

→ 3 **1** ▶6参照
占有の侵奪があったとはいえない　×

24 □□□　留置権者AがBによって時計を強取されたときは、Bに対する占有回収の訴えによって占有を回復しても、Aは、**占有が継続していたこと**を主張することができない。

→ 3 **1**
占有が継続していたものと擬制される　×

3 占有訴権

1 訴えの比較

	要　件 [▶5]	請求内容	行使期間 (201)
占有保持の訴え (198)	占有者の占有が妨害されているとき	妨害の停止 **及び** 損害賠償	妨害の存する間又は**妨害消滅後1年以内**
占有保全の訴え (199)	占有妨害のおそれがあるとき	妨害の予防 **又は** 損害賠償の担保	妨害の危険が存する間
占有回収の訴え (200)	占有を奪われたとき [▶6]	物の返還 **及び** 損害賠償	**占有を奪われた時から1年以内**

▶5　占有の侵害について、侵害者に故意又は過失があることを**要しない**。ただし、**損害賠償請求** (198、200) は、相手方に故意又は過失があることを**要する**。

＊　占有保全の訴えによる損害賠償の担保の請求では、相手方の故意又は過失は不要。

▶6　「占有を奪われた」とは、占有者の**意思に反して**所持が奪われることをいう。

①占有する動産を他人に**窃取**された場合、②占有する土地に他人が勝手に建物を建てた場合は「占有を奪われた」に当たる。

占有回収の訴えを提起して勝訴し、現実に占有を回復した者は、現実に占有していなかった間も、**占有継続が擬制**されます (203但)。このことは、取得時効 (162、163) や留置権 (295) 等、占有を効力発生の要件としている制度の問題を解く際に必要になる知識なので正確に覚えておきましょう。

占有権 ④

25 □□□ Bは、Aの占有しているパソコンを窃取し、これを**知らないCに売り渡した**。この場合、Aは、Cに対して占有回収の訴えを提起することができる。　→3❷「被告」　×

26 □□□ 法人の代表者が、**その業務において使用する自動車**を窃取された場合には、当該代表者は、法人の占有代理人として、自己の名において占有回収の訴えを提起することができる。　→3❷「原告」　×

27 □□□ Aから動産甲についての占有回収の訴えを提起されたBは、占有の訴えに対し、**防御方法**として甲の本権を主張することはできるが、本権に基づく**反訴を提起**することはできない。　→3❸①②　×

28 □□□ Aから物を賃借していたBが賃借物を**以後自己のために所持する意思を表示した**場合、Aは占有権を失う。　→4❶「代理占有」②　○

29 □□□ Aはその所有する自転車をBに預けていたところ、Bは第三者Cに対してその**自転車を自己のものであると称して**売却し、引渡しをした。この場合、Cが悪意であった場合でもAは占有権を失う。　→4❶「代理占有」③ 第三者の善意・悪意は関係ない　○

30 □□□ AはBに対してその所有する建物を賃貸した。その後、AB間の賃貸借契約が**期間の満了により終了した場合**、Bが引き続き建物を占有していても、Aの占有権は消滅する。　→4❶ ▶8　×

31 □□□ AがBに対して甲動産を貸し渡している。AB間の甲動産の貸借は、**錯誤に基づく**ものであり、取消しの意思表示がされた。この場合には、Aは、Bから甲動産を窃取したCに対し、占有回収の訴えを提起することができない。　→4❶ ▶8　×

> **法人の代表者**が法人のために動産を所持する場合には、特別の事情がない限り、占有者は法人のみであり、当該代表者は占有訴権を行使することができません（最判昭32.2.15）。法人の代表機関が業務上なす物の所持は、占有補助者としての所持といえるからです。もっとも、**法人の代表者が自己のためにも動産を所持していると認めるべき事情がある**ことは「特別の事情」に当たるので、そのような場合には、代表者は、個人として、占有回収の訴えを提起することができます（最判平10.3.10）。

2 占有訴権の当事者

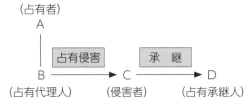

（占有者）
A

占有侵害　　承　継

B ────→ C ────→ D
（占有代理人）　（侵害者）　（占有承継人）

原　告		占有者A ▶7及び占有代理人B ex. 賃借人などの占有代理人 (197)
被告	原　則	C
	占有回収の訴え の場合の例外	特定承継人（賃借人、受寄者等も含む）Dが悪意である場合 →　C及びD（200Ⅱ但）

▶7　占有者には、悪意の占有者、他主占有者、間接占有者を含む。

3 占有訴権と本権の訴えの関係

【所有者が占有回収の訴えを提起された場合】

①	自己が所有権を有することを防御方法として提出すること（202Ⅱ）	×
②	所有権に基づく反訴を提起すること（最判昭40.3.4）	○

4 占有権の消滅

ランク
B

1 占有権の消滅原因

自己占有	① 占有意思の放棄、② 所持の喪失（203本）
代理占有 ▶8	① 本人が占有代理人に占有をさせる意思を放棄した場合（204Ⅰ①） ② 占有代理人が、本人に対して、以後自己又は第三者のために占有物を所持する意思を表示した場合（204Ⅰ②） ③ 占有代理人が占有物の所持を失った場合（204Ⅰ③）

▶8　代理占有は、**占有代理関係が消滅しても、それだけでは消滅しない**（204Ⅱ）。
　　ex. AがBに物を賃貸又は寄託した場合において、賃貸期間や寄託期間が終了しても（占有代理関係の消滅）、Bの占有が続く限りは、Aの占有（代理占有）は消滅しない。

01 □□□ **未登録自動車**のみならず、**登録自動車**にも、即時取得の規定は適用される。　→**2ⓐ①②**　×

02 □□□ Aは、無権利者Bから、**立木法による登記がされたC所有の立木**を譲り受けた。この場合、Aは、立木の所有権を即時取得することができない。　→**2ⓐ③**　○

03 □□□ **コインショップで売買される記念硬貨**のように特定された金銭の場合を除けば、金銭は即時取得の対象とはならない。　→**2ⓐ④**　○
金銭は占有と所有が一致する

04 □□□ 債務者が他人所有の動産を善意無過失の債権者に対して**代物弁済**し、現実の引渡しをしたときは、債権者は即時取得によってその動産の所有権を取得することができる。　→**2ⓑ①**　○

05 □□□ **強制競売**により、債務者の所有に属さない動産を取得した場合には、即時取得は認められない。　→**2ⓑ②**　×

06 □□□ **相続により**他人の所有する物を取得した場合、即時取得は成立しない。　→**2ⓑ③**　○

07 □□□ 伐採業者Bに**自己の山林の伐採を依頼**したAが、自己の木材と信じて、BからC所有の**材木の引渡しを受けた**場合、Aは、木材の所有権を即時取得し得る。　→**2ⓑ④**　×
取引行為に当たらない

08 □□□ Aの所有する甲動産を保管しているBが、Aから依頼を受けた**Aの代理人であると偽って**甲動産をCに売却し、現実の引渡しをした場合には、Cは、Bが所有者Aの代理人であると信じ、かつ、そう信じるにつき過失がないときであっても、甲動産を即時取得することはできない。　→**2ⓒ**　○
無権代理

09 □□□ 占有者が占有物の上に行使する権利は、これを適法に有するものと推定されるので、即時取得を主張する者は、**自己が無過失であることを立証する責任**を負わない。　→**2ⓓ**　○
「無過失」188条により推定される

10 □□□ Aの所有する甲動産を保管しているBが、甲動産を自己の所有物であると偽ってCに売却した場合に、**代金支払時にCが甲動産の所有者がBであると信じ、かつ、そう信じるにつき過失がないときは、代金支払後、引渡しまでの間に、所有者がBでないことをCが知った**としても、Cは、甲動産を即時取得することができる。　→**2ⓓ**　×
引渡し時を基準

1 総　論

意　義	動産の占有に公信力を認め、処分権限を持たない動産の占有者を正当な権利者と誤信して取引した者が、その動産について完全な権利を取得できる制度
要　件	①　目的物が「動産」であること ②　前主との間に有効な取引行為があること ③　前主に占有があること、前主が無権利であること ④　平穏・公然・善意無過失に動産の占有を始めたこと
効　果	その動産について行使する権利を取得する　cf. **3** 即時取得の効果

2 要件の検討

ⓐ 要件①《動産》　　　　　　　　　　　　　　　○：「動産」に該当する　✕：該当しない

①	**登録された自動車**（最判昭 62. 4.24）	✕
②	**未登録の自動車**、登録を抹消した自動車（最判昭 45.12. 4）	○
③	立木法による登記のある立木、伐採前の立木　∵　不動産の一部（86 I）	✕
④	金　銭　∵　金銭の所有権は占有があるところに存在するため	✕

ⓑ 要件②《取引行為》　　　　　　　　　　　　○：「取引行為」に該当する　✕：該当しない

①	売買、贈与、代物弁済、消費貸借、質権設定	○
②	**競売における競落**（最判昭 42. 5.30）	○
③	相　続	✕
④	他人の山林を自己の山林と誤信して伐採し、伐木を取得	✕

ⓒ 要件②《「有効な」取引行為》

　取引行為が制限行為能力、通謀虚偽表示、錯誤、詐欺、強迫、無権代理を原因として、無効又は取消しにより効力が生じない場合には、**即時取得は成立しない**。

　なお、即時取得が成立しない相手方から動産を取得した転得者には、即時取得が成立し得る。

ⓓ 要件④《平穏・公然・善意無過失》　　　　　　　　○：推定される　✕：推定されない

	即時取得	取得時効
平穏・公然・善意	○（186 I）	○（186 I）
無過失 ▶1	○（最判昭 41. 6. 9）	✕（最判昭 46.11.11）

▶1　この「善意無過失」は、占有取得時に存在することを要する。

即時取得

11 □□□　Aの所有する甲動産を保管しているBが、甲動産を自己の所有物であると偽ってCに売却し、**占有改定により**甲動産を引き渡した場合には、Cは、Bが所有者であると信じ、かつ、そう信じるにつき過失がないときであっても、その時点で甲動産を即時取得することはできない。

➡**②❸**
占有改定による場合は不可

○

12 □□□　Aは、Bに対し、A所有の指輪を売り渡し、**占有改定による引渡し**をした後、Cに対してもこの指輪を売り渡し、**占有改定による引渡し**をした。この場合、Bは、指輪の所有権をCに対抗することができる。

➡**②❸**
占有改定による場合即時取得は成立しないため、所有者はB

○

13 □□□　AがC所有の指輪をCに無断でBに質入れした場合、善意無過失のBは**質権を即時取得する**。

➡**❸**「対象となる権利」

○

14 □□□　**賃借権及び法定担保物権**を即時取得により取得することはできない。

➡**❸**「対象となる権利」

×

15 □□□　自己の所有する動産を**詐取された者**は、詐取した者から善意無過失でその物を譲り受けた者に対して、詐取の時から2年間、その物の**回復を請求**することができる。

➡**❹**「要件」②
盗品又は遺失物

×

16 □□□　A所有の甲時計が盗まれ、その事実について善意無過失のBが、公の市場において甲時計を買い受けた。この場合において、Bは、Aから甲時計の回復を求められたとしても、**代価の弁償の提供**があるまで、甲時計を**無償で使用する権原**を有する。

➡**❹**「代価の弁償」💬

○

17 □□□　Aの家からAの所有する動産甲を盗んだBが、自己の所有物であると偽って、公の市場において、Bが無権利者であることについて善意無過失のCに動産甲を売り渡した場合には、AがCに対して盗難の時から2年以内に動産甲の返還を請求し、Cが**動産甲をAに返還した後**であっても、Cは、Aに対して、**CがBに支払った代価の弁償**を請求することができる。

➡**❹** ▶4

○

ⓔ 要件④《占有を始めたこと》 ○：「占有を始めたこと」に該当する ×：該当しない

現実の引渡し	簡易の引渡し	占有改定	指図による占有移転
○	○	×	○

3 即時取得の効果

効　果	その動産について行使する権利を原始取得する
対象となる権利	①所有権、②質権、③譲渡担保権、 ④不動産賃貸・旅館宿泊・運輸の先取特権 (319)

4 盗品又は遺失物の例外 —— 回復請求 (193条) ^{ランク}B

要　件		①　即時取得の要件を満たすこと ②　動産が盗品又は遺失物であること
効 果	請求権者	被害者又は遺失者 ▶2
	期　間	盗難又は遺失の時から2年間 ▶3
代価の弁償 ▶4		占有者が盗品又は遺失物を競売若しくは公の市場において、又はその物と同種の物を販売する商人から買い受けていたときは、**占有者が支払った代価を弁償**しなければ、回復請求できない (194)

▶2　所有者のみならず**受寄者や賃借人も回復請求**をすることができる（大判昭4.12.11）。

▶3　盗難又は遺失の時から2年間は**原所有者に所有権が帰属する**（大判大10.7.8）。

▶4　盗品の占有者が194条に基づき盗品の引渡しを拒むことができる場合に、被害者が代価を弁償して盗品を回復することを選択してその引渡しを受けたときは、占有者は**盗品の返還後でも**、194条に基づき被害者に対して代価の弁償を請求できる（最判平12.6.27）。

盗品等（盗品又は遺失物）の被害者等（被害者又は遺失者）が盗品等の占有者に対してその物の回復を求めたのに対し、占有者が194条に基づき支払った代価の弁償があるまで盗品等の引渡しを拒むことができる場合には、占有者は、当該弁償の提供があるまで盗品等の使用収益を行う権原を有します（最判平12.6.27）。占有者は、被害者等が盗品等の回復をあきらめた場合には盗品等の所有者として占有取得後の使用利益を享受することができるのに、被害者等が代価の弁償を選択した場合には、代価弁償以前の使用利益を喪失するとなると、占有者の地位が不安定になるからです。

01 ☐☐☐　Aから袋地（他人の土地に囲まれて公道に通じない土地）を買い受けたBは、その袋地について**所有権の移転の登記をしていなくても**、囲繞地（袋地を囲んでいる土地）の全部を所有するCに対し、公道に至るため、その囲繞地の通行権を主張することができる。 ➡1**1**「特殊性」 ○

02 ☐☐☐　甲土地について囲繞地通行権を有する者は、公道に至るために必要であり、かつ、甲土地のために損害が最も少ない場所を通行しなければならず、**甲土地に通路を開設することはできない。** ➡1**2**「通行の方法・場所」 ×

03 ☐☐☐　一筆の土地が**分割により公道に面する甲土地と袋地である乙土地に分かれた場合**において、乙土地の所有者は、甲土地以外の囲繞地についても囲繞地通行権を主張することができる。 ➡1**2**「通行の方法・場所」甲土地のみ ×

04 ☐☐☐　**分割によって公道に通じない土地が生じた場合**において、その土地の所有者が、公道に至るため、他の分割者の所有地を通行する場合には、その通行する土地の損害に対して**償金**を支払うことを要しない。 ➡1**2**「償金の要否」 ○

05 ☐☐☐　一筆の土地が**分割により公道に面する甲土地と袋地である乙土地に分かれた場合**において、**甲土地が第三者に譲渡されたとき**は、乙土地の所有者は、甲土地以外の囲繞地についても囲繞地通行権を主張することができる。 ➡1**2**▶2 甲土地のみ ×

06 ☐☐☐　土地の所有者は、隣地の**竹木の枝が境界線を越える**場合において、**竹木の所有者を知ることができず**、又はその所在を知ることができないときは、**自らその枝を切り取る**ことができる。 ➡2**1**「枝が境界線を越える場合」「例外」② ○

07 ☐☐☐　A所有の甲土地に植えられている樹木の根がB所有の乙土地との**境界線を越えて**伸びている場合には、Bは、その**根を切り取る**ことができる。 ➡2**1**「根が境界線を越える場合」 ○

1 囲繞地通行権

1 意義と特殊性 (210条)

意 義	ある土地が他人の土地に囲まれて公道に通じない（袋地）ときに、袋地の所有者が、公道に至るために隣地（囲繞地）を通行できる権利
特殊性	袋地の所有権を取得した者は、**袋地の所有権の登記を備えることなく**、囲繞地の所有者又は利用権者に通行権を主張できる（最判昭47.4.14）

2 囲繞地通行権の類型とその比較

	原 則 (211、212)	土地の分割・一部譲渡によって袋地が生じた場合 (213)
通行の方法・場所	袋地を利用するために必要な限度で、**かつ**、囲繞地にとって損害の最も少ない場所や方法による なお、必要があるときは、**通路を開設する**ことができる	・土地の分割の場合の通行の場所 → **他の分割者の土地のみ** ・一部譲渡の場合の通行の場所 → **譲渡人又は譲受人の土地のみ**
償金の要否	必 要 [1]	不 要

▶1 通路開設によるものは一括して、それ以外のものは1年ごとに支払う（212）。
▶2 残余地が第三者に譲渡された場合であっても、213条による無償囲繞地通行権は**消滅しない**（最判平2.11.20）。

2 その他の相隣関係の規定

ランク B

1 竹木に関する相隣関係

枝が境界線を越える場合	原 則	竹木所有者にその枝を**切り取らせる**ことができる（233 I）
	例 外	① 竹木の所有者に枝の切除を催告したが、相当期間内に切除しないとき ② 竹木の所有者を知ることができず、又はその所在を知ることができないとき ③ 急迫の事情があるとき → 自らその枝を**切り取る**ことができる（233 III）
根が境界線を越える場合		自らその根を**切り取る**ことができる（233 IV）

08 □□□ 甲土地の所有者Aが、**隣地乙土地との境界の付近**において建物を築造するため必要な範囲内で**乙土地を使用**した場合において、乙土地の所有者Bが損害を受けたときは、Bは、Aに対し、その**償金**を請求することができる。

➡ 2 **2** 「使用の目的」① ▶ 4　○

09 □□□ 土地の所有者が建物を修繕するため**隣地を使用**するときは、あらかじめ、その目的、日時、方法を隣地の所有者及び隣地使用者に通知しなければならず、**使用を開始した後の通知**によることはできない。

➡ 2 **2** 「使用の目的」①、「事前通知」 ▶ 5　×

10 □□□ 土地の所有者は、他の土地に設備を設置しなければガス及び水道水の供給を受けることができない場合において、これらの供給を受けるために必要な範囲内で当該他の土地に設備を設置するときは、当該他の土地のために**損害が最も少ない方法**を選ばなければならない。

➡ 2 **3** 「ライフライン設備の設置・使用」①　○

11 □□□ 電気、ガス又は水道水の供給等の継続的給付を受けるため他の土地に**設備を設置する者**は、設備の設置によってその土地に継続的に生じる損害に対して**償金**を支払わなければならない。

➡ 2 **3** 「償金の支払等」①　○

12 □□□ **土地の分割**によって他の土地に設備を設置しなければ電気、ガス又は水道水の供給等の継続的給付を受けることができない土地が生じたときは、その土地の所有者は、継続的給付を受けるため、**他の分割者の所有地のみに設備を設置**することができる。

➡ 2 **3** 「土地の分割又は一部譲渡があった場合」①　○

13 □□□ **一筆の土地の所有者がその土地を分筆して譲り渡した**場合において、譲り渡された土地が他の土地に設備を設置しなければ電気の供給を受けることができない土地であるときは、当該譲り渡された土地の所有者は、電気の供給を受けるための**設備を譲渡人の所有地に無償で設置**することができる。

➡ 2 **3** 「土地の分割又は一部譲渡があった場合」 ▶ 7　○

ライフラインの設備設置権については、他人の土地を当然に使用することができる権利である点で囲繞地通行権と共通するため、両者の制度を比較し、類似点を意識して学習するとよいでしょう。なお、ここでは、次の用語を用いて説明していきます。
・**設備設置権者**：他の土地にライフラインの設備を設置する者
・**設備使用権者**：人が所有するライフラインの設備を使用する者

2 隣地使用権

使用の目的	① 境界又はその付近における障壁、建物その他の工作物の築造・収去・修繕（209Ⅰ①） ② 境界標の調査、境界に関する測量（209Ⅰ②） ③ 境界線を越える隣地の竹木の枝の切取り（209Ⅰ③） → 土地の所有者は隣地を使用できる ▶3、4
方法等	使用の日時・場所・方法は、隣地の所有者及び隣地使用者のために損害が最も少ないものを選ばなければならない（209Ⅱ）
事前通知	隣地使用権を行使する者は、あらかじめ、その目的・日時・場所・方法を隣地の所有者及び隣地使用者に通知しなければならない（209Ⅲ本）▶5

- ▶3 住家に立ち入るには、その居住者の承諾が必要となる（209Ⅰ柱但）。
- ▶4 隣地の所有者又は隣地使用者が損害を受けたときは、その償金を請求することができる（209Ⅳ）。
- ▶5 あらかじめ通知することが困難なときは、使用を開始した後、遅滞なく通知すれば足りる（209Ⅲ但）。

3 ライフライン設備の設置権・使用権 💬

意　義	土地の所有者は、他の土地に設備を設置し、又は他人が所有する設備を使用しなければ電気・ガス・水道水等の継続的供給を受けることができないときは、継続的給付を受けるため必要な範囲内で、他の土地に設備を設置し、又は他人が所有する設備を使用することができる（213の2Ⅰ）
ライフライン設備の設置・使用	① 設備の設置又は使用の場所・方法は、他の土地又は他人が所有する設備のために損害が最も少ないものを選ばなければならない（213の2Ⅱ） ② 設備設置権者・設備使用権者は、あらかじめ、目的・場所・方法を他の土地又は設備の所有者及び他の土地を現に使用している者に通知しなければならない（213の2Ⅲ） ③ 設備設置権者・設備使用権者は、設備の設置・他人が所有する設備の使用のために他の土地又は他人が所有する設備がある土地を使用することができる（213の2Ⅳ前）
償金の支払等	① 設備設置権者は、その土地の損害に対して償金を支払わなければならない（213の2Ⅴ本）▶6 ② 設備使用権者は、設備の使用を開始するために生じた損害に対して償金を支払わなければならず（213の2Ⅵ）、その利益を受ける割合に応じて、その設置・改築・修繕・維持に要する費用を負担しなければならない（213の2Ⅶ）
土地の分割又は一部譲渡があった場合	①土地の分割又は②土地の所有者が、その土地の一部を譲り渡したことによって他の土地に設備を設置しなければ継続的給付を受けることができない土地が生じたときは、その土地の所有者は、継続的給付を受けるため、他の分割者又は譲渡人・譲受人の所有地のみに設備を設置することができる（213の3Ⅰ前、Ⅱ）▶7

- ▶6 1年ごとにその償金を支払うことができる（213の2Ⅴ但）。
- ▶7 償金を支払う旨の規定は、適用されない（213の3Ⅰ後）。

14 □□□　A所有の甲動産とB所有の乙動産とが付合し、損傷しなければ分離することができなくなった。この場合、**甲動産が主たる動産**であるとすれば、乙動産の上に第三者が有していた権利は合成物全体の上に及ぶことになる。

→ **3 1**「効果」「原則」　×
消滅する

15 □□□　A所有の甲動産とB所有の乙動産が付合して合成物が生じ、**Aが合成物の所有権の全部を取得したとき**には、Bは、Aに対し、償金を請求することができる。

→ **3 1** ▶8　○

16 □□□　B所有の甲土地上に**賃借権者A**が**果樹**を植栽した場合、その果樹の所有権は、Aに帰属する。

→ **3 2**「付合」「不動産＋物」「例外」　○

17 □□□　Cは、Aから預かっていたA所有の**動産甲**にBから盗取してきたB所有の**動産乙**を**付合**させた。この場合において、甲が**主たる動産**であったときは、Bは、乙の所有権を喪失する。

→ **3 2**「付合」「動産＋動産」①　○

18 □□□　Aの所有する全体で**価格4万円相当の砂糖100キログラム**とBの所有する全体で**価格2万円相当の砂糖200キログラム**とが誤って混じり合い、区別することができなくなった場合には、Aは、**持分3分の1**の割合でその砂糖300キログラムを共有する。

→ **3 2**「混和」②　×
価格の割合
本問ではAは3分の2

19 □□□　Aは、Bから依頼を受け、動産甲に工作を加えて動産乙を作成した。**動産乙の価格が著しく動産甲の価格を超えている場合**であっても、動産甲がBの所有物でなかったときは、Aは、動産乙の所有権を取得しない。

→ **3 2**「加工」「例外」①　×
Aが所有権を取得

20 □□□　賃借人Aが賃借建物の増改築を行った場合において、増改築部分が建物の**構成部分**となっているときは、当該増改築について賃貸人Bの承諾があったとしても、Aは、増改築部分について所有権を取得しない。

→ **3 3 1**　○

21 □□□　建築途中で、いまだ**独立の不動産とはなっていない**A所有の建前にBが材料を提供して工事を施し、建物として完成させた。この場合、Bの**工事によって生じた価格及びBの供した材料の価格の合計が建前の価格を超えるとき**は、その建物の所有権は、Bに帰属する。

→ **3 3 2**　○
付合ではなく加工
cf. 請負

3 所有権の取得──添付

1 総　論

意義	所有者の異なる2個以上の物が、結合し又は工作を加えられて1個の新たな物となった場合に、**1個の新たな物として所有権を1人若しくは数人に帰属**させる
類型	① 付合　② 混和　③ 加工
効果 ▶8	原則：物の所有権が消滅　→　その物について存する**他の権利も消滅**（247 I）
	例外：物の所有者が合成物等の単独所有者となったときは、その物について存する他の権利は、以後、その合成物等について存し、その共有者となったときは、その持分について存する（247 II）

▶8　添付の規定によって損失を受けた者は、不当利得の規定によって、その**償金**を請求することができる（248、703、704）。

2 添付の整理

	態　様	所有権の帰属
付合	不動産＋物（242）	原則：不動産の所有者に帰属（242本） 例外：**強い付合** ▶9 の場合を除き、権原により附属させたときは、その権原者に所有権が留保される（242但）
	動産＋動産（243、244）	① 主従の区別があるとき 　→ **主たる動産**の所有者に帰属
混和	動産＋動産（245）	② 主従の区別がないとき 　→ 付合又は混和当時における**価格の割合**に応じて共有
加工	動産＋工作（246）	原則：材料の所有者に帰属（246 I本） 例外：① 工作によって生じた価格が**材料の価格を著しく超える**とき 　　→ 加工者に帰属（246 I但） ② 加工者が材料の一部を提供した場合において、材料の価格に工作によって生じた価格を加えたものが、他人の材料の価格を超えるとき　→ 加工者に帰属（246 II）

▶9　「強い付合」とは、附属させた物が独立性を失う場合をいう。この場合、物権の客体となる要件である「独立性」を欠くため、附属させた物の所有権は留保されない。

3 重要判例

❶ 借家人が増改築につき家主から承諾を得て増改築した場合には、権原が認められるが、当該増改築部分から外部の出入りが賃借建物の中にある階段を使用するほか方法がないような場合は、増改築部分だけでは**独立性を有せず**、建物の区分所有権の対象たる部分には当たらない（強い付合）から、242条ただし書は適用されない（最判昭44.7.25）。

❷ 建築途中のいまだ独立の不動産となっていない建物（建前）に、第三者が材料を提供して工事を施し、独立の不動産である建物に仕上げた場合における**建物所有権の帰属**は、**加工の規定（246 II）に基づき決定する**（最判昭54.1.25）。

22 □□□　A、B及びCが甲土地を持分3分の1ずつの割合で共有している場合において、Aが、その持分を超えて甲土地を使用しているときは、別段の合意があるときを除き、B及びCに対し、**自己の持分を超える使用の対価を償還**する義務を負う。　　→4❶ⓐ「対価の償還」　○

23 □□□　A、B及びCが甲土地を共有している場合に、Aが、B及びCの同意を得ずに、**甲土地の全部を占有し、使用している**ときは、B及びCは、Aに対し、甲土地の全部をB及びCに明け渡すことを請求することができる。　　→4❶ⓐ、【重要判例】❶　×

24 □□□　A、B及びCが甲土地を共有している場合に、Aが、B及びCの同意を得ずに、**甲土地の全部をDに賃貸し、Dが使用している**ときは、B及びCは、Dに対し、甲土地の全部をB及びCに明け渡すことを請求することができる。　　→4❶ⓐ、【重要判例】❷　×

25 □□□　共有物に**変更**を加える場合には、その変更が**共有物の形状又は効用の著しい変更を伴わない軽微なもの**であっても、**共有者全員の同意**がなければならない。　　→4❶ⓓ「管理行為」②　×

26 □□□　共有者の一人が共有者間の協議に基づかずに**農地である共有地を宅地に造成する工事を行おうとする場合**、他の共有者はその工事の禁止を求めることができる。　　→4❶ⓓ「変更行為」全員の同意が必要　○

27　A及びBが甲土地を共有している場合に関する以下の記述は、判例の趣旨に照らして正しいか。

1 □□□　甲土地の管理費用のうちBが負担すべき費用をAが立て替えた後に、Bが甲土地の持分をCに売却した場合には、Aは、**B又はCのいずれに対しても、**立て替えた費用の償還を請求することができる。　　→4❶ⓑ　1−○

2 □□□　甲土地の**A**の持分が3分の2である場合において、A及びBが甲土地をCに賃貸したところ、Cが甲土地を無断で転貸し、背信的行為と認めるに足りない特段の事情もないときは、Aは、**単独で、甲土地の賃貸借契約を解除することができる。**　　→4❶ⓓ「管理行為」①　2−○

28 □□□　要役地が数人の共有に属する場合において、当該要役地のために地役権の設定の登記手続を求める訴えを提起するときは、**共有者全員**が原告とならなければならない。　　→4❶ⓓ「保存行為」③　×

4 共 有

1 共有の内部関係
ⓐ 共有物の使用・収益・管理

	要 件
使 用	各共有者は、共有物の全部をその持分に応じて、使用できる（249 I）
対価の償還	共有物を使用する共有者は、他の共有者に対し、自己の持分を超える使用の対価を償還する義務を負う（249 II）▶10
注意義務	共有者は、共有物の使用につき、善管注意義務を負う（249 III）
管理費用の負担	各共有者は、持分に応じて、管理の費用を支払う必要がある（253 I）

▶10　別段の合意がある場合を除く（249 II）。そのため、別段の合意として、無償で使用する旨を定めることもできる。

【重要判例】

> ❶　共有者の一人が無断で共有物を使用している場合における、他の共有者の持分に基づく引渡請求については、当然には認められない（最判昭41. 5.19）。
> ❷　共有者の一人が無断で第三者に賃貸した場合でも、他の共有者は、当該第三者に対して当然には明渡請求できない（最判昭63. 5.20）。

ⓑ 共有物に関する債権の確保の手段
　共有者の一人が共有物について他の共有者に対して有する債権（管理費用等の立替金債権）は、債務者たる共有者の特定承継人に対しても行使することができる（254）。

ⓒ 持分の放棄及び共有者の死亡等
　共有者の一人が、持分を放棄したとき、又は死亡して相続人及び特別縁故者（958の2）がないときは、その持分は、他の共有者に帰属する（255）。

ⓓ 共有物の変更行為・管理行為・保存行為

	要 件	具体例
変更行為	共有者全員の同意が必要（251 I）	共有地である畑を宅地に造成
管理行為	持分価格の過半数で決する（252 I 前）	①　賃貸借契約の解除 ②　軽微な変更（形状・効用の著しい変更を伴わないもの） ③　共有物の管理者の選任・解任
保存行為	各共有者は、単独でできる（252 V）	①　不法占有者に対する妨害排除請求・返還請求 ②　不実の登記名義人に対する抹消登記請求 ③　共有地が地役権の要役地である場合の地役権設定登記手続請求

29 □□□　A、B及びCが各3分の1の持分の割合で甲土地を共有している場合に、**A及びBの賛成**があるときであっても、甲土地につき、**D及びEを管理者として選任**することはできない。

➡4**1**❺「選任・解任」

×

30 □□□　A、B及びC共有の甲土地について、A及びBが、**Cの所在を知ることができないとき**は、裁判所は、Aの請求により、Bの同意を得て甲土地に**変更を加えることができる旨の裁判**をすることができる。

➡4**1**❻「変更行為」

○

31 □□□　共有不動産について、**真実の所有者でない者が登記記録上の所有権の登記名義人となっている場合**に、その登記の抹消を請求するには、共有者全員ですることを要せず、各共有者が単独ですることができる。

➡4**2**①

○

32 □□□　A、B及びCが各3分の1ずつの持分の割合で甲土地を共有し、その旨の登記がされている場合において、甲土地の**A持分についてDが権限なく自己名義への持分移転登記**をしたときは、Aは、Dに対し、その登記の抹消登記手続を請求することができるが、**Bは、Dに対し、その登記の抹消登記手続を請求**することができない。

➡4**2**① ▶14

×

33 □□□　共有物が侵害された場合の不法行為による損害賠償の請求については、各共有者が**自己の持分に応じた金額についてのみ請求すべき**であり、他の共有者の分も含めた**全損害額の賠償を請求することはできない**。

➡4**2**②

○

34 □□□　ABの共有する物を占有している第三者Cに対し、Aが**単独で取得時効についての完成猶予の措置を採ったとき**は、この時効は、Bの共有持分についても完成猶予される。

➡4**2**③
相対効

×

35 □□□　AとBが共有する甲建物について、Bが自己の**持分をCに売り渡した**が、その旨の**持分の移転の登記がされていない**場合には、Cは、Aに対し、自己の持分の取得を主張することができない。

➡4**3**

○

36 □□□　不動産の共有者間で持分の譲渡がされたものの、**その譲渡について登記がされていない場合**における当該不動産の共有物分割訴訟において、裁判所は、当該持分が譲受人である共有者に帰属するものとして、共有物分割を命ずることができる。

➡4**3**参照
登記がされていない場合、譲渡人に帰属しているものとされる

×

❺ 共有物の管理者

権限	原則	共有物の**管理行為**をすることができる（252の2Ⅰ本）
	変更行為	**共有者全員の同意**があれば、共有物に変更（形状・効用の著しい変更を伴わないものを除く）を加えることができる（252の2Ⅰ但）▶11
選任・解任		各共有者の**持分の価格に従い、その過半数**でする（252Ⅰ括）
義　務		共有者が共有物の管理に関する事項を決した場合には、これに従ってその職務を行わなければならない（252の2Ⅲ） →　違反する行為は、共有者に対して効力を生じない（252の2Ⅳ本）▶12

▶11　共有物の管理者が共有者を知ることができず、又はその所在を知ることができないときは、裁判所は、管理者の請求により、当該共有者以外の共有者の同意を得て共有物に変更を加えることができる旨の裁判をすることができる（252の2Ⅱ）。

▶12　ただし、共有者は、管理者が違反して行った行為につき、**善意の第三者**に対抗することができない（252の2Ⅳ但）。

❻ 所在等不明共有者がいる場合の変更行為・管理行為

変更行為	裁判所は、共有者の請求により、所在等不明共有者以外の共有者の同意を得て共有物に**変更を加えることができる旨の裁判**をすることができる（251Ⅱ）
管理行為 ▶13	裁判所は、所在等不明共有者以外の共有者の請求により、所在等不明共有者以外の共有者の持分の価格に従い、その過半数で共有物の**管理に関する事項を決することができる旨の裁判**をすることができる（252Ⅱ①）

▶13　共有者が他の共有者に対し相当の期間を定めて共有物の管理に関する事項を決することについて賛否を明らかにすべき旨を催告した場合に、当該他の共有者がその期間内に**賛否を明らかにしない**ときも、裁判所は、当該他の共有者以外の共有者の請求により、"当該他の共有者以外の"共有者の持分の価格の過半数で共有物に管理行為ができる旨の裁判をすることができる（252Ⅱ②）。

2 共有の対外関係

○：単独で行使できる

①	第三者が共有不動産につき不法な登記をしている場合の、登記の**全部抹消請求**▶14	○
②	共有物侵害における第三者に対する**持分割合に応じた損害賠償請求**	○
③	時効完成猶予の措置（**相対効**）	○

▶14　不動産の共有者の一人は、共有不動産について実体上の権利を有しないのに持分移転登記を経由している者に対し、その**持分移転登記**の抹消登記手続を請求することができる（最判平15.7.11）。

3 持分の処分

　各共有者は**自己の持分を自由に処分**できる。ただし、不動産に関する持分の譲渡を他の共有者及び第三者に対抗するには**登記**が必要（177、最判昭46.6.18）。

37 □□□　A、B及びCが各3分の1の持分の割合で甲土地を共有している場合に、A、B及びCの間で甲土地についての共有物分割の協議が調わず、Aが裁判所に甲土地の分割を請求したときは、**裁判所は、Aが甲土地の全部を取得し、B及びCがそれぞれの持分の価格の賠償を受ける方法**による分割を命ずることはできない。

➡4④ⓐ「分割方法」
「裁判」
賠償分割も可 ×

38 □□□　A、B及びCが共有する甲土地の分割に関して、A、B及びCは、甲土地の**分割をしない旨の特約を更新**することができるが、その期間は、更新の時から**5年を超える**ことができない。

➡4④ⓐ「分割請求」
「例外」▶15 ○

39 □□□　A、B及びCが共有する**甲土地の分割**に関して、甲土地のAの持分について**抵当権を有するD**は、甲土地の**分割に参加**することができるが、Bに対して**貸金債権を有するE**は、甲土地の分割に参加することはできない。

➡4④ⓐ「利害関係人の参加」
D：共有物について権利を有する者
E：各共有者の債権者 ×

40 □□□　甲土地をAが単独で所有しているところ、Aが死亡し、**B及びCが共同相続**した場合において、甲土地について裁判による**共有関係の解消**を求めるときは、**共有物の分割**の請求によることができる。

➡4④ⓑ「原則」 ×

41 □□□　甲土地をA及びBが共有しているところ、Bが死亡し、**C及びDが共同相続**したが、**相続開始の時から10年を経過**した場合において、C及びDが共同相続した**Bの持分**について裁判による**共有関係の解消**を求めるときは、共有物の分割の請求によることができる。

➡4④ⓑ「相続開始後10年を経過した場合」 ○

例えば、甲土地の共有者であるX及びYのうちXが死亡し、A及びBが甲土地のX持分を相続した場合に、Xの相続開始から10年が経過したときは、遺産分割協議をすることなく、ABYは、共有物分割の裁判により、甲土地を分割することができます。

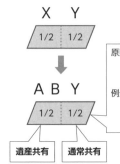

X　Y
1/2　1/2

↓

A B Y
1/2　1/2

遺産共有　通常共有

原則：AB間で遺産分割（Bが取得）
　　→　BY間で共有物分割
例外：Xの相続開始から10年経過
　　→　ABY間の**共有物分割の裁判**

4 共有物の分割

ⓐ 通常の共有物の分割

分割請求	原　則	いつでも共有物の分割を請求できる（256 Ⅰ本）
	例　外	5年を超えない期間内の**不分割特約をすることができる**（256 Ⅰ但）▶15
分割方法	協　議	① 現物分割（共有物自体を分割する方法） ② 代金分割（共有物を売却し、その代金を共有者間で分割する方法） ③ 賠償分割（共有者に債務を負担させて、他の共有者の持分を取得させる方法）
	裁　判 ▶16	原則：現物分割又は**賠償分割**（258 Ⅱ） 例外：現物分割・賠償分割が不可能又は分割によってその価格を著しく減少させるおそれがあるときは、競売による代金分割（258 Ⅲ）
利害関係人の参加		共有物について権利を有する者及び各共有者の債権者は、自己の費用で、**共有物分割に参加**することができる（260 Ⅰ）
担保責任		各共有者は、売買における売主と同様に、その持分に応じて**担保責任**（563等）を負う（261）

▶15　不分割特約は**更新**することができるが（256 Ⅱ本）、その期間は、更新の時から5年を超えることができない（256 Ⅱ但）。

▶16　裁判所は、共有物の分割の裁判において、当事者に対して、金銭の支払、物の引渡し、登記義務の履行その他の給付を命ずることができる（258 Ⅳ）。

ⓑ 相続財産に属する共有物の分割

原　則	共有物の全部又はその持分が相続財産に属する場合に、共同相続人間で共有物の全部又はその持分について**遺産の分割をすべきとき**は、共有物又はその持分について裁判所による共有物の分割（258）をすることができない（258の2 Ⅰ）
相続開始後10年を経過した場合	共有物の持分が相続財産に属する場合に、相続開始の時から**10年を経過したとき**は、相続財産に属する共有物の持分について裁判所による**共有物の分割**（258）をすることができる（258の2 Ⅱ本）▶17

▶17　共有物の持分について遺産の分割の請求があった場合において、相続人が異議の申出をしたときは、共有物の持分について裁判所による共有物の分割をすることができない（258の2 Ⅱ但）。

42 □□□　A、B及びCが甲土地を共有している場合において、Cが**所在等不明共有者**であるときは、**裁判所**は、Aの請求により、**Cの持分をAに取得**させることができる。

➡4 5「内容」「所在等不明共有者の持分の取得」　○

43 □□□　A、B及びCが各3分の1の割合で甲土地を共有している場合において、A及びCが**Bの所在を知ることができない**ときは、裁判所は、A及びCの請求により、**Bの持分のみをDに譲渡する権限**をA及びCに付与する旨の裁判をすることができる。

➡4 5「内容」「所在等不明共有者の持分の譲渡」　×
特定の者に持分の全部を譲渡するものでなければならない

44 □□□　所在等不明共有者の**持分が相続財産**に属し、共同相続人間で遺産の分割をすべきときは、裁判所は、当該共有者の**持分を他の共有者に取得させる裁判**をすることができない。

➡4 5「内容」「所在等不明共有者の持分の取得」▶21 ②　×

45 □□□　共有者が裁判により**所在等不明共有者の持分を取得**したときは、所在等不明共有者は、当該共有者に対し、当該共有者が**取得した持分の時価相当額の支払を請求**することができる。

➡4 5「対価」「所在等不明共有者の持分の取得」　○

共有不動産につき共有者が、他の共有者を知ることができず、又はその所在を知ることができないときは（**所在等不明共有者**）、共有物の管理に関する協議に参加することができないため、共有物の管理に支障をきたすことになるし、共有物分割請求により共有関係を解消しようとしても、裁判による共有物分割の方法をとることになり煩雑です。そこで、裁判において所在等不明共有者の**持分を取得**（▶18）・**譲渡**（▶19）できる制度を設け、所在等不明共有者との共有関係を解消できるようにしています。

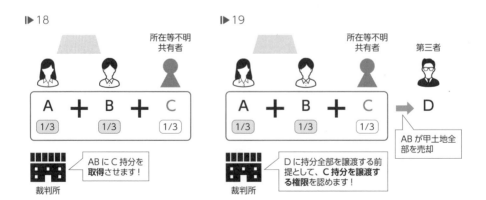

5 所在等不明共有者の持分の取得・譲渡 💬

	所在等不明共有者の持分の取得	所在等不明共有者の持分の譲渡
意義	所在等不明共有者の共有不動産の**持分を他の共有者が**取得する制度	所在等不明共有者の持分を含む不動産の**所有権全体を第三者に譲渡**する制度
内容	共有不動産の共有者の一部が所在等不明の場合には、裁判所は、共有者の請求により、その共有者に、所在等不明共有者の持分を取得させる旨の裁判をすることができる（262の2 I前）▶20、21	共有不動産の共有者の一部が所在等不明の場合には、裁判所は、共有者の請求により、その共有者に、所在等不明共有者以外の共有者の全員が特定の者に対してその有する**持分の全部を譲渡**することを停止条件として所在等不明共有者の持分を当該特定の者に譲渡する権限を付与する旨の裁判をすることができる（262の3 I）▶22
対価	所在等不明共有者は、共有者が**取得した持分の時価相当額の支払**を請求することができる（262の2Ⅳ）	所在等不明共有者は、不動産の時価相当額を所在等不明共有者の持分に応じて按分して得た額の支払を請求することができる（262の3Ⅲ）

▶20 請求をした共有者が2人以上あるときは、請求をした各共有者に、所在等不明共有者の持分を、請求をした各共有者の持分の割合で按分してそれぞれ取得させる（262の2 I後）。

▶21 次の場合には、所在等不明共有者の持分の取得の裁判をすることができない。

① 所在等不明共有者の持分の取得の請求があった持分に係る不動産について、裁判による共有物分割の請求又は遺産の分割の請求があり、かつ、所在等不明共有者以外の共有者が所在等不明共有者の持分の取得の請求を受けた裁判所にその裁判をすることについて異議がある旨の届出をした場合（262の2Ⅱ）

② 所在等不明共有者の持分が相続財産に属する場合（共同相続人間で遺産の分割をすべき場合に限る）において、相続開始の時から**10年を経過していない**場合（262の2Ⅲ）

▶22 所在等不明共有者の持分が相続財産に属する場合（共同相続人間で遺産の分割をすべき場合に限る）において、相続開始の時から**10年を経過していない**場合、裁判所は、所在等不明共有者の持分の譲渡の裁判をすることができない（262の3Ⅱ）。

01 ☐☐☐ 地上権の場合には、土地所有者は地上権者が**土地を利用し得る状況におく義務はない**が、賃借権の場合には、土地の賃貸人は賃借人が土地を利用し得る状況におく義務を負う。

→ 1 **1** 「目的」 ○

02 ☐☐☐ 地上権の設定行為において当該**地上権の譲渡を禁止する旨の特約**がされた場合には、当該特約に違反して地上権者が地上権を第三者に譲渡しても、その第三者は、当該地上権を取得することができない。

→ 1 **1** 「譲渡・賃貸等の処分」 ✕
譲渡禁止特約は債権的効力しかないため、第三者は地上権を取得できる

03 ☐☐☐ Aがその所有する甲土地につきBとの間で地上権設定契約を締結した。地上権の存続期間が満了したときは、Bは甲土地に設定した工作物を収去することができるが、AがBに対し時価で買い取る旨の申出をしたときには、**Bは、正当な理由がなければ、これを拒むことができない。**

→ 1 **1** 「買取り・収去等」 ○

04 ☐☐☐ 地上権が消滅した場合、地上権者は、その土地に植栽した樹木について、土地所有者に対し、時価で**買い取るべきことを請求することができる。**

→ 1 **1** 「買取り・収去等」 ✕
借地権者でない限り買取請求権なし

05 ☐☐☐ 地上権者が土地の所有者に対し定期に**地代**を支払わなければならない場合において、設定行為で**存続期間を定めていない**ときは、当該地上権者は、その地上権を放棄することができない。

→ 1 **2** 「あり」 ✕

06 ☐☐☐ 対抗要件を備えた地上権が設定されている土地の下に地下駐車場を所有するための**区分地上権**を設定しようとする場合には、その**地上権者**の承諾を得る必要がある。

区分地上権の設定には使用収益をする権利を有する第三者の承諾が必要 ○

【地上権】　　**【賃借権】**

地上権者　　　賃借人

↓ **地上権**　　**賃借権**

土地　設定者　　土地　賃貸人

賃貸借契約によって借主が有する賃借権は、「他人の物を使わせてもらう」という点では地上権と共通しますが、「何に対する権利なのか」という点において大きな違いがあります。すなわち、地上権は他人の**「物」に対する権利（物権）**ですが、賃借権は**「人」に対する権利（債権）**です。

1 賃借権、地上権、永小作権

ランク
A

1 賃借権、地上権、永小作権の比較

	賃借権	地上権		永小作権
目　的	物の使用及び収益 (601)	工作物又は竹木の所有 (265) ＊　区分地上権は工作物所有のみ (269の2)		耕作又は牧畜 (270)
対抗要件	登　記 ＊ 借地権の場合、**建物の登記**でも可 (借地借家10 I)			登　記
登記請求権	な　し	あ　り		
修繕義務	あ　り (606 I)	な　し		
譲渡・賃貸等の処分	賃貸人の承諾が必要 (612 I) cf. 譲渡・転貸を許す旨の登記可	原則	自由に処分できる（設定者の承諾不要）	
		例外	禁止特約	
			債権的効果はあるが**物権的効果なし**	債権的効果及び物権的効果あり (272但、不登79 ③)
地代等	要　素 (601)	要素ではない		要　素 (270)
存続期間	設定行為で定める場合 ・最長50年 (604) ・最短制限なし	① 設定行為で定める場合 　最長、最短の制限なし 　＊ **永久地上権**も認められる（大判明36.11.16） ② 設定行為で定めなかった場合 　当事者の請求により、裁判所が、20年以上50年以下の範囲内で決める (268 II)		① 設定行為で定める場合 　20年以上50年以下 (278 I) ② 設定行為で定めなかった場合 　別段の慣習がなければ、30年 (278 III)
買取り・収去等	賃貸人の買取権✕ 賃借人の収去権◯ (622・599)	設定者の買取権◯ (269 I但) 地上権者の収去権◯ (269 I本)		設定者の買取権◯ 永小作人の収去権◯ (279・269)
	借地権の場合 　借地権者に**買取請求権**あり。存続期間が満了し、契約の更新がないときに請求可 (借地借家13 I)			

2 地上権者による地上権の放棄

地代支払義務	なし	いつでも放棄可能 (268 I本参照)
	あり	存続期間がない場合は、1年前の予告、又は期限の到来していない1年分の地代支払義務あり (268 I但) 存続期間がある場合は、一般には放棄できない (266 I・275)

第2編

物権

07 □□□　地役権は、一定の範囲において承役地に直接の支配を及ぼす物権であるから、地役権者は、妨害排除請求権、**妨害予防請求権及び返還請求権**を行使することができる。

➡ 2 **1**
返還請求権は不可

✕

08 □□□　要役地に抵当権を設定した場合、当該抵当権が実行されると、買受人は、地役権を取得することができ、要役地に地上権又は賃借権を設定した場合、**地上権者又は賃借人**は、いずれも、地役権を行使することができる。

➡ 2 **2**「付従性・随伴性」

◯

09 □□□　要役地の所有権が移転した場合には、地役権の設定行為に別段の定めがない限り、地役権は要役地の所有権と共に移転し、**要役地について所有権の移転の登記**がされれば、地役権の移転を第三者に対抗することができる。

➡ 2 **2**「付従性・随伴性」

◯

10 □□□　要役地の所有者は、要役地の所有権を留保したまま、**地役権のみを譲渡することはできない**。

➡ 2 **2**「付従性・随伴性」

◯

11 □□□　要役地が数人の共有に属する場合には、共有者の一人は、**自己の有する要役地の持分について地役権を消滅**させることができない。

➡ 2 **2**「不可分性」

◯

12 □□□　地役権設定契約の締結に際し、地役権は要役地の所有権と共に移転しない旨の特約をした場合において、要役地の所有者が要役地を譲渡したときは、その**特約について登記がなくても**、承役地の所有者は譲受人の地役権の行使を拒むことができる。

➡ 2 **2** ▶ 1

✕

13 □□□　要役地が数人の共有に属する場合、**共有者の一人が地役権を行使して消滅時効を更新**したときは、**他の共有者の時効も更新**する。

➡ 2 **2** ▶ 2 「消滅時効」

◯

14 □□□　要役地が共有地の場合、共有者のうちの**一人のために地役権の取得時効が完成**すると、地役権の時効取得に関する事情を知らない共有者がいても、**共有者全員のためにその効力が生ずる**。

➡ 2 **2** ▶ 2 「取得時効」①

◯

15 □□□　甲土地の共有者全員が乙土地を通行して、その上に通行地役権を時効取得しそうな場合には、その**時効の更新は、甲土地の共有者全員に対してしなければ、その効力を生じない**。

➡ 2 **2** ▶ 2 「取得時効」②

◯

16 □□□　地役権者が、その権利の一部を行使しない場合は、**地役権はその部分のみが時効によって消滅**する。

➡ 2 **3** 1 段目

◯

2 地役権

1 意 義

地役権は、承役地を**要役地の便益**に供する権利であるから、**要役地は一筆の土地全体**でなければならない。これに対して、承役地は一筆の土地の一部でもよい。

また、地役権は物権であるから、物権的請求権として妨害排除請求権及び妨害予防請求権が認められるが、承役地を占有する権利ではないため、**返還請求権は認められない**。

2 地役権の法的性質

付従性・随伴性 (281)	・地役権は、所有権に従たるものとして要役地上の他の権利の目的となる▶1 ・地役権者が要役地の所有権を譲渡した場合、これに随伴して地役権も移転し、**要役地の譲受人は、地役権を取得する**▶1 💡要役地の移転について**所有権移転登記**があれば、地役権の移転を第三者に対抗できる（大判大13.3.17） ・地役権者は**要役地から地役権を分離**して、地役権のみを譲渡すること又は他の権利の目的とすることはできない（281Ⅱ）
不可分性 (282)▶2	・要役地又は承役地の共有者の一人は、**その持分につき地役権を消滅させる**ことはできない（282Ⅰ） ・要役地又は承役地の分割又はその一部が譲渡された場合には、地役権は、要役地の各部のために又は承役地の各部について存する（282Ⅱ）

▶1　設定行為に別段の定めがあるときは、この限りでない（281Ⅰ但）。この**別段の定め**は、**登記**（不登80Ⅰ③）**しなければ第三者に対抗できない**。

▶2　【時効における不可分性】

消滅時効	要役地が数人の共有で、一人のために時効の完成猶予・更新事由があるとき → **他の共有者のためにも**、完成猶予・更新の効力を生ずる（292）
取得時効	① 土地の共有者の一人が時効により地役権を取得したとき → **他の共有者も地役権を取得する**（284Ⅰ） ② 承役地の所有者がする地役権の取得時効の更新は、地役権を行使する**各共有者に対してしなければ効力を生じない**（284Ⅱ） ③ 地役権を行使する共有者の一人について時効の完成猶予の原因があっても、地役権の取得時効は各共有者のために進行する（284Ⅲ）

3 地役権特有の消滅事由

地役権の一部についての消滅時効	地役権者がその権利の一部を行使しないときは、**その部分のみが**時効によって消滅する（293）
承役地の占有者の時効取得	承役地の占有者が**承役地を時効取得**したときは、地役権はこれによって消滅する（289）

よくある質問 Q&A —— 物権

Q p70の問02と問06の論点の違いは何でしょうか?

A 問02の論点は、**占有の性質はそのままとして、占有権の相続による承継**が認められるかという話であり、問06の論点は、相続をきっかけに承継された占有権の性質が**他主占有から自主占有に転換**するかという話です。混乱しやすいところなので、区別して理解しておきましょう。

Q p82の問05の事例のイメージがつかめません。

A 下記の図をもとに解説していきます。左図の関係にある土地において、ＡＢの共有地を分割してＡ所有の乙土地が袋地になった場合、ＡはＢの甲土地しか通ることができず、Ｃの丙土地について囲繞地通行権を主張することができません(右図参照)。そして、これは**甲土地がＢから第三者のＤに譲渡された場合であっても同様**であるということです。213条による無償囲繞地通行権は袋地に伴う**残余地(物)に向けられた物権的な権利**であるため、残余地の所有者(人)が変わっても消滅しないと解されているのです。

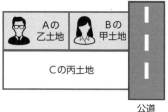

Q p99の**2**▶2の「時効における不可分性」の表が覚えにくいのですが、どうすればよいでしょうか?

A 地役権は要役地全体の利用価値を高めるための権利であるため、要役地が共有である場合は、地役権の発生及び消滅は要役地の共有者全員に共通でなければなりません。これを地役権の不可分性といいます。**なるべく地役権を存続する方法で考えれば表を押さえやすく、問題も解きやすくなる**ため、ここを意識しておくとよいでしょう。

担保物権

● 体系MAP

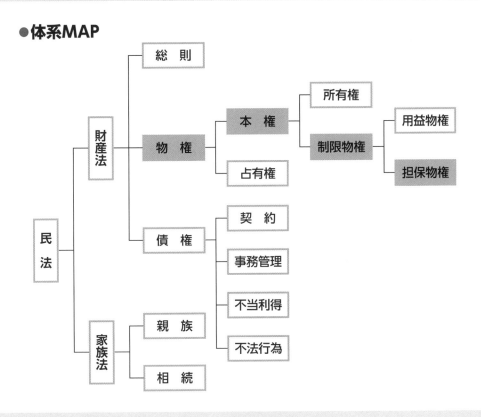

01 □□□　動産留置権と動産質権は、いずれも**被担保債権全額の弁済を受けるまで**目的動産を**留置することができる**権利である。　➡「不可分性」、「留置的効力」　○

02 □□□　動産留置権と動産質権は、いずれも**目的動産の滅失によって債務者が取得すべき金銭その他の物に対して代位することができる権利**である。　➡「物上代位性」留置権には物上代位性なし　×

03 □□□　**抵当権**は、留置的効力を有しない。　➡「留置的効力」　○

04 □□□　**不動産**質権は、収益的効力を有する。　➡「収益的効力」　○

05 □□□　動産留置権と動産質権は、いずれも**目的動産から生じた果実につき優先弁済を受けることができる**権利である。　➡「収益的効力」　○

06 □□□　根抵当権の担保すべき**元本が確定する前**においては、被担保債権が消滅しても根抵当権は消滅せず、被担保債権が譲渡されても、その譲受人が根抵当権を行使することはできないが、**被担保債権につき代位弁済をした者は、その根抵当権を行使することができる。**　➡▶1　元本確定前には弁済による代位も不可（398の7 I 後）　×

07 □□□　**一般の先取特権**は、債務者がその所有する動産の滅失によって取得すべき金銭その他の物に対して代位することができる権利である。　➡▶2　×

08 □□□　次の発言は、AからEまでの5人が、留置権、先取特権、質権、抵当権又は譲渡担保権のいずれか一つを代表して、各担保物権の性質について述べたものである。AからEまでのうち**質権を代表している者**はどれか。なお、複数の者が同一の担保物権を代表していることはないものとする。
　A　私もBも不可分性があるけど、私はBと違って**法定担保物権**だよ。
　B　私もCも付従性を有しているわ。
　C　私は、**物上代位性がなく、Dと異なり典型担保**なんだ。
　D　私は、不動産に対しても設定できるよ。
　E　私は、**債権に対しては設定できない**んだ。

A－先取特権
C－留置権
D－譲渡担保権
E－抵当権

B

【担保物権の比較】

ランク B

	留置権	先取特権 一般	先取特権 動産	先取特権 不動産	質権 動産	質権 不動産	質権 権利	抵当権 ▶1
付従性	○（全体に及ぶ）							
随伴性	○（全体に及ぶ）							
不可分性	○ (296)	○ (305・296)			○ (350・296)			○ (372・296)
物上代位性	×	× ▶2	○ (304)		○ (350・304)			○ (372・304)
優先弁済的効力	× ▶3	○ (303)			○ (342、362Ⅱ)			○ (369Ⅰ)
留置的効力	○ (295Ⅰ)	×			○ (347)	△		×
収益的効力	△ 果実収取権 (297)	×			△ 果実収取権 (350・297)	○ (356) 利息は ×	△ 利息を収取 (362Ⅱ・350・297)	× ▶4
設定契約	× (295Ⅰ)	× (303)			○ (342、344)			○ (369Ⅰ)
登記の可否	×	○ (336)	×	○ (337、338、340)	× (352)	○ (177、361・373)	× (364)	○ (177、373)

▶1　根抵当権は、**元本確定前に付従性・随伴性が認められない点を除けば**、抵当権と同様である。

▶2　**一般の先取特権**は、債務者の総財産を目的とするものであり（306）、債務者が第三者に対して有する金銭債権・物の引渡請求権にも及ぶため、物上代位は問題とならない。

▶3　なお、留置権者には換価のための**競売申立権が認められている**（民執195）点に注意。
　　∵　目的物を長期にわたって留置せざるを得ない負担から留置権者を解放するため。

▶4　ただし、被担保債権につき不履行があったときは、その後に生じた抵当不動産の果実について、抵当権の効力が及ぶ（371）。

第3編 担保物権

01 ☐☐☐ 次のアからオまでの記述のうち、「その権利」が目的物の留置権である場合には正しい記述となるが、目的物の引渡債務についての同時履行の抗弁権である場合には誤った記述となるものの組合せは、後記1から5までのうちどれか。

ア 相手方の債務が弁済期にないときは、その権利を主張することができない。

イ 所有者は、相当の担保を提供して、その権利の消滅を請求することができる。

ウ その権利は、その成立後に目的物を譲り受けた者にも主張することができる。

エ その権利が引渡請求に対する抗弁として主張されても、引換給付の判決はされない。

オ その権利に基づき、目的物の競売を申し立てることができる。

　1 アイエ　　2 アウオ　　3 アエオ
　4 イウエ　　5 イウオ

➡イ〜オ：**1**【同時履行の抗弁権との比較】 **5**

ア：いずれの場合も正しい（**2 1** ③参照）
エ：いずれの場合も誤り

02 ☐☐☐ 留置権は、目的物を占有していなければ成立せず、目的物の占有を失うと消滅する。

➡**2 1** ① ○

03 ☐☐☐ Aは、債務者Bに対する貸付債権を担保するため、B所有の家屋に抵当権の設定を受けた。その後、Cは、Bとの間でその家屋について賃貸借契約を締結し、引渡しを受けて居住を始め、屋根の修繕費用を支出した。Aが抵当権を実行した場合において、Cが抵当権に基づく差押えの前に屋根の修繕工事をしたときは、Cは、買受人に対し、修繕費用の弁済を受けるまで家屋の引渡しを拒むことができる。

➡**2 2 a** ① ○
なお、修繕費用は必要費

対世効
→買受人にも主張可

04 ☐☐☐ AがBに対して甲建物を賃貸している場合において、Aは、Bの債務不履行を理由に甲建物の賃貸借契約を解除したが、Bは、解除前に支出した有益費の償還請求権に基づく留置権を行使して、甲建物を占有していた。この場合において、Bが解除後に更に修繕費を支出したときは、Bは、この修繕費の償還請求権のためにも甲建物を留置することができる。

➡**2 2** ▶1 ○
本問はその具体例

1 総 論

【同時履行の抗弁権との比較】

	留置権	同時履行の抗弁権
制 度 趣 旨	当事者間の公平を図る制度	
主張が認められた ときの判決	引換給付判決	
第三者に対する効力 （対世効）	第三者に対して主張できる ∵ 物権的抗弁権	第三者に対して主張できない ∵ 債権的抗弁権
内 容	他人の物の留置のみ	給付の内容にかかわらない
担保提供による消滅請求	認められる （301）	認められない
不 可 分 性	あ り （296）	な し
競売申立権	あ り （民執195）	な し

2 成立要件とその検討

1 留置権の成立要件 （①〜④の要件を満たす必要がある：295条）

① 他人の物を占有していること （存続要件でもある）
② 債権と物との牽連関係があること （その物に関して生じた債権を有すること）
③ 債権が弁済期にあること
④ 占有が不法行為によって始まったものでないこと

2 要件②《債権と物との牽連関係》

ⓐ 牽連性が認められる場合

牽連性が認められる場合	具体例
① 債権が目的物自体から生じた場合	・占有物に必要費・有益費を費やして費用償還請求権が生じた場合 （196、299、608等） ▶1
② 債権が物の返還請求権と同一の法律関係・事実関係から生じた場合	・売買契約から生ずる物の引渡義務と代金債権 ・物の修理委託契約から生ずる修理物引渡義務と修理代金債権

▶1 必要費の償還請求のため建物を留置している場合において、更に必要費を支出したときは、既に生じている必要費の償還請求権と共に、後の必要費の償還請求権を被担保債権として留置権を行使することができる （最判昭33.1.17）。

 この要件を実質的にみると、「目的物を留置することにより被担保債権の弁済を間接的に強制する関係があるかどうか」 が判断の決め手となります。

05 □□□　賃貸借契約の目的物である土地が譲渡された場合、借地人は、土地の譲受人に対し借地権を対抗することができないときであっても、**借地権は土地に関して生じた債権である**ので、留置権を行使して土地の明渡しを拒絶することができる。

→ 2❷❻❶　×

06 □□□　土地の賃借人は、借地権の期間満了に基づく賃貸人の明渡請求に対し、借地上の**建物の買取請求権**を行使した場合には、その**建物を留置**することができる。

→ 2❷❻❷　○

07 □□□　AがBに対して甲建物を賃貸している場合において、A及びBが、賃貸借契約を合意解除した。この場合において、Bが解除前にAの承諾を得た上で甲建物に造作を施していたときは、Bは、**造作の買取請求権**を行使して、造作の代金の提供がされるまで、甲**建物を留置**することができる。

→ 2❷❻❸　×

08 □□□　不動産が二重に売買され、後に買い受けた者が不動産について所有権の移転の登記をした場合において、先に不動産を買い受けた者は、後に不動産を買い受けた者からの所有権に基づく不動産の明渡請求に対し、売主に対する不動産の売買契約の**債務不履行に基づく損害賠償債権を被担保債権として留置権を主張**することはできない。

→ 2❷❻❹　○

09 □□□　**B所有の建物をCから買い受けたA**は、Bの明渡請求に対して、Cに対する履行不能による**損害賠償債権**をもって、当該建物につき留置権を主張することはできない。

→ 2❷❻❺
本問は他人物売買　○

10 □□□　留置権は、物に関して生じた**債権に停止条件が付されている場合**において、当該**条件の成否がいまだ確定しないとき**であっても、当該物について成立する。

→ 2❸
cf.127条1項　×

11 □□□　留置物に有益費を支出し、それを担保するために当該物を留置している場合において、その**有益費について期限の許与があった**としても、留置権は消滅しない。

→ 2❸
成立要件を欠くことになり消滅する　×

12 □□□　建物の賃借人が、賃料不払のために契約を**解除された後**に、**権原がないことを知りながら**有益費を支出した場合、**占有が不法行為によって始まった場合と同様の状況にある**ので、賃借人は、その建物について留置権を行使することができない。

→ 2❹　○

❻ 牽連関係が問題となる事例

【牽連関係事例とその結論】　　　　　　　　　　　　○：牽連関係あり　✕：牽連関係なし

事　例	結　論
❶　賃貸借契約の目的物である土地が譲渡され、借地人が新地主に賃借権を対抗できない場合における**賃借権を被担保債権**とする留置	✕（大判大 11. 8.21） ∵　債権が物自体を目的とする場合には、牽連性は認められない
❷　**建物買取請求権**（借地借家 13）に基づく代金債権を被担保債権とする**建物**の留置	○（大判昭 14. 8.24 等） ＊　敷地も留置可
❸　**造作買取請求権**（借地借家 33）に基づく代金債権を被担保債権とする**建物**の留置	✕（最判昭 29. 1.14） ∵　代金請求権は、建物ではなく**造作**に関して生じた債権
❹　不動産の売主が**二重譲渡**をした場合における損害賠償請求権を被担保債権とする留置 	✕（最判昭 43.11.21）
❺　**他人物売買**で履行不能となった場合における損害賠償請求権を被担保債権とする留置	✕（最判昭 51. 6.17）

この場合に留置権を主張されて困るのはCであって、債務者のAは別に困らないので、**留置権を認める意味がない**ため、留置権は成立しません。

❸ 要件③《債権が弁済期にあること》

196 条 2 項ただし書、299 条 2 項ただし書等により、裁判所が回復請求権者に期限を許与した場合には、この要件を欠くことになる。

❹ 要件④《占有が不法行為によって始まったものでないこと》

占有開始時には権原があったが、その後に無権原となった場合において、無権原となった後に費用を支出したときは、占有権原の喪失につき占有者が**悪意又は有過失**であれば、**295 条 2 項が類推適用され、留置権は成立しない**（最判昭 41. 3. 3、最判昭 51. 6.17）。

13 ☐☐☐　留置権者が債務者の**承諾を得ずに**留置物を第三者に**賃貸**した場合、その賃料は弁済に**充当できず**、不当利得として返還することを要する。

➡ 3**1** ▶2　○

14 ☐☐☐　賃貸借終了後、借家人が修繕費を担保するために家屋を留置している場合、保存行為として当該家屋を**使用したことの対価**は、不当利得として債務者に返還することを要しない。

➡ 3**1** ▶3　×

15 ☐☐☐　AがBから自動車を買い受けたが、その自動車を占有するCが、Bに対するその自動車の修繕代金債権に基づいて留置権を行使している場合、Cが**A及びBの承諾を得ることなく**その自動車を使用したとしても、Aは、Cに対し、留置権の消滅を請求することができない。

➡ 3**1** ▶4　×

16 ☐☐☐　Bに対する修繕代金債権に基づいてBの時計を留置しているAが、Bの**承諾を得ることなく**、その時計をCに**質入れ**した場合において、Aが直ちに債務を弁済してその時計をCから**取り戻した**ときは、Bは、Aに対し、留置権の消滅を請求することができない。

➡ 3**1** ▶5　×

17 ☐☐☐　留置権者が留置権の目的物の**占有を継続**していても、これによって被担保債権の**消滅時効の進行は、妨げられない**。

➡ 3**2**「進行」　○

18 ☐☐☐　留置権者が留置物の所有者である債務者から留置物の返還請求を受け、訴訟において**留置権の抗弁**を主張した場合であっても、被担保債権についての**消滅時効の完成猶予**の効果は生じない。

➡ 3**2**「完成猶予」　×

19 ☐☐☐　留置権を行使されている者は、**相当の担保を供してその消滅を請求**することができるが、同時履行の抗弁権を行使されている者は、相当の担保を供してその消滅を請求することはできない。

➡ 3**3**②
同時履行の抗弁権では担保供与による消滅請求は不可
○

3 留置権の効力・消滅

1 留置物の保管・使用等

保管義務	善管注意義務（298 Ⅰ）
留置物の使用等	原則：債務者の承諾なき使用・賃貸・担保供与の禁止（298 Ⅱ本）▶2 例外：保存行為（298 Ⅱ但） ex. 家屋賃借人が賃借中に支出した費用の償還請求権につき留置権を行使し、賃貸借終了後も引き続き居住する場合（大判昭10. 5.13）▶3
留置権の消滅請求	留置権者が上記義務・禁止規定に違反 💡債務者▶4は、留置権の消滅を請求することができる（298 Ⅲ）▶5

▶2　承諾なき賃貸の場合、留置権者に支払われる賃料は、不当利得として、目的物の所有者に返還しなければならず、留置権者において果実収取権（297 Ⅰ）を行使することはできない。

▶3　ただし、継続居住による使用利益については、不当利得として、目的物の所有者に返還しなければならない（大判昭13.12.17）。

▶4　298条3項は「債務者」と規定するが、債務者以外の所有者も、留置権の消滅請求をすることができる（最判昭40. 7.15）。ただし、債務者が目的物の使用等を承諾した後、留置物の所有権取得につき対抗要件を具備した新所有者は、留置権の消滅請求をすることができない（最判平9. 7. 3）。

▶5　消滅請求は、違反があった以上、違反行為が終了したかどうか、損害が生じたかどうかにかかわらず、認められる（最判昭38. 5.31）。

2 被担保債権の消滅時効

進　行	留置権の行使は、被担保債権の消滅時効の進行を妨げない（300）
完成猶予	留置権の抗弁は、被担保債権の債務者が原告である訴訟で提出された場合には、当該債権について消滅時効における完成猶予の効力が生じる（最大判昭38.10.30参照）。

3 留置権特有の消滅原因

消滅原因	注意点
① 留置権の消滅請求（298 Ⅲ）	形成権であり、一方的意思表示により消滅
② 債務者の担保供与による消滅請求（301）	留置権者の承諾が必要（通説）
③ 占有の喪失による消滅（302）	占有回収の訴えを提起して勝訴し、占有を回復すれば、留置権は消滅しない（203但参照）

 訴訟において留置権の抗弁を提出する場合には、裁判所は当該留置権の被担保債権の存否につき審理判断をして引換給付判決を命じるため、被担保債権の履行についての権利主張の意思が表示されているといえ、消滅時効の完成猶予の効力が生じることを理解しておきましょう。

01 □□□　先取特権は、その被担保債権の**全部の弁済**を受けるまで、目的物の全部につき効力が及び、約定担保物権である抵当権とは異なり、**当事者の合意によってこの性質を排除することはできない。**

➡**1**「不可分性」は特約で排除可　×

02 □□□　**不動産売買の先取特権者**がその目的物を賃貸した賃料を差し押さえた場合、先取特権の**効力は、その賃料に及ぶ。**

➡**1**「物上代位性」「特別の先取特権」　○

03 □□□　先取特権の目的である土地の**所有権を取得した者**は、先取特権者に提供して承諾を得た金額を払い渡し又はこれを供託して先取特権を消滅させることができる。

➡**1**「抵当権に関する規定の準用」　○

04 □□□　**一般の先取特権者**は、まず不動産から弁済を受け、なお不足があるのでなければ、不動産以外の財産から弁済を受けることができない。

➡**2ⓐ**
まず不動産以外の財産から弁済を受ける　×

05 □□□　株式会社Ａに電気を供給していたＢ電力会社が**株式会社Ａ**から電気代の支払を受けていない場合には、Ｂ電力会社の電気代に関する債権は、**日用品の供給を原因として生じた債権**といえるため、株式会社Ａの総財産の上に先取特権が認められる。

➡**2ⓑ④**　×

06 □□□　**一般の先取特権**を有する者は、債務者が所有する不動産について**その登記をしなくても**、その先取特権をもって、その不動産につき**登記をした抵当権者に対抗することができる。**

➡**2ⓓ**　×

07 □□□　一般の先取特権を有する者は、債務者の不動産について**他の債権者が差押えの登記をする前に先取特権の保存の登記**をしなければ、その債権者に対抗することができない。

➡**2ⓓ**参照
一般の先取特権者は、不動産について登記をしなくても、登記をした第三者を除き、特別担保を有しない債権者に対抗することができる　×

1 総　論

ランク B

優先弁済的効力		あり（303）
付従性、随伴性、不可分性		あり（305・296）
物上代位性	一般の先取特権	なし　∵　債務者の総財産の上に成立するため
	特別の先取特権	あり（304）
抵当権に関する規定の準用（341）		378条（代価弁済）、 379条（消滅請求　不動産先取特権のみ）等

2 一般の先取特権

ランク B

ⓐ 効　力

　一般の先取特権者は、まず**不動産以外の財産**から弁済を受け、なお不足があるのでなければ、不動産から弁済を受けることができない（335Ⅰ）。また、不動産については、まず特別の担保の目的とされていないものから弁済を受けなければならない（335Ⅱ）。

ⓑ 一般の先取特権の種類及び優先順位（306条、329条1項）

　①共益費用、②雇用関係、③葬式費用、④日用品供給（法人は④の債務者から除く💬）

ⓒ 一般の先取特権と特別の先取特権との優劣（329条2項）

　原則：特別の先取特権が優先する。

　例外：①　共益費用の先取特権は、その利益を受けたすべての債権者に対して優先する。

　　　　②　先に一般の先取特権の登記をすれば、特別の先取特権に対して優先する（177）。

ⓓ 一般先取特権と不動産の第三取得者、抵当権、不動産質権との優劣（336条）

　①　共に未登記：一般の先取特権が優先する。

　②　共に既登記：優劣は、登記の先後による（177）。

> **日用品供給の先取特権**は、債務者の生活保護という趣旨に基づくところ、**債務者が法人**である場合には、その趣旨は妥当しないことを理解しておきましょう。

08 □□□　同一動産の上に**不動産賃貸の先取特権**と**質権**が**競合**する場合には、質権者がその動産を占有している限り、**質権者が優先**する。

→**3③** ▶1
同順位となる

×

09 □□□　賃借人が賃借不動産に備え付けた動産が賃借人の所有物でない場合であっても、**賃貸人がこれを賃借人の所有物であると過失なく信じた**ときには、当該動産について、不動産賃貸の先取特権が成立する。

→**3ⓑ**
即時取得の準用

○

10 □□□　動産の売主は、その動産が買主から第三者に転売され、現実の引渡しがされたときは、当該動産について、動産売買の先取特権を行使することができないが、**占有改定による引渡しがされた**ときは、**動産売買の先取特権を行使することができる**。

→**3ⓒ**
「引渡し」には占有
改定も含まれる
第三者の善意・悪意
を問わない
cf. 即時取得

×

11 □□□　鉄材の買主Ａが、代金未納のまま売主Ｂからその鉄材の引渡しを受け、倉庫業者に**保管を委託**し、引き渡した場合には、Ｂは、当該鉄材を目的とする先取特権を失う。

→**3ⓒ** ▶3
受寄者は第三取得者
に含まれない

×

12 □□□　不動産の保存の先取特権は、**保存行為が完了した後直ちに**登記をすれば、その登記がされる前に登記された**抵当権**に先立って行使することができる。

→**4③①**、**4ⓑ①**

○

13 □□□　建物を新築する場合における不動産工事の先取特権の効力を保存するためには、当該建物の**新築後直ちに**その工事の費用の額を登記しなければならない。

→**4③②**

×

14 □□□　同一の不動産について不動産保存の先取特権と不動産工事の先取特権が互いに競合する場合には、不動産保存の先取特権が優先する。

→**4③**
優先権順位は、①保
存、②工事、③売買
の順

○

15 □□□　登記をした**不動産工事の先取特権**と**抵当権**の優先関係は、**登記の先後**によって決まる。

→**4ⓑ①**
登記の先後によらず
不動産工事の先取特
権が優先

×

16 □□□　一般の先取特権も、不動産について**登記**することができ、その登記がされたときは、これに後れて登記された**不動産売買の先取特権に優先**する。

→**4ⓑ②**

○

17 □□□　**動産保存の先取特権相互間**では、保存が動産について行われたか、動産に関する権利について行われたかにかかわらず、**後の保存者が優先**する。

→**5**「動産保存の先
取特権間」

○

❸ 動産の先取特権

ランク B

ⓐ 種類及び優先順位 （330条1項、331条1項・325条、各順位内は同順位である）▶1

第1順位	第2順位	第3順位
不動産賃貸▶2、旅館宿泊、運輸	動産保存	動産売買、種苗肥料供給、農工業労務

▶1　動産質権は、第1順位の動産先取特権と**同順位**となる（334）。

▶2　賃貸人は、敷金を受け取っている場合には、その敷金で弁済を受けない債権の部分についてのみ先取特権を有する。

ⓑ 即時取得の準用 （319条）

　不動産賃貸、旅館宿泊、運輸の先取特権には、即時取得の規定が準用される。

ex. 賃借人が他人の動産を賃貸の目的物に備え付けた場合、賃貸人がその動産を賃借人の所有物と過失なく信じたときは、その動産の上に先取特権が成立する。

ⓒ 動産の先取特権者と動産の第三取得者との関係 （333条）

　一般の先取特権及び動産先取特権は、債務者がその目的たる動産をその**第三取得者**▶3に引き渡した（占有改定を含む：大判大6.7.26）後は、その動産について行使することができない。

▶3　目的動産の所有権取得者のことであり、賃借人、受寄者、質権者は含まない（大判昭16.6.18）。なお、譲受人の善意・悪意を問わない。

❹ 不動産の先取特権

ランク B

ⓐ 優先順位及び登記の時期

	❶不動産保存 （337）	❷不動産工事 （338）	❸不動産売買 （340）
登記時期の制限	保存行為後直ちに	工事開始前	売買契約と同時

ⓑ 不動産先取特権者と同一不動産上の登記された一般先取特権、登記された抵当権・質権との優劣

① 不動産保存、不動産工事の先取特権が、登記の先後によらず、最優先する（339）。

② その他の権利の優劣は、登記の先後による（177）。

❺ 同一順位の先取特権の優先順位

ランク B

原則	同一順位の先取特権者が数人あるときは、各先取特権者は、その債権額の割合に応じて弁済を受ける（332）
動産保存の先取特権間	数人の保存者があるときは、後の保存者が優先する（330 Ⅰ後）
不動産売買の先取特権間	同一の不動産について売買が順次された場合には、売主相互間における優先順位は、売買の前後による（331 Ⅱ）

第3編 担保物権

01 ☐☐☐　民事執行法の規定によって**差押えが禁止されている動産**は、動産質権の目的とすることができない。

➡**1**「目的物」
譲渡自体は禁止されていない　✕

02 ☐☐☐　不動産質権が成立するには、原則として不動産の引渡しが必要であるが、不動産質権設定の**登記をすれば、引渡しは不要**である。

➡**2**「成立要件」　✕

03 ☐☐☐　動産質権の設定は、質権設定者が質権の目的物を質権者に**占有改定**の方法によって引き渡すことによっても、その効力を生ずる。

➡**2**「成立要件」　✕

04 ☐☐☐　AはBに対する500万円の債権を担保するために、Bとの間でB所有の不動産に質権を設定する契約を締結した。**目的不動産**がBからCへ**賃貸中**であった場合においては、BがAの承諾を得て、Cに対して**質権設定の事実を通知**したときであっても、AB間の質権設定契約は要物性を満たしていないから、効力を生じない。

➡**2**「成立要件」
指図による占有移転でも、質権は成立する　✕

05 ☐☐☐　動産**留置権**は被担保債権の**弁済期**が到来する前は**成立しない**が、動産**質権**は被担保債権の**弁済期**が到来する前であっても成立する。

➡**2**参照
留置権については295条1項ただし書。質権は合意と引渡しにより成立　○

06 ☐☐☐　**不動産質権**は、不動産の引渡しによって成立するが、質権者がその**占有を失っても、質権は消滅しない**。

➡**3**　○

07 ☐☐☐　動産質権は、元本、利息、違約金、質権の実行の費用、質物の保存の費用及び債務の不履行又は**質物の隠れた瑕疵によって生じた損害の賠償**を担保し、設定行為において**これと異なる別段の定め**をすることはできない。

➡**5**「動産質」
任意規定であり、別段の定めが可能（346但）　✕

08 ☐☐☐　質権設定者は、**設定行為又は債務の弁済期前の契約**において、質権者に弁済として質物の所有権を取得させることを約することができない。

➡**6**　○

❶ 質権の目的物と被担保債権 B

目的物	譲渡することができる物に限られる（343） 💡差押禁止動産（民執131）も、質権の目的物とすることができる
被担保債権	将来債権、条件付・期限付の債権、継続的取引から生じる不確定な債権も可

❷ 成立要件と対抗要件 A

	動産質	不動産質	権利質
成立要件 （344）	質権設定の合意　＋　目的物の引渡し ＊　占有改定による引渡しは不可 （345参照）		原則：質権設定の合意のみ （債権証書の交付は不要） 例外：指図証券では証券の交付が必要（520の7・520の2）
対抗要件	占有の継続（352）	登記（177）	467条の通知又は承諾（364）

❸ 占有の継続の喪失 B

　動産質権においては、継続占有を失っても、質権設定者又は債務者に対しては、質権を対抗することができる。一方、有効に成立した不動産質権の効力は、その後に占有を喪失しても、影響を受けない。

❹ 質権設定者による代理占有の禁止（345条） A

　質権者が質物を任意に設定者に返還した場合は、動産質においては、質権は消滅しないが、対抗力が喪失する。一方、不動産質権においては、質権は消滅せず、対抗力も喪失しない（大判大5.12.25）。

❺ 被担保債権の範囲 B

動産質	不動産質	権利質
・元本、利息、違約金 ・質権実行費用、保存費用 ・債務不履行又は隠れた瑕疵による損害賠償（346本）	原則：抵当権の規定を準用（361・375） 例外：利息については、設定行為に別段の定めがあるときのみ請求可	動産質と同様 （362Ⅱ・346）

❻ 流質契約の禁止 B

　質権設定者は、質権者に弁済として質物の所有権を取得させることを約することができない（349）。
　＊　弁済期後は可
　💡商法では、流質契約が許容されている（商515）。

09 □□□　動産質権者は、質権の目的物の占有を第三者に**奪われた**場合には、質権に基づく返還を求めることができない。

→**7ⓐ**「侵奪の場合」
占有回収の訴えは可能な場合あり　○

10 □□□　AがBに対する債務の担保として、**時計を質入れ**した場合、Bが質権設定を受けた後、時計を**駅に置き忘れ**、Cがこれを拾得したときは、Bは、Cに対して、**占有回収の訴えによって**時計の返還を請求することができる。

→**7ⓐ**「詐取・遺失の場合」
救済手段なし　✕

11 □□□　**動産質権者**は、**設定者の承諾**がなければ、質物を第三者に**賃貸**することができないが、その質権の存続期間内において、**自己の責任で質権の目的物を転質**する際には、**設定者の承諾**は必要ない。

→**7ⓒ ▶**1　○

12 □□□　不動産質権者は、質権設定者の承諾を得なければ、目的不動産を**他人に賃貸**することができない。

→**8**「使用収益権」
cf. 動産質権　✕

13 □□□　不動産質権者は、特約がない限り、被担保債権の**利息を請求**することができないが、質権の目的である不動産の**管理費用**を支払う義務は負わない。

→**8**「利息請求権」、「管理費用負担」　✕

14 □□□　AとBが、不動産質権設定の際に、**存続期間を15年**と定めた場合においては、**10年を超えた**時点で、被担保債権がまだ存続しているときであっても、AB間で更新の合意をしない限り、Aの質権は、当然に消滅する。

→**8**「存続期間」　○

15 □□□　**金銭債権の質権者**は、被担保債権の弁済期が到来したときは、民事執行法に定める**質権の実行**方法によって、被担保債権の弁済を受けることができる。

→**9**　○

16 □□□　Aは、Bに対して有する100万円の貸金債権を担保するため、BがCに対して有する50万円の貸金債権に質権を設定した。Cが質権の設定を承諾していた場合において、**Bが弁済期日までにAに対して弁済せず**、かつ、BC間の貸金債権の弁済期が到来しているときは、Aは、Cに対し、自己に50万円を支払うように**請求**することができる。

→**9**①
直接取立権　○

17 □□□　動産の給付を目的とする債権の質権者は、被担保債権の弁済期が到来したときは、第三債務者からその動産の引渡しを受け、これを**自己の所有とする**ことにより、被担保債権の弁済に充てることができる。

→**9**②
所有権取得はできない　✕

7 動産質権

ⓐ 質権の侵害に対する救済方法と訴え又は請求の相手方 (352条、353条)

	侵奪の場合	詐取・遺失の場合
占有回収の訴え	設定者・債務者・第三者	—
質権に基づく返還請求	設定者・債務者（×第三者）	設定者・債務者 （×第三者）

ⓑ 簡易な弁済の充当

　簡易な弁済の充当は、正当な理由がある場合において、鑑定人の評価に従い、質物をもって直ちに弁済に充てることを裁判所に請求することにより行われる (354前)。

ⓒ 質権者の義務及び義務違反の効果

義　務	質権者は、保存行為は除き、設定者の承諾なしに質物を使用・賃貸、担保▶1に供さない義務及び善管注意義務がある (350・298)
義務違反の効果	設定者は、質権の消滅請求をすることができる (350・298Ⅲ) cf. 代担保提供による消滅請求はできない (350による301の不準用)

▶1　質権者は自己の責任で（原質権設定者の承諾を得ずに）、転質をすることができるが（責任転質）。これにより生じた損失については、不可抗力によるものでも責任を負う (348)。

8 不動産質権の効力

使用収益権	あ　り (356)	自らが不動産を使用するのみならず、第三者へ不動産を賃貸すること、用益権を設定すること、果実を収取することも可能（被担保債権への弁済充当不要）
利息請求権	なし (358)	目的不動産の使用収益権があることに対応し、利息の請求権は制限され、管理費用等は質権者が負担する
管理費用負担	あり (357)	
存 続 期 間	10年以内 (360)	10年以上の期間を定めても**10年となる** 更新は可能だが、更新期間は、10年以内に限られる

9 権利質の優先弁済的効力 (366条)

　質権者は民事執行法に定める質権の実行 (民執193)、自己の名においてする質権の目的である債権の直接取立て（裁判上・裁判外を問わず）により弁済を受けることができる。

① 質入債権が**金銭債権**の場合
・質権者は、**自己の債権額に対応する部分に限り**、これを取り立てることができる。
・質入債権の弁済期が被担保債権の弁済期前に到来したときは、第三債務者にその弁済すべき金額を供託させることができる。
② 質入債権が**非金銭債権**の場合
・第三債務者から引渡しを受けた物の上に質権が存続する。

01 □□□　土地に設定された抵当権は、(①**その担保する債権**について**不履行があったとき**でも、その後に生じたその土地の天然果実には、②その**設定前から**その土地上にある**石灯籠や取外しのできる庭石**には、③その土地の**地上権者が植栽した樹木**には) 及ばない。

➡**1**「果実」「例外」、③
2a「例外」、
2b「抵当権が及ぶか」「設定時の従物」

02 □□□　Aが自己所有の甲土地を目的としてBとの間で抵当権設定契約をし、その登記がされた場合において、その後、Cが、Aから建物所有の目的で甲土地を賃借し、その土地上に**石灯籠を据え付けた**ときは、抵当権の効力はその石灯籠にも及ぶ。

➡**2b**参照　　　　✕
所有者以外の者が附属させた物は「従物」に当たらない (87 I)

03 □□□　土地の賃借人の所有する建物に設定された抵当権が実行された場合には、その建物の敷地の賃借権は、その**土地の所有者の承諾を条件として競落人に移転する。**

➡**2b** cf.　　　　✕
賃借権が競落人に移転した結果、612 条の問題が生じる

04　抵当権の効力が及ぶ目的物の範囲に関し、「第 370 条本文の『**付加して一体となっている物**』は、第 242 条の『**従として付合した物**』(付合物)と同義であり、第 87 条の**従物を含まない**。ただし、抵当権**設定当時の目的不動産の従物**には、抵当権の効力が**及ぶ。**」という見解がある。次の 1 から 5 までの場合、この見解によると ( ) 内の物に抵当権の効力は及ぶか。なお、付合物又は従物の意義については、判例の趣旨に従うものとする。

1 □□□　Bが、A所有の土地を**不法に占拠**して使用し、桑の樹を植栽した後、Aは、この土地にCのために抵当権を設定した。(桑の樹)

1－及ぶ
権原によらずに付合

2 □□□　Aは、自己所有のガソリンスタンド用店舗建物にBのために抵当権を**設定した後**、その店舗に自己所有の**洗車機**を設置した。(洗車機)

2－及ばない
洗車機は従物に該当 (最判平2. 4.19)

3 □□□　Aは、抵当権の目的となっている自己所有の家屋の**雨戸**を取り替えた。(雨戸)

3－及ぶ
雨戸は、取外しが容易であっても、建物の一部を構成するから、付合物に該当 (大判昭5.12.18)

4 □□□　Bが、Aから土地を**賃借**し、この土地を造成して**石垣**を設置した後、Aは、この土地にCのために抵当権を設定した。(石垣)

4－及ぶ
設定者以外が権原により不動産に附属させているが、強い付合である

5 □□□　Aは、自己所有の家屋に抵当権を**設定した後**、その家屋に**畳と障子**を設置した。(畳と障子)

5－及ばない
畳と障子は従物

1 全体像

付加一体物	**原則**：抵当地の上に存する建物を除き、その目的である不動産に付加して一体となった物（付加一体物）に及ぶ（370 本） **例外**：①　設定行為に別段の定めがある場合（370 但、不登 88 Ⅰ④参照） 　　　　②　424 条 3 項の規定により債権者が債務者の行為を取り消すことができる場合（民 370 但）
果実 ▶1	**原則**：及ばない　∵　抵当権は非占有担保物権 **例外**：被担保債権について**不履行があったとき**は、その後に生じた抵当不動産の果実に及ぶ（371）

▶1　天然果実のみならず、法定果実も含む。

2 付加一体物と付合物・従物の関係 💬

ⓐ 付合物

原 則	付合の時期を問わず、付加一体物に当たる　→　抵当権の効力が及ぶ 　∵　付合物は原則として不動産所有権に吸収される（242 本）
例 外	設定者以外の者が、**権原によって**不動産に附属させた場合、それが抵当不動産の構成部分となり、あるいは独立性を有しなくなるような**強い付合でない限り**、抵当権の効力は付合物に**及ばない**（242 但）

ⓑ 従 物

		A説：判例（大連判大 8.3.15 等）	B説
従物は付加一体物に含まれるか		付加一体物に**含まれない** ＊　付加一体物の「一体」とは物理的一体性をいう	付加一体物に**含まれる** ＊　付加一体物の「一体」とは経済的・価値的一体性をいう
抵当権が及ぶか	設定時の従物	**87 条 2 項により及ぶ** ＊　「設定」を同項の「処分」と考える	**370 条により及ぶ**
	設定後の従物	**及ばない**▶2	

▶2　ただし、判例は、抵当権設定後の従物については、直接言及していない。
cf.「従たる権利」は、従物と同様に扱われる。
　　借地上の建物に抵当権が設定された場合、抵当権の効力は**借地権に及ぶ**（最判昭 40.5.4）。

> **付合物**とは、不動産に付合して不動産と一体になった物であり、独立性が認められません（ex. 取外し困難な庭石、立木、雨戸、ガラス戸）。一方、**従物**とは、主物の常用に供するために付属させたものであり、独立性が認められます（ex. 取外し可能な庭石、石灯籠、畳）。

01 ☐☐☐　買戻特約付き売買の買主から目的不動産につき抵当権の設定を受けた者は、買戻しによる解除権の行使により抵当権が消滅するので、売主の買戻権の行使によって買主が取得した**買戻代金債権**について、物上代位権を行使することができない。

→**1** 3段目③　✕

02 ☐☐☐　抵当権者は、抵当不動産の賃借人が転借人に対して取得する**転貸賃料債権**について、物上代位権を行使することができる。

→**1** ▶1　✕

03 ☐☐☐　AがBに対し、自己所有の**土地に抵当権を設定**した後に、その土地上に建物を建築した場合、Bの抵当権の効力は、Aが**地上建物の焼失により取得する保険金支払請求権**に及ぶ。

→**1** 3段目②
抵当権の目的物たる土地の滅失によって生じた債権ではない　✕

04 ☐☐☐　抵当権者は、目的不動産の賃借人が抵当権の**設定前にその賃借権につき対抗要件を備えている場合であっても**、その賃料に対して物上代位権を行使することができる。

→**1**参照
物上代位と賃借権は優劣が問題となる関係ではない　cf.**3**　○

05 ☐☐☐　建物を目的とする抵当権が設定され、登記がされた場合、その後、その建物の**賃料債権が譲渡され、第三者に対する対抗要件が備えられたとしても**、抵当権者は、その賃料債権に物上代位権を行使することができる。

→**3**①　○

06 ☐☐☐　AがBに甲動産を売り渡し、BがCに甲動産を転売した後、BがCに対する転売代金債権をDに譲渡し、その債権譲渡について、第三者に対する対抗要件が備えられた。この場合において、Aは、**動産売買の先取特権**に基づき、当該転売代金債権を差し押さえて、物上代位権を行使することができる。

→**2** ▶2　✕

07 ☐☐☐　Aが自己所有の不動産にCのために抵当権を設定し、その旨の**登記をした後**に、当該不動産をBに賃貸した場合に、Cが物上代位権を行使して賃料債権の差押えをしたときは、Bは、当該**設定登記後にAに対して取得した債権と賃料債権との相殺**をもって、Cに対抗することができる。

→**3**③　✕

1 物上代位の対象となるもの（372条・304条）

売買代金債権	肯定（通説） ∵ 売買代金債権は目的物の交換価値の具体化である
賃料債権・用益物権の対価	肯定（賃料債権につき、最判平元.10.27） ∵ 賃料債権・用益物権の対価は、目的物の交換価値のなし崩し的な具体化といえる
滅失・損傷によって生じた債権	具体的には、①不法行為に基づく損害賠償請求権、②**火災保険金請求権**（大連判大12.4.7）、③**買戻代金債権**（最判平11.11.30）等

▶1 抵当不動産の賃借人が取得する**転貸賃料債権**に対しては、同賃借人を所有者と同視することを相当とする場合を除いて、物上代位することができない（最決平12.4.14）。

2 行使の要件

「払渡し又は引渡し」の前の差押え（372・304）	《「払渡し又は引渡し」に該当するもの》 設定者・差押債権者・債権譲受人への弁済、第三債務者による相殺 《「払渡し又は引渡し」に該当しないもの》 ・**債権譲渡**（最判平10.1.30）　cf. 動産売買の先取特権 ・**一般債権者による差押え**（最判昭60.7.19）▶3
物上代位の対抗要件	物上代位の対抗要件具備の基準時は、抵当権設定登記時である▶4 ∵ 設定登記により抵当権の効力が物上代位の目的物に及ぶことが公示されている

▶2 公示方法の存在しない**動産売買の先取特権**に基づく物上代位は、目的債権が譲渡されて第三者に対する対抗要件が備えられた後においては、行使することができない（最判平17.2.22）。

▶3 ただし、差押えに基づく**転付命令**が第三債務者へ送達されると、「払渡し又は引渡し」があったものとして、物上代位することができなくなる（最判平14.3.12）。

▶4 なお、建物賃貸借契約が終了し、建物が返還され、賃料債権が**敷金の充当により消滅**した場合は、登記の時期にかかわらず、抵当権者は賃料債権に物上代位することができない（最判平14.3.28）。賃料債権は、敷金によって当然に（当事者の意思表示を待たないで）充当され、その限度で消滅するという点に注意。

3 物上代位との対抗関係

① 債権譲渡とは、**抵当権設定登記と債権譲渡の第三者に対する対抗要件具備**との先後により優劣を決する（最判平10.1.30）。

② 差押債権者とは、**抵当権設定登記と差押命令の第三債務者への送達**（民執145Ⅴ）との先後により優劣を決する（最判平10.3.26）。

③ 相殺とは、**抵当権設定登記と第三債務者の抵当権設定者に対する自働債権の取得**との先後により優劣を決する（最判平13.3.13）。

01 □□□　Aが自己所有の甲**土地**を目的としてBとの間で**抵当権設定**契約をし、その登記がされた**後**、Aが甲土地上に乙**建物を建築**し、乙建物を目的として設定された抵当権の実行により、Cがその所有権を取得した。この場合において、**後に甲土地を目的とする抵当権が実行**されてDが甲土地を買い受けその登記を受けるときには、Dは、Cに対し、乙建物を収去して甲土地を明け渡すよう請求することができる。　　　➡ 1 **2ⓐ**ii　　　○

02 □□□　Aは、自己所有の更地である甲土地にBのために抵当権を設定する際、Bとの間で、「将来、建物を建築したときは、その建物のために**法定地上権が成立する。**」**旨の合意**をした。その後、Aは、甲土地上に乙建物を建築した。この場合において、抵当権が実行されたときは、乙建物のために法定地上権が成立する。　　　➡ 1 **1** ▶1　　　×

03 □□□　Aは、自己所有の甲土地にBのために抵当権を設定したが、その当時、甲土地上に乙建物の建築が着手されていたものの、いまだ完成していなかった。Bは、**乙建物の建築を承認**していたが、甲土地につき更地としての評価に基づき当該抵当権を設定していた。この場合において、抵当権が実行されたときは、乙建物のために法定地上権は成立しない。　　　➡ 1 **2ⓐ**i　　　○

04 □□□　Aは、自己所有の甲土地上に**乙建物を建築**した後、甲土地にBのために**抵当権を設定**したところ、乙建物の**所有権の保存の登記をする前**に抵当権が実行された。この場合、乙建物のために法定地上権は成立しない。　　　➡ 1 **2** ▶2　　　×

【要件①の趣旨】

更地だから100万円!

70万円!?

A　抵当権　更地

A　抵当権

法定地上権

抵当権設定時には更地（100万円）だった土地が、法定地上権の負担付の土地（70万円）となると、買受人が現れにくく担保価値が下落します。他人に使わせなければならない土地よりも自由に使える**更地のほうが、価値が高い**のです。

1 法定地上権

■ 法定地上権の成立要件 （①～④をすべて満たす必要がある）**(388条)** ▶1

> ① 抵当権設定時に、土地上に建物が存在すること
> ② 抵当権設定時に、土地と建物が同一の所有者に属すること
> ③ 土地・建物の一方又は双方に、抵当権が設定されたこと
> ④ 抵当権の実行により、土地と建物が異なる所有者に属するに至ったこと

▶1　抵当権設定者と抵当権者との間で、法定地上権の成立要件を満たすのに法定地上権を成立させない旨の特約、又は法定地上権の成立要件を満たさないのに法定地上権を成立させる旨の特約は、**結ぶことができない**（大判明41.5.11、大判大7.12.6）。

■ 要件①《抵当権設定時に、土地上に建物が存在すること》 ▶2

ⓐ 更地に抵当権を設定した場合 💬

ⅰ　建物築造中の土地に設定された抵当権が、更地としての評価に基づいて設定されたものであれば、**抵当権者が建物築造をあらかじめ承認していたとしても、法定地上権は成立しない**（最判昭36.2.10）。

ⅱ　更地に抵当権設定後、築造された建物の上に更に抵当権が設定され、(1)建物、(2)土地の順に抵当権が実行された場合、建物抵当権の実行により**建物の買受人は法定地上権を取得するが、これを土地の抵当権者・買受人に対抗することはできない**（大判大15.2.5）。

💡更地の段階で先に設定した土地抵当権を基準とすべきである。

ⓑ 土地に抵当権が設定された当時建物が存在したが、その後建物が滅失し、再築された場合

ⅰ　**土地のみに抵当権が設定されていた場合**
　→　旧建物を基準として法定地上権が**成立する**（大判昭10.8.10）

ⅱ　**土地と建物に共同抵当権が設定されていた場合**
　原則：法定地上権は成立しない（最判平9.2.14　全体価値考慮説）。
　例外：新建物の所有者が土地の所有者と同一であり、かつ、新建物が建築された時点において土地の抵当権と同順位の共同抵当権の設定を受けたときなど、以前と同様の状況が回復された場合は、法定地上権が成立する（最判平9.2.14、最判平9.6.5参照）。

▶2　設定時に建物が存在すれば、その**保存登記がされていなくても、法定地上権が成立する**（大判昭14.12.19）。

第3編　担保物権

第7章　抵当権と用益権の関係　**123**

05 ☐☐☐　Aは、**土地とその地上建物を所有**しており、建物に**抵当権を設定した後、建物をBに譲渡**して借地権を設定した。その後、建物について抵当権が実行され、Cが買受人となった。この場合、Cのために法定地上権は成立しない。

→**1 3**参照
要件②は設定後別々の所有者に帰属するようになっても充足
（大連判大 12.12.14）　✕

06 ☐☐☐　Bが、**借地上の自己所有の建物について**、Aのために**抵当権を設定した後、敷地の所有権を取得**した。その後、建物について抵当権が実行され、Cが買受人となった。この場合、Cのために法定地上権は成立しない。

→**1 3**参照
要件②は、設定後に同一人に帰属した場合には充足されない
（最判昭 44. 2.14）　◯

07 ☐☐☐　Aが、その所有する甲土地にBのために抵当権を設定した当時、甲土地上に**A及びC共有の乙建物**があった場合において、抵当権が実行されたときは、乙建物のために法定地上権が成立する。

→**1 3**「建物のみ共有」①
共有者全員（AC）のために成立する　◯

08 ☐☐☐　**A及びBの共有である甲土地**上に**A所有の乙建物**が存在する。甲土地のAの持分に抵当権が設定され、抵当権の実行により、Cが当該持分を取得した。この場合、乙建物のための法定地上権が成立する。

→**1 3**「土地のみ共有」①　✕

09 ☐☐☐　**A及びBの共有である甲土地**上に**A及びBの共有である乙建物**が存在する。甲土地のAの持分に抵当権が設定され、抵当権の実行により、Cが当該持分を取得した。この場合、乙建物のための法定地上権が成立する。

→**1 3**「土地建物双方共有」
土地と建物の共有者が全く同一である場合も成立しない（最判平 6. 4. 7参照）　✕

10 ☐☐☐　Aは、**自己の所有する甲土地上に存在する**B所有の**乙建物**をBから**買い取った**が、**乙建物について所有権の移転の登記をする前に**、甲土地にCのための抵当権を設定した。この場合において、その抵当権が実行されたときは、乙建物のための法定地上権は、成立しない。

→**1 3 ▶3**　✕

11 ☐☐☐　土地とその上の建物を所有しているAが**土地と建物の双方に抵当権を設定した場合**において、競売によりBが土地を、Cが建物を買い受けたときは、法定地上権は成立しない。

→**1 4**　✕

3 要件②《抵当権設定時に、土地と建物が同一の所有者に属すること》 ▶3

【共有と法定地上権】 　　　　　　　　　　　○：法定地上権成立　✕：法定地上権不成立

	具体例	結　論
土地のみ 共　有	土地がＡＢの共有で、建物がＡの単独所有の場合において、 ① 　Ａの土地共有持分に抵当権が設定され実行されたとき （最判昭29.12.23） ② 　建物に抵当権が設定され実行されたとき	✕ ▶4
建物のみ 共　有	土地がＡの単独所有で、建物がＡＢの共有の場合において、 ① 　土地に抵当権が設定され実行されたとき（最判昭 46.12.21） ② 　Ａの建物共有持分に抵当権が設定され実行されたとき	○
土地建物 双方共有	土地がＡＢの共有で、建物がＡＣの共有の場合において、 Ａの土地共有持分に抵当権が設定され実行されたとき（最判 平6.12.20）	✕ ▶4

▶3　設定時に、実体上、土地と建物が同一の所有者に属していれば、**登記名義が異なる**
　場合でも、法定地上権が成立する（最判昭48. 9.18、最判昭53. 9.29）。

▶4　ただし、抵当権設定者でない土地共有者（具体例のＢ）が法定地上権の成立を容
　認していたと認められる特段の事情のある場合には、法定地上権が成立する（最判昭
　44.11. 4、最判平6.12.20）。

4 要件③《土地・建物の一方又は双方に、抵当権が設定されたこと》

　388条は、「土地又は建物につき抵当権が設定され」と定めているが、土地と建物の
双方に抵当権が設定された場合（共同抵当）も、これに含まれる（大判明38. 9.22、最判昭
37. 9. 4）。

法定地上権は、各当事者にとって次のような性質を有します。
「**土地**所有者（抵当権者）にとって**不利益**」
「**建物**所有者（抵当権者）にとって**利益**」
ここから考えると、**3**において、法定地上権の成立を肯定すると、「土地のみ
共有」では他の共有者の利益を害するのに対し、「建物のみ共有」ではむしろ
他の共有者の利益となり、これが結論に影響していることがわかります。

12 ☐☐☐　Aが、その所有する**更地である甲土地にBのために抵当権を設定**した後、甲土地上に乙建物を建築し、その後、Cのために甲土地に抵当権を設定した場合において、**Cの申立てに基づいて抵当権が実行**されたときには、乙建物のために法定地上権が成立する。

→ 1 **5**「原則」ex.①　✕

13 ☐☐☐　Aの所有する**乙建物**が存在する**B所有の甲土地**にCのための**1番抵当権**が設定された後、Aが甲土地の所有権を取得して、同土地にDのための**2番抵当権を設定**した。この場合において、1番抵当権が実行されたときは、乙建物のための法定地上権は、成立しない。

→ 1 **5**「原則」ex.②　○
1番、2番のいずれが実行されても同じ

14 ☐☐☐　**A所有の甲土地**上に**B所有の乙建物**があった場合において、AがCのために甲土地に第1順位の抵当権を設定した後、**Aが乙建物の所有権を取得**し、その後、AがDのために甲土地に第2順位の抵当権を設定したものの、**Cの抵当権がその設定契約の解除により消滅**したときは、Dの抵当権が実行され、Eが競落したとしても、乙建物について法定地上権は成立しない。

→ 1 **5**「例外」　✕

15 ☐☐☐　土地所有者が**更地に抵当権を設定した後**に、その土地の上に**建物を築造**した場合には、抵当権者は、**建物の築造を承諾**していたか否かにかかわらず、土地と共に建物を競売することができる。

→ **2**「要件」①
なお、本章の**1**法定地上権の成立要件①、**2 a** i（最判昭36. 2.10）も参照　○

16 ☐☐☐　Aは自己所有の甲土地を目的としてBとの間で抵当権設定契約をし、その登記がされた。抵当権設定当時、甲土地上には**A所有の乙建物が存在していた**が、その後、Aが乙建物をCに譲渡した。この場合、Bは、抵当権を実行するに当たり、**甲土地と共に乙建物をも競売すること**を請求することができる。

→ **2**「要件」①
設定当時から建物が存在する場合、一括競売できない
なお、この場合、法定地上権が成立する　✕

17 ☐☐☐　更地の所有者が、その土地に抵当権を設定した後、その土地上に建物を建築したときは、抵当権者は、土地及び建物の一括競売を申し立て、**その両方の代金から優先弁済を受けることができる**。

→ **2**「効果」　✕

5 土地[5]に1番抵当権が設定された時点で要件①又は②を満たさないが、2番抵当権が設定された時点でこれを満たしている場合における法定地上権の成否

原 則	不成立 ex. ① 1番抵当権設定時には更地であったが、2番抵当権設定時には建物が築造され、2番抵当権が実行されたとき (大判昭11.12.15) [6] ② 土地について1番抵当権が設定された当時は土地と建物の所有者が異なっていたが、土地と建物を同一人が所有するに至った後に当該土地につき2番抵当権が設定され、2番抵当権が実行されたとき (最判平2.1.22)
例 外	1番抵当権が設定契約の解除や被担保債権の弁済により消滅した後、2番抵当権が実行された場合 → 成立 (②の事案に関し、最判平19.7.6)

[5] 建物に抵当権が設定された事案については、判例 (大判昭14.7.26) は、1番抵当権の設定時に土地と建物の所有者が異なっていても、2番抵当権設定時に同一人に帰属していれば、法定地上権の成立が認められるとする。

[6] 2番抵当権が優先する順位の変更 (374) をした場合も同様である (最判平4.4.7)。

2 一括競売

抵当権の設定後に抵当地に建物が築造された場合、法定地上権は成立せず、抵当権者は、土地を更地として競売することができる。しかし、建物と一括して競売するほうが土地の買い手を見つけやすいこと、建物収去の問題も生じないことから、一括競売 (389) が認められている。これは、抵当権者の権利であって義務ではない (大判大15.2.5)。

要 件	① 土地に抵当権が設定された後に、その土地上に建物が築造されたこと ② 建物所有者が抵当地を占有するにつき抵当権者に対抗できる権利を有しないこと
効 果	抵当権の優先弁済権の及ぶ範囲は、土地の代価についてのみである → 建物の競売代金については無担保の一般債権者として配当を受けるにとどまる

法定地上権と適用場面が似ていますが、次のように整理するとよいでしょう。
「建物の築造が抵当権設定の前 → 法定地上権」
「建物の築造が抵当権設定の後 → 一括競売」

18 □□□　抵当権の目的である建物について、**登記した賃借権**を有する者は、その賃借権が抵当権者に対抗することができないものであっても、**すべての抵当権者がその賃借権に対抗力を与えることについて同意したとき**は、**同意の登記がなくても**、抵当権者に対し、その賃借権を対抗することができる。

➡3**1**「要件」③　　✕

19　抵当権者に対抗することができない賃貸借により抵当権の目的である建物の使用又は収益をする者（以下「抵当建物使用者」という。）の引渡しの猶予の制度に関する次の1から5までの記述は、それぞれ正しいか。

　1 □□□　この制度は、**競売手続の開始後、買受人の買受けの時より前に賃貸借の期間が満了し、賃貸借契約が更新された場合**にも、適用される。

1 − ○
➡3**2**「要件」
この場合も、要件①
②が充足されるの
で、適用あり

　2 □□□　**競売手続開始の決定の日より6か月以上前の日から**建物の使用又は収益をする者に限り、この制度による引渡しの猶予が認められる。

2 − ✕
➡3**2**「要件」②

　3 □□□　この制度では、抵当建物使用者は、建物の競売における買受人の買受けの時から**建物退去の準備に必要と認められる相当の期間が経過するまで**、建物の引渡しを猶予される。

3 − ✕
➡3**2**「効果」

　4 □□□　この制度が適用される場合には、建物の賃貸人の地位が買受人に承継されることになるので、抵当建物使用者は、**従前の賃貸借契約に基づく賃料の支払義務**を買受人に対して負うことになる。

4 − ✕
➡3**2**「効果」▶9
不当利得として返還
義務を負う

　5 □□□　建物使用の対価について、買受人が抵当建物使用者に対し**相当の期間を定めてその1か月分以上の支払の催告をし、その相当の期間内に支払がない場合**には、この制度が適用されず、買受人は、直ちに当該建物の引渡しを求めることができる。

5 − ○
➡3**2**「効果」▶9

3 抵当権設定登記後の賃借権 💬 ランク B

1 同意による賃借権の対抗 (387条)：土地及び建物

要件	① 賃借権の登記 (605、不登81) がされていること ② 賃借権の登記前に登記をした抵当権者のすべてが同意をすること▶7 ③ 同意の登記がされること
効果	同意をしたすべての抵当権者（競売による買受人を含む）に対し、賃借権を対抗することができる → 買受人が賃貸人となり、賃貸借関係が存続する cf. 明渡し猶予

▶7 抵当権者が同意をするには、その抵当権を目的とする権利を有する者（転抵当権者等）、その他抵当権者の同意によって不利益を受けるべき者全員の承諾を得なければならない (387Ⅱ)。

2 明渡し猶予 (395条)：建物のみ

要件	① 抵当権者に対抗することができない賃貸借により抵当権の目的である建物の使用・収益をする者であること ② ❶競売手続の開始前から使用・収益をする者、又は❷強制管理・担保不動産収益執行の管理人が競売手続の開始後に設定した賃借権により使用・収益をする者であること▶8
効果	買受人の買受けの時から6か月を経過するまで、明渡しを拒むことができる 💡明渡し猶予中の買受人と賃借人との間には、**賃貸借の関係は存在しない**▶9

▶8 ❶については、競売手続の開始後に使用・収益を開始した者や、賃貸借契約を締結したが、実際には使用・収益をしていない者が含まれない点に注意。❷は、建物の賃貸による運用を円滑にするために明渡し猶予を保障したものである。

▶9 賃借人は、買受人に対し、引渡しまでの賃料相当額の対価を**不当利得**として返還する義務を負う。買受人が賃借人に対し相当の期間を定めて賃料相当額の1か月分以上の支払を催告したにもかかわらず、賃借人が支払わないときは、賃借人は、引渡しを拒むことができない (395Ⅱ)。

> 抵当権の設定後に抵当不動産を賃借した者は、抵当権の実行により、不動産の買受人に対して賃借権を対抗することができず、直ちに出ていかなければなりません。しかし、これを貫くと賃借人の保護に欠けることになるので、**抵当不動産の賃借人の保護**の観点から、上記**1 2**の規定が定められています。

01 □□□ 代価弁済は、抵当権が設定された不動産の**第三取得者**がすることはできるが、他人の債務のために自己所有の不動産に抵当権を設定した**物上保証人**がすることはできない。

➡**1 1**「代価弁済」① ○
物上保証人は要件①
を満たさない

02 □□□ 抵当不動産について**地上権**を取得した第三者は、抵当権消滅請求をすることができるが、**永小作権**を取得した第三者は抵当権消滅請求をすることができない。

➡**1 1**「抵当権消滅請求」① ×

03 □□□ **主たる債務者**が抵当不動産を買い受けた場合、抵当権消滅請求をすることができる。

➡**1 2**例外❶ ×

04 □□□ 抵当不動産の**停止条件**付第三取得者は、その停止条件の成否が未定である間は、抵当権消滅請求をすることができない。

➡**1 2**例外❷ ○
なお、解除条件付の
場合は可

05 □□□ **保証人**が抵当不動産を買い受けた場合、抵当権消滅請求をすることができない。

➡**1 2**例外❶ ○

06 □□□ 共有関係にある1個の不動産全体に抵当権が設定されている場合、その**共有持分の第三取得者**は、共有持分について抵当権消滅請求をすることができる。

➡**1 2**例外❸ ×

07 □□□ 抵当権が設定されている不動産について、**地上権を買い受けた者**は、(①代価弁済、②抵当権消滅請求)をすることができる。

➡**1 1** ①

08 □□□ 抵当不動産について**地上権を買い受けた第三者**が、抵当権者の請求に応じてその抵当権者にその**代価を弁済**したときは、抵当権は、**所有者のためにも**消滅する。

➡**2 1**「第三者が地上権を買い受けた場合」 ×

1 代価弁済・抵当権消滅請求の要件

1 要件の比較 💬

代価弁済（378）	抵当権消滅請求（379 以下）
① 第三者が抵当不動産の**所有権又は地上権を有償取得**したこと ② **抵当権者の請求**に応じて①の者がその代価を弁済したこと	① 第三者が抵当不動産の**所有権**を取得したこと ② 上記①の者による**消滅請求の申出** ③ **登記をしたすべての債権者の承諾** ④ 申出額の**払渡し又は供託**

* 上記の規定はいずれも、不動産先取特権、不動産質権において準用されている（341、361）。

2 抵当権消滅請求の要件①《第三者が抵当不動産の所有権を取得したこと》

【要件①の例外】

例外❶	ⅰ**主たる債務者**、ⅱ**保証人**、ⅲこれらの者の**承継人**は、抵当不動産の第三取得者となっても、抵当権消滅請求をすることができない（380）
例外❷	抵当不動産の**停止条件付第三取得者**は、その停止条件の成否が未定である間は、抵当権消滅請求をすることができない（381）
例外❸	不動産全体に抵当権が設定されている場合、抵当不動産の**共有持分を取得した者**は、抵当権消滅請求をすることができない（最判平9.6.5参照）

2 代価弁済・抵当権消滅請求の手続と効果

1 代価弁済の効果

【「第三者のために消滅する」（378条）の具体的内容】

第三者が所有権を買い受けた場合	代価弁済にかかる抵当権はその不動産の上から消滅する → 残債権は無担保の債権となる
第三者が地上権を買い受けた場合	地上権者が**抵当権者（及び買受人）に地上権を対抗できる**ようになる ∵ 抵当権は、地上権者のためにのみ消滅し、所有者との関係では存続する

代価弁済は抵当権者主導で「その抵当不動産の売買代金を支払ってくれたら**抵当権を消してあげる**よ」と働きかけるものであるのに対し、抵当権消滅請求は第三取得者主導で「この額のお金を積むから**抵当権を消せ！**」と働きかけるものです。また、抵当権者に**抵当権の実行を強制する強力な制度**であるため（抵当権消滅請求を受けた抵当権者は、2か月以内に競売の申立てをしなければならない）、所有権を取得した第三取得者であっても、請求権者に制限がかけられています。

09 □□□　抵当不動産の第三取得者は、抵当権消滅請求をするときは、抵当権の実行としての競売による**差押えの効力が発生する前**に、その請求をしなければならない。

➡2**2**「時期」　○

10 □□□　抵当不動産の第三取得者が抵当権消滅請求権を行使するには、**登記の有無を問わず、知れたるすべての抵当権者**に対し、不動産取得の原因等を記載した書面を送達しなければならない。

➡2**2**「書面の送付」　×

11 □□□　抵当権者が抵当権消滅請求を拒むには、**第三取得者から抵当権消滅請求の書面の送付を受けた後2か月以内**に抵当権を実行して競売の申立てをしなければならない。

➡2**2**「時期」、「承諾」　○

12 □□□　抵当不動産の第三取得者が、**登記をした抵当権者のうち一部の者について抵当権消滅請求**をした場合には、**当該一部の者の抵当権のみが消滅**する。

➡2**2**「書面の送付」、「承諾」
一部の者に対する消滅請求はできない　×

13 □□□　抵当不動産の第三取得者は、抵当不動産について必要費を支出した場合には、**その不動産上に不動産保存の先取特権を有する。**

➡**3**
競売代金から優先して費用の償還を受けるのは、391条の効果としてである　×

14 □□□　不動産競売における**抵当権の目的である不動産の買受け**は、抵当権が設定された不動産の**第三取得者**がすることはできるが、他人の債務のために自己所有の不動産に抵当権を設定した**物上保証人**がすることはできない。

➡**3** ▶**2**
物上保証人も買受人となることができる　×

2 抵当権消滅請求の手続・効果

時 期	抵当権の実行としての競売による差押えの効力が発生する前であれば、いつでも抵当権消滅請求をすることができる（382）
書面の送付	第三取得者が、登記をした各債権者に対し、383条各号に掲げる書面を送付して抵当権消滅請求の申出をすることによって、手続が開始（383）
承 諾	登記をしたすべての債権者が第三取得者の申出額を承諾 💡各債権者が、383条の書面による通知を受けてから2か月以内に担保不動産競売の申立てをしない場合等は、第三取得者の申出額について承諾が擬制される（384）▶1
払渡し等	承諾を得た場合は、その金額を、債権の順位に従って払渡し又は供託をすることで、抵当権が消滅する（386）

▶1　債権者が承諾の擬制を排除するために競売の申立てをする場合、383条の書面の送達を受けてから2か月以内に、債務者・抵当不動産の譲渡人にも、その旨を通知しなければならない（385）。

3 第三取得者の地位に関するその他の規定

第三取得者による買受け	競売において買受人となることができる（390）▶2
第三取得者の支出した費用	競売代金から最優先で償還を受けることができる（391） 💡優先的に必要費の償還を受けなかった場合には、抵当権者に対して、必要費相当額の不当利得返還請求をすることができる（最判昭48.7.12）

▶2　これは注意規定であり、債務者以外の者は誰でも買受人になることができる（民執68参照）。

01 □□□　抵当権者は、抵当権の侵害があった場合、抵当権の目的物の交換価値が被担保債権額を弁済するのに十分であるときでも、その**妨害排除を請求**することができる。

➡**1** ▶1　〇

02 □□□　抵当権者は、抵当権が設定された山林の立木が伐採されて木材となった場合には、その搬出の禁止を請求することができるが、抵当権設定者が**通常の用法**に従い抵当権が設定された山林の立木を伐採している場合には、その禁止を請求することができない。

➡**1** ▶2　〇

03 □□□　第三者が抵当権の目的物を損傷させても、残存価格が被担保債権の担保として十分であれば、抵当権者は、不法行為として**損害賠償を請求**することができない。

➡**1**「不法行為に基づく損害賠償請求権」　〇

04 □□□　債務者が、過失なくして抵当権の目的物である**不動産を損傷**させた場合、抵当権者は、被担保債権の弁済期の到来前は、抵当権を実行することができない。

➡**1**「期限の利益の喪失」　×
故意又は過失は不問

05 □□□　Ａがその所有する甲建物についてＢを抵当権者とする抵当権の設定の登記をした後、Ｃが抵当権の実行としての**競売手続を妨害する目的**で甲建物を賃借した場合において、Ｃの占有により甲建物の**交換価値の実現が妨げられており**、かつ、Ａにおいて甲建物を適切に維持管理することを期待できないときは、Ｂは、Ｃに対し、**直接自己への甲建物の明渡し**を求めることができる。

➡**2**「抵当権設定後に占有権原の設定を受けた者に対する妨害排除請求」
直接自己への明渡しを請求できる　〇

06 □□□　抵当権者は、抵当不動産を自ら使用収益できず、また、抵当権者が抵当権に基づく妨害排除請求により取得する占有は、抵当不動産の維持管理を目的とするものであり、抵当不動産の使用収益を目的とするものではないから、**賃料相当額の請求**をすることができない。

➡**2**「抵当権設定後に占有権原の設定を受けた者に対する妨害排除請求」💡　〇

抵当権の侵害における**物権的請求権**は、"損害"賠償請求ではない以上、抵当権の実行の際に配当が受けられなくなるといった"損害"の発生を要しないのです。

■1 抵当権の侵害に対する措置

ランク B

	要　件	効果等
物権的請求権	抵当目的物に侵害[1]があること	一定の場合には、抵当権者は、妨害排除請求ができる[2]
不法行為に基づく損害賠償請求権	抵当権の実行により本来受けられたはずの**配当が受けられなくなった**こと（損害の発生）	抵当権者は抵当権実行前においても**弁済期後**であれば、損害賠償請求ができる（大判昭11.4.13）
期限の利益の喪失	債務者が抵当目的物を**滅失・損傷**させたとき ＊　債務者の故意又は過失は**不問**	抵当権者は、債務者に対し、直ちに被担保債権の弁済請求ができる →　債務者が弁済しないときは抵当権を実行することができる

▶1　目的物の交換価値が被担保債権額を担保しない程度にまで至る必要はない。
▶2　抵当権の目的となっている山林上の立木が、抵当権者に無断で、かつ、**通常の用法を超えて**伐採及び搬出された場合、抵当権者は、抵当権に基づく妨害排除請求権として立木の伐採及び搬出の禁止を請求することができる（大判昭7.4.20）。

■2 物権的請求権の判例

ランク A

不法占有者に対する妨害排除請求（最大判平11.11.24）

・第三者の不法占拠により抵当不動産の交換価値の実現が妨げられ抵当権者の優先弁済権の行使が困難となるような状況があるとき
　→　**所有者の妨害排除請求権を代位行使**して抵当不動産の明渡請求をすることができる
　→　不法占有者に対し、抵当権に基づく妨害排除請求をすることができる

・抵当不動産の所有者において抵当権に対する侵害が生じないように抵当不動産を適切に維持管理することが期待できない場合
　→　不法占有者に対し、直接自己への抵当不動産の明渡請求をすることができる

抵当権設定後に占有権原の設定を受けた者に対する妨害排除請求（最判平17.3.10）

・抵当権設定登記後に占有権原の設定を受けたものであり、その設定に抵当権の実行としての競売手続を妨害する目的が認められ、その占有により抵当不動産の交換価値の実現が妨げられて抵当権者の優先弁済請求権の行使が困難となるような状態があるとき
　→　抵当不動産の所有者から占有権原の設定を受けている占有者に対する**抵当権に基づく妨害排除請求**をすることができる
　💡抵当権者は、第三者による抵当不動産の占有によって、賃料額相当の損害を被るものではない

01 □□□　１番抵当権者の２番抵当権者に対する**順位の譲渡**は、１番抵当権の債務者と２番抵当権の**債務者が同一でなければすることができない**が、１番抵当権者の２番抵当権者に対する順位の放棄は、これらの債務者が異なっていてもすることができる。　→1**1** ▶1 ✓　×

02 □□□　登記は、**抵当権の順位の譲渡**については**効力発生要件**であるが、抵当権の順位の放棄については第三者に対する対抗要件である。　→1**2**「成立要件」、「対抗要件」　×

03 □□□　原抵当権者が転抵当権を設定するには、**原抵当権設定者**の承諾を要する。　→1**2** ▶2　×

04 □□□　原抵当権の被担保債権の債務者は、転抵当権の設定の登記がされた後は、**転抵当権者の承諾を受けずに弁済**することはできない。　→1**2**「対抗要件」、**3** 登記は債務者に対する対抗要件ではない　×

05 □□□　**根抵当権が転抵当権の目的となっている場合**において、その根抵当権の債務者が、**元本の確定前**に、転抵当権者の承諾を得ずにした根抵当権の担保すべき範囲に属する債権の**弁済**は、転抵当権者に対抗することができない。　→1**3** 💬　×

1 376条の抵当権の処分の成立要件・対抗要件 ランク B

1 抵当権の処分の意義

抵当権の譲渡・放棄	抵当権の順位の譲渡・放棄	転抵当権
抵当権を同一の債務者[▶1]に対する抵当権を有しない一般債権者の利益のために譲渡・放棄すること	抵当権の譲渡・放棄が先順位抵当権者から後順位抵当権者に対してされること	抵当権者がその抵当権をもって他の債権の担保とすること

▶1 「同一の債務者」には、債務者と抵当不動産の所有者が異なる場合の所有者、すなわち物上保証人、第三取得者も含まれると解されている（通説）。
　💡抵当権の順位の譲渡・放棄は、当事者の債務者が異なる場合でも認められる。

2 抵当権の処分の成立要件・対抗要件の比較

		抵当権の譲渡・放棄	抵当権の順位の譲渡・放棄	転抵当権
成立要件[▶2]		抵当権者と一般債権者との契約	抵当権者と後順位抵当権者との契約	抵当権者と転抵当権者との契約
対抗要件	対債務者等[▶3]	主たる債務者に対する通知　又は　その者の承諾（377 I）		
	対第三者	付記登記（376 II）		

▶2 債務者、抵当権設定者、他の抵当権者等の承諾は不要である。
▶3 具体的には、①主たる債務者、②保証人、③抵当権設定者、④これらの者の承継人である。
　　cf. 順位変更においては、主たる債務者への通知又はその者の承諾は不要である。

3 抵当権の処分の対抗要件

　対抗要件を具備した後は、債務者等は、受益者（転抵当権者も含まれる）の承諾がなければ、処分をした抵当権者に弁済しても、これを受益者に対抗することができない（377 II）。

第3編　担保物権

377条2項は、**根抵当権**を他の債権の担保とする転抵当の場合における元本確定前の弁済には適用されません（398の11 I但）。元本確定前の根抵当権は、不特定の債権を担保するものであり、その増減が予定されているからです。

06 □□□　債務者Aに対する債権を担保するためA所有の不動産について抵当権の設定を受けたBが、その**抵当権を**他の債権者Cに対して**放棄**した場合、**Bは、その抵当権を実行することができない。**

同順位となるだけであり、Bにも実行する権利がある　✕

07　次の1から4までは、Aの1番抵当権（被担保債権額80万円）、Bの2番抵当権（被担保債権額200万円）、Cの3番抵当権（被担保債権額80万円）が設定されている不動産についての抵当権の処分と、その処分の後、その不動産が競売により他に300万円で売却された場合における配当を受ける債権者と配当額との組合せであるが、それぞれ正しいか。

1□□□　Aは、一般債権者D（債権額50万円）のため、自己の**抵当権を譲渡**した。

　　配当金額　A：30万円　B：200万円
　　　　　　　C：20万円　D：50万円

1－○

2□□□　Aは、一般債権者D（債権額80万円）のため、自己の**抵当権を放棄**した。

　　配当金額　A：なし　　　B：200万円
　　　　　　　C：20万円　D：80万円

2－✕
A・Dが各40万円となる

3□□□　Aは、Cに**抵当権の順位を譲渡**した。

　　配当金額　A：20万円　B：200万円
　　　　　　　C：80万円

3－○

4□□□　Aは、Cのために**抵当権の順位を放棄**した。

　　配当金額　A：50万円　B：200万円
　　　　　　　C：50万円

4－○

➡ 2 **1** 事 例①②

08　同一不動産について、Aの1番抵当権、Bの2番抵当権、Cの3番抵当権が、それぞれ設定され、登記がされている。この場合、次の1及び2の記述は、それぞれ正しいか。なお、Aの被担保債権額よりもCの被担保債権額のほうが大きいものとする。

1□□□　AがCに対して**抵当権の順位の譲渡**をした場合には、AがCのために抵当権の順位の放棄をした場合と異なり、Aは、**1番抵当権者として配当を受けることができない。**

1－○
「Cの抵当権の被担保債権額＞Aの抵当権の被担保債権額」であるため

2□□□　Cが本来受けるべき3番抵当権への配当額については、AがCに対して**抵当権の順位の譲渡**をした場合、**AがCに優先する**が、AがCのために抵当権の順位の放棄をした場合、AとCがそれぞれの債権額に応じて取得する。

2－✕
順位の譲渡では、3番抵当権への配当額についてもCが優先

➡ 2 **1** 事 例②

1 抵当権の譲渡・放棄、抵当権の順位の譲渡・放棄の効果

			受益者	効 果
抵当権の	譲 渡		一般債権者	受益者が優位
	放 棄			受益者と処分者は同順位
抵当権の順位の	譲 渡		後順位抵当権者	受益者が優位
	放 棄			受益者と処分者は同順位

事例① 1番抵当権者A（債権額1,000万円）、2番抵当権者B（債権額1,500万円）、無担保債権者C（債権額3,000万円）がおり、抵当権の実行により抵当不動産が2,500万円で売却された。

前 提 事例①の場合における抵当権不動産に関する分配額
A（1,000万円）　B（1,500万円）　C（0円）

	AからCに対する抵当権の譲渡	AからCに対する抵当権の放棄
指 針	・AはBCとの関係で優先権を失う 　＊　本来のAの分配額（1,000万円）において、Cが優先する ・Bの地位には影響を与えない	・AはCとの関係でのみ優先権を失う ・Aが本来受けるべき配当額（1,000万円）をAC両者の債権額に比例して分配（1：3） ・Bの地位には影響を与えない
結 論	A：0円　　B：1,500万円 C：1,000万円	A：250万円　　B：1,500万円 C：750万円

事例② 1番抵当権者A（債権額1,000万円）、2番抵当権者B（債権額1,500万円）、3番抵当権者C（債権額3,000万円）がおり、抵当権の実行により抵当不動産が5,000万円で売却された。

前 提 事例②の場合における抵当不動産に関する分配額
A（1,000万円）　B（1,500万円）　C（2,500万円）

	AからCに対する抵当権の順位の譲渡	AからCに対する抵当権の順位の放棄
指 針	・AはCとの関係で後順位となり、Cは、自己とAの配当額の合計額（3,500万円）から優先弁済を受ける ・Aは残額があれば弁済を受ける ・Bの地位には影響を与えない	・ACは同順位となる ・ACの配当額の合計額を両者の債権額に比例して分配（1：3） ・Bの地位には影響を与えない
結 論	A：500万円　　B：1,500万円 C：3,000万円	A：875万円　　B：1,500万円 C：2,625万円

09 □□□　転抵当権が設定された後は、原抵当権者は、**原抵当権の被担保債権額が、転抵当権の被担保債権額を超過**しており、**かつ、自己の被担保債権の弁済期が到来して**いれば、原抵当権を実行することができる。

➡ **2** **2**　　　　○
原抵当権者による実行では、転抵当権の被担保債権の弁済期は問題とならない

10 □□□　転抵当権者は、**原抵当権の被担保債権の弁済期が未到来であっても、**転抵当権の被担保債権の弁済期が到来していれば、転抵当権を実行することができる。

➡ **2** **2** ▷ 4　　×

11　同一不動産について、Aが1番抵当権、Bが2番抵当権、Cが3番抵当権を有している。この場合、以下の記述はそれぞれ正しいか。

1 □□□　AがCに**抵当権の順位の譲渡**をする場合と、AがCに**抵当権の順位の放棄**をする場合のいずれにおいても、この抵当権の処分の効力を**設定者に主張**するには、登記は必要ないが、**設定者への通知又はその承諾が必要**である。

1 － ×
➡ **1** **2** 「対抗要件」
主たる債務者への通知又は承諾

2 □□□　AがCに**抵当権の順位の譲渡**をする場合と、AがCに**抵当権の順位の放棄**をする場合のいずれにおいても、**Bの承諾は不要**であるが、AとCの順位を入れ替えるために**抵当権の順位の変更**をする場合には、**ACのほか、Bの合意が必要**。

2 － ○
➡ **3** **1** ①

3 □□□　AとCの順位を入れ替えるために**抵当権の順位の変更**をする場合、抵当権の順位変更の効力を被担保債権の債務者に主張するには、**登記も債務者への通知又はその承諾も不要**である。

3 － ×
➡ **3** **1** ③
効力発生要件である登記を欠けば、当然その効力を主張できない

4 □□□　AとCの順位を入れ替えるために**抵当権の順位の変更**をする場合には、**Cの被担保債権の差押債権者の承諾が必要**である。

4 － ×
➡ **3** **2**
順位変更によって利益を受ける者である

12 □□□　ある土地につき、Aが1番抵当権（被担保債権額80万円）、Bが2番抵当権（被担保債権額200万円）、Cが3番抵当権（被担保債権額80万円）をそれぞれ有していたが、抵当権の順位をBCAの順とする**抵当権の順位の変更**がなされた。その後、その不動産が競売により300万円で売却された場合、A、B及びCの受ける配当額は、それぞれいくらか。

➡ **3** **3** 参照
A － 20万円
B － 200万円
C － 80万円

2 転抵当の効果

転抵当権者は、原抵当権を実行し（大決昭7.8.29）▶4、原抵当権者に優先して弁済を受けることができる。

▶4　転抵当権の被担保債権と原抵当権の被担保債権の**双方の弁済期が到来**していなければならない（通説）。

3 抵当権の順位変更の成立要件・効果

1 順位変更の成立要件 (374条)

① 変更される順位に関係する**すべて**の抵当権者の**合意**
② 利害関係を有する者の**承諾**
③ 順位変更の**登記**

2 要件②《利害関係を有する者の承諾》

順位の変更によって利益を受ける者の承諾は不要である。また、❶債務者や抵当権設定者、❷被担保債権の保証人、❸設定者から用益物権の設定を受けた用益物権者等は、利害関係を有する者に当たらない。

なお、順位変更の登記は、**効力発生要件**であり、対抗要件ではない（374Ⅱ）。

3 順位変更の効果

優先弁済を受ける順位（373）が変更される（**絶対的効力**）。

順位変更は、優先弁済を受ける順位の変更を意味するものであり、これと無関係な第三者の権利には、変更の効果が及ばない。

4 抵当権に特有の消滅原因

抵当権の時効消滅	抵当権は、**債務者及び物上保証人**に対しては、被担保債権と同時でなければ、時効消滅しない（396）
抵当不動産の時効取得による消滅	**債務者又は抵当権設定者でない者**が、抵当不動産について時効取得に必要な要件を具備する占有をしたときは、抵当権は消滅する（397）

債務者及び物上保証人は、債務を負担する約束をしている者であるため、抵当権単体の時効消滅の主張を認めるのは信義則の観点から認められないのです。

01 AがBに対して**300万円**の金銭債権を有しており、これを担保するためにB所有の甲土地（**400万円**）と乙土地（**200万円**）に抵当権の設定を受けた場合において次の記述は、それぞれ正しいか。

1 □□□ **同時配当**による場合、Aは甲土地からは200万円の配当を受け、乙土地からは100万円の配当を受ける。

1 - ○
→**1**「同時配当」

2 □□□ **異時配当**により甲土地から配当を受ける場合、Aは甲土地について被担保債権額の300万円全額の配当を受けることはできない。

2 - ✕
→**1**「異時配当」

02 AがCに対する**2,500万円**の債権を担保するために甲土地（**3,000万円**）と乙土地（**2,000万円**）について共同抵当権を有し、BがCに対する**2,000万円**の債権を担保するために甲土地について後順位の抵当権を有している場合において、次の記述は、それぞれ正しいか。

1 □□□ **債務者Cが甲土地及び乙土地を所有**する場合において、Aが**甲土地の抵当権を実行**して債権全部の弁済を受けたときは、Bは、1,500万円の限度で乙土地についてAの抵当権を代位行使することができる。

1 - ✕
→**2**
「異時配当」1,000万円の限度で代位行使可

2 □□□ **物上保証人であるDが甲土地及び乙土地を所有**する場合において、Aが甲土地の抵当権を実行したときは、Bは、乙土地についてAの抵当権を代位行使することができない。

2 - ✕
→**2** ▶2
同一物上保証人所有型

1 配当方法

同時配当	共同抵当権者は、**各不動産の価額の割合に応じて債権額を割り付け**、その割付額の範囲内で各不動産から優先弁済を受ける（392 I）▶1
異時配当	共同抵当権者は、競売された**一部の不動産の売却代金から被担保債権の全部につき優先弁済を受ける**（392 II 前）

▶1 　同時配当の場合には、共同抵当権者は、各不動産から任意の額の優先弁済を受けることはできない。

2 債務者所有型における配当

ランク A

事 例①　AがBに対する1,000万円の債権を担保するために甲土地（B所有：1,200万円）と乙土地（B所有：800万円）について共同抵当権を有し、CがBに対する600万円の債権を担保するために甲土地について後順位の抵当権を有している。▶2

同時配当	指　針	共同抵当権者Aは甲土地（1,200万円）・乙土地（800万円）の価額の割合（3：2）に応じて債権額を割り付け、その割付額の範囲内で各不動産から優先弁済を受ける（392 I）
	結　論	A：甲土地600万円・乙土地400万円 C：甲土地600万円
異時配当 （甲土地 が先）	指　針	CはAの乙土地に対する抵当権について、Aが**同時配当であれば配当を受けることができた**400万円の限度で代位する（392 II 後）
	結　論	A：甲土地1,000万円 C：甲土地200万円・乙土地400万円

▶2 　甲土地及び乙土地の所有者が**いずれも物上保証人**であるDであった場合には、上記の債務者所有型の場合と同じ処理となる（最判平4.11.6）。

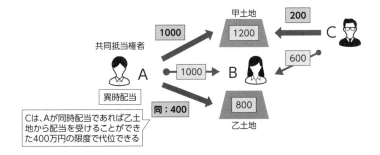

第3編 担保物権

03　AがCに対する **2,500万円**の債権を担保するために甲土地（**3,000万円**）と乙土地（**2,000万円**）について共同抵当権を有し、BがCに対する **2,000万円**の債権を担保するために甲土地について後順位の抵当権を有している場合において、次の記述は、それぞれ正しいか。

1 □□□　**債務者Cが甲土地を、物上保証人であるDが乙土地を所有**する場合において、Aが甲土地の抵当権を実行したときは、Bは、乙土地についてAの抵当権を代位行使することができない。

➡**3**「指針」

1 − ○

2 □□□　**債務者Cが甲土地及び乙土地を所有**する場合において、Aが**乙土地について設定された抵当権を放棄**した上、甲土地について設定された抵当権を実行し、その代価から 2,500万円がAに配当されたときは、Bは、Aに対し、1,000万円の不当利得返還請求をすることができる。

➡**4**「結論」
Bの優先すべき1,000万円は不当利得となる

2 − ○

3 債務者・物上保証人所有型における配当 ▶3

事例② AがBに対する1,000万円の債権を担保するために甲土地（B所有：1,200万円）と乙土地（D所有：800万円）について共同抵当権を有し、CがBに対する600万円の債権を担保するために甲土地について後順位の抵当権を有している。

同時配当・異時配当（甲土地が先）▶3	指 針	共同抵当権者Aは、**債務者所有の甲土地の売却代金から先に**配当を受ける（392 II 前） ＊ Cは**392条2項後段による代位ができない**（最判昭61.4.18）
	結 論	A：甲土地 1,000万円 C：甲土地 200万円・乙土地 - 配当なし

▶3 **債務者・物上保証人所有型**の場合、仮に同時配当がなされた場合であっても、392条1項による割付はされず、債務者所有の不動産から優先して共同抵当権者の債権の弁済に充てられる（最判昭61.4.18）。

4 共同抵当権の放棄 ▶4

事例③ AがBに対する1,000万円の債権を担保するために甲土地（B所有：1,200万円）と乙土地（B所有：800万円）について共同抵当権を有し、CがBに対する600万円の債権を担保するために甲土地について後順位の抵当権を有していたが、Aが乙土地上の抵当権を放棄した。

甲土地の実行	指 針	甲土地の後順位抵当権者のCは、Aが甲土地を先とする異時配当があった場合に、**乙土地の抵当権に代位して400万円を受けることができたため、この部分についてCはAに優先する**（大判昭11.7.14）
	結 論	A：甲土地 600万円 C：甲土地 600万円

▶4 後順位抵当権者のいない不動産に対する抵当権を放棄した後、後順位抵当権者のいる不動産が競売された場合、当該抵当権者は、**放棄がなければ後順位抵当権が「後順位抵当権者による代位（392 II 後）」によって代位できた範囲**で、後順位抵当権者に優先できない（大判昭11.7.14）。

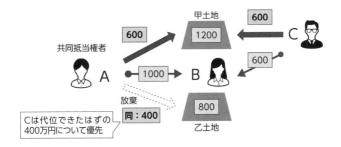

01 □□□ AのBに対する債権の担保のため、Bの所有する
動産甲について譲渡担保が設定され、Aが占有改定による引渡しを受けた場合において、譲渡担保の法的性質につき所有権的構成によると、Aが**動産甲をCに譲渡**したときは、Cは、動産甲がAのために譲渡担保に供されたものであることを知っていたときでも、Bに対し、動産甲の所有権を主張することができる。

→1 **1** 「所有権的
構成」　　　　○

02 □□□ 譲渡担保権者は、譲渡担保の目的物の売却により
生じた売却代金債権について、**物上代位権を行使**することができない。

→1 **2**　　　×

03 □□□ 土地の賃借人がその土地上に自ら所有する建物を
譲渡担保の目的とした場合には、その譲渡担保の効力は、**土地の賃借権**に及ばない。

→1 **2**　　　×

04 □□□ 土地が譲渡担保の目的とされ、設定者から譲渡担
保権者への所有権の移転の登記がされた後、**被担保債権が弁済期に弁済**されたが、譲渡担保権者は、当該土地の登記が自己名義であることを奇貨として、当該土地を**第三者に譲渡し、第三者への所有権の移転の登記**をした。この場合、譲渡担保権の設定者は、当該第三者が**背信的悪意者であるとき**を除き、当該土地の所有権を当該第三者に主張することができない。

→1 **3** 2段目
設定者と第三者は対
抗関係に立つ　　○

05 □□□ 譲渡担保権者の清算義務と設定者の目的物返還義
務は、**同時履行の関係**には立たない。

→2 **2** 1段目　×

06 □□□ 同一の動産について複数の者にそれぞれ譲渡担保
が設定されているときは、**後順位の譲渡担保権者は、私的実行**をすることができる。

→2 **2** 2段目　×

私的実行とは、抵当権の実行のように配当手続が整備された民事執行の手続によらない担保権の実行方法です。この場合、本来は第1順位の譲渡担保権者が優先すべきなのに、第2順位の譲渡担保権者が先に回収してしまうおそれがあります。

1 総 論

1 法律構成

所有権的構成 （大判大9.9.25等）	目的物の**所有権は債権者に移転**し、債権者は設定者に対して目的物を担保目的以外には利用しないという債務を負うのみである
担保権的構成	所有権は設定者に留まっており、債権者は担保権を有するにすぎない

2 効 力

　譲渡担保権の効力は、付合物、従物、**従たる権利**についても及ぶ（最判昭51.9.21）。また、譲渡担保権には**物上代位性**も認められる（最決平11.5.17）。

3 判 例

不法占有者に対する返還請求	譲渡担保権の設定者は、譲渡担保権が実行されるまでは、譲渡担保権の**目的物の不法占有者**に対して、その返還を請求することができる（最判昭57.9.28）
譲渡担保権の消滅後の第三者への譲渡	不動産が譲渡担保の目的とされ、設定者から譲渡担保権者への所有権移転の登記が経由された場合に、被担保債権の弁済等により譲渡担保権が消滅した後に、**目的不動産が譲渡担保権者から第三者に譲渡されたときは、当該第三者がいわゆる背信的悪意者に当たる場合でない限り**、設定者は登記がなければその所有権を当該第三者に対抗できない（最判昭62.11.12）

2 実 行

1 清算の方法

処分清算型	譲渡担保権者が、**目的物を処分**して得られた金額と被担保債権額の差額を清算金として設定者に交付する清算方法
帰属清算型	譲渡担保権者が、目的物を適正に評価し、その評価額と被担保債権の差額を清算金として設定者に交付して**目的物の所有権を確定的に取得する清算方法**

2 判 例

清算金の支払と目的物の引渡し	両者は**同時履行の関係に立つ**（最判昭46.3.25） →　設定者は同時履行の抗弁権・留置権を主張できる
後順位譲渡担保権者の私的実行	同一の動産について複数の者にそれぞれ譲渡担保権が設定されている場合、**後順位の譲渡担保権者は、私的実行ができない**（最判平18.7.20）

07 □□□　譲渡担保権の設定者である債務者は、被担保債権の弁済期を経過した後であっても、譲渡担保権者が**担保権の実行を完了させるまでの間**は、債務の全額を弁済して、目的物を取り戻すことができる。　➡ 3 **1**　〇

08 □□□　譲渡担保権者が、被担保債権の**弁済期を経過した後に目的不動産を第三者に譲渡**した場合でも、譲渡担保権の設定者である債務者は、当該第三者が**背信的悪意者**であるときは、債務の全額を弁済して**目的不動産を受け戻す**ことができる。　➡ 3 **2** 1段目　対抗関係の論点ではない　×

09 □□□　譲渡担保権の設定者は、被担保債権の弁済期を経過した後は、譲渡担保の目的物についての**受戻権を放棄**して、譲渡担保権者に対し、譲渡担保の目的物の評価額から被担保債権額を控除した金額の**清算金を請求**することができる。　➡ 3 **2** 2段目　×

10 □□□　**集合動産譲渡担保**が設定された場合には、譲渡担保権の設定者は、譲渡担保の目的を**構成する動産を処分**することはできない。　➡ 4 **2** 1段目　×

11 □□□　構成部分の変動する集合動産を目的とする集合物譲渡担保権の効力は、譲渡担保の目的である**集合動産を構成するに至った動産**が滅失した場合において、その損害を塡補するために譲渡担保権の設定者に対して支払われる**損害保険金に係る請求権**には及ばない。　➡ 4 **2** 「物上代位性」「原則」　×

12 □□□　**動産売買先取特権**の目的物が譲渡担保の集合体に加入した場合、原則として、**第333条により先取特権の行使ができなくなり**、譲渡担保権者が優先する。　➡ 4 **2** 3段目　〇

保険金は目的物の滅失によって債務者が受ける金銭であるため、原則として物上代位権の行使が認められますが（304 Ⅰ参照）、**構成部分が変動する集合動産を目的とする譲渡担保契約**は、設定者が目的動産を販売して営業を継続することを前提とするものであることから、**通常の営業を続けている場合**には、保険金請求権への物上代位権の行使を認められないとしているのです。

3 受戻権

1 意 義

譲渡担保権の設定者である債務者は、被担保債権の弁済期を経過した後で、譲渡担保権者が担保権の実行を完了させるまでの間は、債務の全額を弁済して、目的物を取り戻すことができる（受戻権　最判昭62.2.12）。

2 判 例

弁済期後における目的不動産の譲渡	譲渡担保権者が被担保債権の弁済期後に目的不動産を譲渡した場合、譲渡担保権を設定した債務者は、**譲受人がいわゆる背信的悪意者に当たるか否かにかかわらず、目的不動産を受け戻すことができない**（最判平6.2.22）
受戻権の放棄と清算金支払請求	設定者は、譲渡担保権者が清算金の支払をしない間に**受戻権を放棄**しても、譲渡担保権者に対して清算金の支払を請求できない（最判平8.11.22）

4 集合動産譲渡担保

1 意 義

譲渡担保権は、**構成部分が変動する集合物**（ex. 甲倉庫に保管されている商品）を目的として設定できる（**集合動産譲渡担保**　最判昭62.11.10）。

2 判 例

集合物の中の動産の売却		集合動産譲渡担保権の設定者が、通常の営業の範囲内で集合物の中の動産を売却した場合には、買主である第三者は、その動産について、**確定的に所有権を取得する**（最判平18.7.20）
物上代位性 （最判平22.12.2） 	原則	物上代位権を行使できる担保目的物の滅失を補填するための**損害保険金請求権**に対して物上代位権を行使できる
	例外	設定者が通常の営業を継続しているときはできない
動産売買先取特権との優劣		**動産売買先取特権の目的物が集合体に加入した場合、原則として、333条により先取特権の行使ができなくなり、譲渡担保権者が優先する**（最判昭62.11.10）

よくある質問 Q&A——担保物権

Q p119の**2ⓑ**の表のA説が理解できません。

A 判例のイメージを図にすると、次のとおりです。370条本文では、「抵当権は、抵当地の上に存する建物を除き、その目的である不動産に付加して一体となっている物に及ぶ。」と定めていますが、この「付加して一体となっている物」(付加一体物)に関して、判例は、付加一体物＝付合物と捉え、設定時に存在していた従物については87条2項により、抵当権の効力が及ぶとしていると捉えればよいでしょう(大連判大8.3.15等)。

【抵当権の効力が及ぶ範囲】

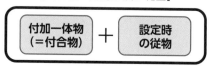

Q p121の**2 行使の要件**では、債権譲渡は304条の「払渡又は引渡し」に該当しないとしつつ、**3 物上代位との対抗関係**では、抵当権設定登記と債権譲渡の第三者に対する対抗要件具備との先後により優劣を決するとしています。これらはどのように区別すればよいのでしょうか?

A **2**では物上代位の目的債権が譲渡された場合でも物上代位できるとしており、**3**ではこれを前提に、抵当権者と債権譲受人の優劣は抵当権の登記 vs 債権譲渡の対抗要件で決着をつけるとしています。**2**で債権譲渡の後の物上代位を肯定した上で、**3**でどちらが優先をするのかについて論じているのです。

Q 本編では根抵当権について取り扱わないのでしょうか?

A 根抵当権は、登記ありきの制度設計になっています。そこで、不動産登記法の巻で学習したほうが理解が早くできる内容が多いため、本編ではあえて根抵当権に関する記載を割愛しています。こちらの学習は、本シリーズの不動産登記法編で行ってください。

第4編

債権総論

●体系MAP

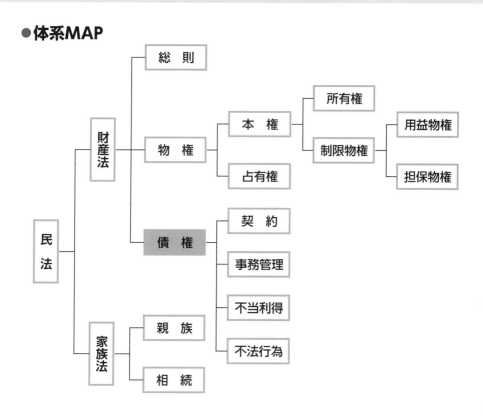

01 □□□ 債務不履行による損害賠償の請求をすることができる場合において、債務者がその**債務の履行を拒絶する意思を明確に表示**したときは、債権者は、債務の**履行に代わる損害賠償**の請求をすることができる。　→1**2**②　○

02 □□□ AがBに対してA所有の甲土地を売り渡す契約をした場合において、Cに対しても売り渡す契約をし、**CがAから甲土地の所有権の移転の登記を受けた**ときは、Bは、Aに対して、**履行不能**に基づく損害賠償を請求することができる。　→1**2**▶1　○

03 □□□ Aは、甲建物をBに売却したが、Bが履行期を過ぎても売買代金を支払わないので、Bに履行を催告したが、その際、履行すべき**期間を定めなかった**。この場合でも、Aは、**催告後、相当の期間が経過**したときは、売買契約の解除をすることができる。　→2**2**▶2　○

04 □□□ Aが甲建物をBに売却した後、甲建物の引渡債務の履行期が到来する前に、Cの放火により**甲建物が全焼**したときは、Bは、**直ちに売買契約の解除**をすることができる。　→2**3**「全部解除の事由」①　○

05 □□□ 売主の債務の**一部の履行が不能**である場合において、残存する部分のみでは**契約をした目的を達することができない**ときでも、買主は、**売買契約の全部の解除**をすることはできない。　→2**3**「全部解除の事由」③　×

06 □□□ 売買契約の性質又は当事者の意思表示により、**特定の日時又は一定の期間内に履行をしなければその契約をした目的を達することができない**場合において、売主が履行をしないでその時期を経過したときは、買主は、売主に催告をしないで、**直ちに売買契約の解除**をすることができる。　→2**3**「全部解除の事由」④　○

全部解除の事由に共通するのは、**債務不履行により契約の目的を達成することができなくなったと評価できる**ということです。これに対して、一部解除の事由に共通するのは、**債務の履行が一部されない**ということです。

1 債務不履行による損害賠償請求権

1 履行の遅延を理由とする損害賠償（遅延賠償） cf. p51

2 履行に代わる損害賠償（塡補賠償）（415条2項）

- ① 履行不能の場合 [▶1]
- ② 明確な履行拒絶があった場合
- ③ 契約が解除され（ex. 合意解除の場合）、又は解除権が発生した場合（ex. 履行遅滞後に債権者が履行の催告をしたが、相当期間を経過しても債務者が履行しなかった場合）

▶1　契約その他の債務の発生原因及び**取引上の社会通念**に照らして不能である場合も、履行不能となる（412の2Ⅰ参照、最判昭35. 4.21）。

2 債務不履行による契約の解除

1 帰責事由の要否

解除は債権者を契約の拘束から解放する趣旨であるため、**債務者の帰責事由**は不要。

＊　債務不履行が**債権者の帰責事由**による場合、解除できない（543）。

2 催告による解除の要件

①	債務者の債務不履行があること
②	債権者が相当の期間を定めて履行を催告し、その期間内に履行がないこと [▶2]
③	期間の経過時における債務不履行がその契約及び取引上の社会通念に照らして**軽微でない**こと

▶2　相当の期間を定めないで催告がされたときであっても、客観的にみて相当の期間が経過していれば、債権者は契約を解除することができる（最判昭29.12.21 等）。

3 無催告解除の要件

全部解除の事由	① 全部履行不能　② 全部履行拒絶 ③ 一部履行不能又は一部履行拒絶 [▶3]　④ 定期行為の不履行 [▶4] ⑤ その他の催告不要の場合
一部解除の事由	① 一部履行不能　② 一部履行拒絶

▶3　債務の一部の履行が不能である場合又は債務者がその債務の一部の履行を拒絶する意思を明確に表示した場合において、残存する部分のみでは契約をした目的を達することができないとき。

▶4　契約の性質又は当事者の意思表示により、特定の日時又は一定の期間内に履行をしなければ契約をした目的を達することができない場合において、債務者が履行をしないでその時期を経過したとき。

第4編　債権総論

07 □□□　**契約が解除**された場合でも、**債務不履行に基づく損害賠償**を請求することができる。　→ 2 **4 ⓐ** *　○

08 □□□　土地の売買契約が解除された場合には、売主は、受領していた代金の返還に当たり、その**受領の時からの利息**を付さなければならず、買主は、引渡しを受けていた土地の返還に当たり、その引渡しの時からの**使用利益に相当する額を返還**しなければならない。　→ 2 **4 ⓑ** 「金銭を返還する場合」、▶5　○

09 □□□　**金銭債務**の不履行があった場合に、その遅滞が**不可抗力に基づくもの**であったとしても、損害賠償義務を免れることができない。　→ 3 「要件の特則」②　○

10 □□□　金銭債務の不履行がある場合、その損害賠償の額は、約定利率が定められていれば、**法定利率を超えない**ときであっても約定利率による。　→ 3 「損害賠償の額」　×

４ 効　果

ⓐ 原状回復義務

解約の意思表示があれば、契約から生じた効果は遡って消滅する（直接効果説）。

→　各当事者は**原状回復義務**を負う（545 Ⅰ本）。

＊　契約が解除された場合でも、**債務不履行に基づく損害賠償**を請求できる（545 Ⅳ）。

ⓑ 利息又は果実の返還義務 ▶5

金銭を返還する場合	受領の時から利息を付する（545 Ⅱ）
金銭以外の物を返還する場合	受領の時以後に生じた果実をも返還する（545 Ⅲ）

▶5　給付された物を**使用収益して得た利益**（使用利益）も、返還しなければならない（最判昭 51. 2.13 等）。

３　金銭債務の不履行の特則 ▶6

要件の特則	① 債権者は損害の証明をすることを要しない（419 Ⅱ）
	② 債務者は不可抗力をもって抗弁とすることができない（419 Ⅲ）

損害賠償の額	原　則	**法定利率**（419 Ⅰ本）
	例　外	約定利率が法定利率を超える場合　→　約定利率（419 Ⅰ但）

▶6　履行不能はなく、履行遅滞となる。

01 ☐☐☐　Bの債権者Aが、BのCに対する債権をBに代位して行使した場合には、CはBに対して有する債権を自働債権とする**相殺**をもってAに対抗することができる。

→ 1 ▶ 2　〇

02 ☐☐☐　**債務者が被代位債権を行使**している場合には、それが**不適当なもの**であったとしても、債権者は債権者代位権を行使することができない。

→ 1 「適用場面」
(最判昭 28.12.14)　〇

03 ☐☐☐　不動産がAからBへ、BからCへと順次売却されたが、それらの所有権移転の登記が未了の間に、**Dが契約書を偽造して**、その不動産につきAからDへの所有権移転の登記を経由してしまった場合、Cは、Bの債権者として、Bが**Aに代位してDに対し行使し得る所有権移転の登記の抹消請求権**を代位行使することができない。

→ 1 「客体」
代位権を代位行使することもできる
cf. Dは無権利者　✕

04 ☐☐☐　債権者が債務者に代位して、債務者が第三債務者に対して有する**債権の消滅時効の完成猶予**の行為をする際には、債権者の債務者に対する債権の**弁済期が到来**していることを要しない。

→ 1 「被保全債権」
「例外」　〇

05 ☐☐☐　AがBに対する貸金債権を保全するため、無資力のBのCに対する売買代金債権を**債権者代位権に基づいて行使**した場合、Cは、Bに対して売買代金債務の弁済をすることができるが、**Bは、Cに対して売買代金債権の弁済を請求**することができない。

→ 1 ▶ 3　✕

06 ☐☐☐　BとCの離婚後、BC間で、CがBに対して**財産分与**として 500 万円を支払う旨の合意が成立したが、Bがその支払を求めない場合には、Bの債権者であるAは、**Bに代位して**Cに対し、これを請求することができる。

→ 1
【代位行使できない債権】「財産分与請求権」　〇

07 ☐☐☐　**債権者代位訴訟**では、第三債務者及び債務者を被告とする必要があるのに対し、**詐害行為取消訴訟**では、受益者のみを被告とする必要がある。

→ 1 「訴訟における被告」
債権者代位訴訟の被告は第三債務者　✕

08 ☐☐☐　債権者AがBに対する金銭債権を保全するために、BのCに対する**動産の引渡請求権を代位行使**するに当たっては、Aは、Cに対し、その物をBに引き渡すことを請求することができるが、**直接自己に引き渡す**ことを請求することはできない。

→ 1 「直接請求」　✕

	債権者代位権	詐害行為取消権
趣旨	責任財産の保全及び強制執行の準備 ▶1	
内容	債務者に属する権利を自己の名で行使することができる権利 ▶2	詐害行為を取り消した上で返還を請求する権利（現物の返還が困難な場合は価額償還）
適用場面	債務者が被代位債権を行使しない場合 ▶3	債務者が、詐害行為を行った場合
客体	債務者に属する権利	詐害行為（原則として財産権を目的とする法律行為）
債務者の主観	―	債務者の詐害の意思及び受益者（及び転得者）の悪意が必要
被保全債権	原則：履行期にあることを要する 例外：保存行為	詐害行為よりも前の原因に基づいて生じていることを要する
債務者の無資力	必要 ＊ 個別の権利を実現するための債権者代位権では不要	常に必要 （詐害行為時及び取消権の行使時に必要）
行使方法	裁判上・裁判外を問わない	訴えによることを要する
訴訟の被告	第三債務者	受益者（又は転得者）▶4
範囲	被保全債権の限度	
直接請求	金銭・動産は直接履行の請求可	
期間制限	な し	・詐害行為を知った時から2年 ・詐害行為の時から10年

第4編 債権総論

▶1 被保全債権は、強制執行により実現できるものであることを要する（423 Ⅲ、424 Ⅳ）。
▶2 第三債務者は、**債務者に対する抗弁**（ex. 同時履行の抗弁権）を代位債権者に対して主張できる（423の4）。
▶3 債権者が被代位権利を行使した場合であっても、債務者は被代位権利について、自ら**取立てその他の処分**ができる。この場合、相手方も被代位権利について、債務者に対して履行をすることを妨げられない（423の5）。
▶4 確定した認容判決の効力は、**債務者及びそのすべての債権者に対しても及ぶ**（425）。

【代位行使できない債権】

被代位債権		例外的に行使できる場合
一身専属権	財産分与請求権	権利内容が具体化した後（最判昭55.7.11参照）
	慰謝料請求権	具体的な金額の確定後（最判昭58.10.6）
差押禁止債権		な し

09 □□□　**個別の権利を実現するための債権者代位権**においては、債務者が無資力であることを要しない。　　→ 2 **1**　　〇

10 □□□　登記をしなければ権利の得喪及び変更を第三者に対抗することができない財産を譲り受けた者は、その譲渡人が**第三者に対して有する登記請求権**を行使しないときは、その権利を代位行使することができる。　　→ 2 **1**①　　〇

11 □□□　不動産の売主Ａの所有権移転登記義務をＢ及びＣが共同相続した場合において、Ｂがその義務の履行を拒絶しているため、買主Ｄが同時履行の抗弁権を行使して代金債権の弁済を拒絶しているときは、Ｃは、自己の**相続した代金債権を保全するため**、Ｄの資力の有無にかかわらず、ＤのＢに対する**所有権移転登記請求権**を代位行使することができる。　　→ 2 **1**③　　〇

12 □□□　被保全債権が発生し、かつ、その**履行期が到来し**た後にされた行為でなければ、これについて詐害行為取消権を行使することはできない。　　→ 3 **1**①　×　履行期の到来は不要

13 □□□　**特定物の引渡請求権**の債務者が当該特定物を処分することにより無資力となった場合には、当該引渡請求権が**金銭債権に転じていなかった**としても、当該引渡請求権の債権者は、当該処分について詐害行為取消権を行使することができる。　　→ 3 **1**①　×　金銭債権に転化していることが必要

14 □□□　債務者が第三者に贈与をしたことにより無資力となった場合でも、**その後に資力を回復した**ときは、詐害行為取消権を行使することができない。　　→ 3 **1**②　　〇

15 □□□　債権者がＡ、**連帯債務者**がＢ、Ｃ、Ｄである場合において、Ｂが詐害行為をしたときは、Ａは、**Ｃ及びＤに資力があっても**、その取消しをすることができる。　　→ 3 **1**②　〇　cf.（連帯）保証人、物上保証人も同様

16 □□□　債権者が詐害行為取消権を行使しようとする場合において、当該**債権者**が被保全債権の**全額**を担保するために、**債務者所有の不動産につき抵当権を有し**、その登記を経ているときは、詐害行為取消権を行使することができない。　　→ 3 ▶5　〇　cf. 物上保証人の場合　詐害行為取消可

2 債権者代位権

1 債務者の無資力が要件とならない場合（個別の権利を実現するための債権者代位権）

個別の権利を実現するための債権者代位権では、債務者の**無資力を要しない**（423の7参照）。

∵ 債務者の責任財産を保全するために行使するわけではない。

①	土地が「A→B→C」へと順次譲渡され、いずれも所有権移転登記がされていない場合、Cは、CのBに対する**登記請求権を保全**するため、Bに代位して、Aに対し、「A→B」への移転登記を請求できる（423の7）
②	AがBから賃借している土地をCが不法に占有している場合、Aは、**賃借権を保全**するため、土地所有者である賃貸人Bに代位して、BのCに対する**所有権に基づく妨害排除請求権を代位行使できる**（大判昭4.12.16）
③	土地の売主Aが死亡し、B及びCがAを共同相続した場合に、BがAから相続した土地につき登記義務の履行を拒絶しているため、買主Dが同時履行の抗弁権を行使して代金全額の弁済を拒絶しているときには、他の共同相続人Cは、**Dに対する代金債権を保全**するために、DのBに対する登記請求権を代位行使できる（最判昭50.3.6）

3 詐害行為取消権

1 一般準則

【一般準則 その1】 　○：行使できる　△：行使できる場合がある　×：行使できない

	要件	ポイント	具体例	結論
①	被保全債権が詐害行為よりも前の原因に基づいて生じたものであること	金銭債権であることが必要	詐害行為後に譲り受けた債権	○
			詐害行為より前に締結された保証委託契約に基づく事後求償権	○
			金銭債権に転化した特定物債権	○
②	債務者の無資力	詐害行為時及び詐害行為取消権の行使時に必要	詐害行為（財産処分）後に資力を回復した場合	×
			債務者に連帯保証人又は連帯債務者がいる場合	○
			債務者に物上保証人がいる場合	○
			債務者自らが担保権を設定している場合▶5	△

▶5 物的担保によって債権者が弁済を得られない部分についてのみ無資力とされる。

第4編 債権総論

17 □□□ 共同相続人の間で成立した**遺産分割協議**は、詐害 → 3 **1**③ ○
行為取消権の行使の対象とすることができる。

18 □□□ 相続人の債権者は、当該相続人がした**相続放棄**の → 3 **1**③ ○
申述を詐害行為として取り消すことはできない。

19 □□□ 詐害行為の**受益者が債権者を害すべき事実につい** → 3 **1**④ ×
て**善意**であっても、**転得者が悪意**であれば、債権者は、
転得者に対して詐害行為取消権を行使することができる。

20 □□□ Bがその所有する土地を**適正な価格でCに売却し** → 3 **2** 1 段目 ×
た行為については、Bの債権者であるAによる詐害行為
取消請求が認められることはない。

21 □□□ Bが債権者Cに対して負う金銭債務を**履行期前に** → 3 **2** 2 段目 ○
弁済した行為について、その弁済が、Bが**支払不能にな**
る前 30 日以内に行われたものであり、かつ、BとCと
が**通謀してAら他の債権者を害する意図**をもって行われ
たものであるときは、Aによる詐害行為取消請求が認め
られる。

22 □□□ Bが債権者Cに対して金銭債務を負っているとこ → 3 **2** 3 段目 ×
ろ、BがCに対して**代物弁済として**Bの所有する動産を
給付した行為について、それが、Bが支払不能の時に行
われたものではなかったときは、その**代物弁済が過大で**
あったか否かを問わず、Bの債権者であるAによる詐害
行為取消請求が認められることはない。

23 □□□ 債務者の受益者に対する財産処分行為が取り消さ → 3 **3** 1 段目 ○
れた場合、受益者は債務者に対して**反対給付の返還請求**
権又は**価額償還請求権**を有する。

24 □□□ 受益者に対する詐害行為取消請求において債務者 → 3 **3** ▶6 ○
の弁済が取り消され、受益者が債務者から受けた給付を
返還したときは、**受益者の債務者に対する債権**は、これ
によって**原状に復する**。

	要　件	ポイント	具体例	結論
③	客観的要件として詐害行為があること	身分行為は詐害行為にならない	離婚に伴う財産分与	△
			遺産分割協議	○
			相続放棄	×
④	債務者の詐害意思と受益者（及び転得者）の悪意	受益者及び転得者の悪意が必要	受益者が善意、転得者が悪意の場合	×
			受益者が悪意、転得者が悪意の場合	○

2 要件の特則（偏頗行為）

　詐害行為取消請求の要件の特則が 424 条の 2 以下に定められている。これは、財産減少行為だけでなく、弁済等の偏頗行為（**特定の債権者を利する行為**）についても詐害行為取消請求を認めるための要件を明確化したものである。

相当の対価を得てした財産処分行為	①　債務者が「隠匿、無償の供与その他の債権者を害することとなる処分」をするおそれを現に生じさせること ②　債務者が「隠匿等の処分をする意思」を有していたこと ③　債務者が「隠匿等の処分をする意思」を有していたことを受益者が知っていたこと
特定の債権者に対する担保供与行為・対価的均衡のとれた債務消滅行為	①　債務者が「支払不能」であった時に行われたこと、又は、非義務行為（ex. 代物弁済、期限前弁済）の場合には「支払不能」になる前 30 日以内に行われたこと ②　債務者と受益者とが通謀して他の債権者を害する意図をもっていたこと
対価的な均衡を欠く債務消滅行為	消滅した債務の額に相当する部分については特則である 424 条の 3 の要件に服し、それを超える部分については原則である 424 条の一般的な要件に服する（424 の 4）

3 効　果

債務者と受益者との関係	債務者の受益者に対する財産処分行為が取り消された場合 →　受益者は債務者に対して**反対給付の返還請求権又は価額償還請求権を有する**（425 の 2）▶6
債務者と転得者との関係	転得者に対して詐害行為取消請求がされた場合 →　受益者に対して詐害行為取消請求がされた場合に受益者が取得すべき反対給付の返還請求権又は価額償還請求権を行使できる（425 の 4）

▶6　債務者の受益者に対する債務消滅行為（ex. 代物弁済）が取り消され、受益者から目的物の返還・価額の償還があったときは、**受益者の債務者に対する債権が回復する**（425 の 3）。

第4編　債権総論

01 ☐☐☐ 貸金債務についての**連帯債務者の一人が死亡**し、その相続人が数人ある場合、当該相続人らは、被相続人の債務の分割されたものを承継し、各自その承継した範囲において、本来の債務者と共に**連帯債務者**となる。　➡1▶1　〇

02 ☐☐☐ 保証人は、主たる債務者の**本来の債務の履行遅滞による損害賠償の債務**についても履行する責任を負う。　➡2❶「範囲」　〇

03 ☐☐☐ 保証契約は、**主たる債務者の意思に反する場合**は、締結することができない。　➡2❶▶2　✕

04 ☐☐☐ 第三者が債権者との間で連帯保証をするには、**債務者の承諾が必要**である。　➡2❶▶2　債務者の承諾は不要　✕

05 ☐☐☐ 連帯債務者Aの債務が無効でも、**他の連帯債務者Bの債務は成立**するが、主たる債務者Cの債務が無効の場合には、**保証人Dの債務は成立しない**。　➡1「意義」及び2❷「付従性」　〇

06 ☐☐☐ 主たる債務について違約金の定めがない場合に、**保証債務について違約金**を定めても無効である。　➡2❷▶3　✕

07 ☐☐☐ 債権者が連帯保証人に債務の履行を請求した場合に、その**連帯保証人**は、まず主たる債務者に催告するよう請求することができる。　➡2❷▶4　催告の抗弁権なし　✕

08 ☐☐☐ 買主の代金債務の**連帯保証人**は、買主の有する**同時履行の抗弁権を行使**することはできない。　➡2❸「抗弁権」　行使することができる　✕

09 ☐☐☐ 保証人は、**相殺の行使によって主たる債務者がその債務を免れるべき限度**において、債権者に対して債務の履行を拒むことができる。　➡2❸「拒絶権」　〇

連帯保証と混同しやすい用語として、**保証連帯**というものがあります。保証連帯は、保証人が複数人存在することを前提に、各保証人間で分別の利益の放棄特約を締結している保証形態をいいます。保証連帯の場合は、連帯保証と異なり、補充性（検索の抗弁権、催告の抗弁権）があることが特徴です。保証人が複数人存在することを「共同保証」というのですが、通常の共同保証では、分別の利益がありますので、共同保証人は分別の利益の分のみを支払う義務を負うにとどまります。しかし、分別の利益放棄の特約を締結すると、保証連帯となり、全額支払う義務が生じます。

1 | 連帯債務

意 義	数人の債務者が、同一内容の給付について、**各自が独立に全部の給付をすべき債務を負担**し、そのうちの一人の給付があれば、他の債務者の債務も消滅する多数当事者の債務（436以下）
成 立	・意思表示・法律の規定（① 719条1項、② 761条、③連帯債務の共同相続▶1）

▶1 **事 例** 連帯債務者をAB、債務を600万円、Aの相続人A1・A2の相続分は等しい場合
→ A1・A2は各自300万円の範囲でBと**連帯債務者**となる（最判昭34.6.19）。

2 | 保証債務

1 総 論

意 義	**保証債務**：保証人になろうとする者が、主たる債務者がその債務を履行しない場合にこれに代わって履行する責任を負担すること（446 I） **連帯保証債務**：保証人が主たる債務者と**連帯して**保証債務を負担すること
成 立	保証人と債権者との、**書面による保証契約で成立**（要式行為、446 II、III）▶2
範 囲	特約がない限り、元本のほか、利息・違約金・損害賠償等その債務に**従たるすべてのもの**（447 I）

▶2 主債務者の**意思に反して**、保証契約を結んでもよい。また、主債務者の承諾も不要。

2 法的性質

独立性	保証債務は、**主たる債務とは別個・独立の債務**である
付従性	・主たる債務が成立しなければ、保証債務は成立しない（**成立における付従性**） ・保証債務は、その内容や態様において、主たる債務より軽いことは差し支えないが、重くてはいけない（448、**内容における付従性**）▶3 ・主たる債務が消滅すれば、保証債務も消滅する（**消滅における付従性**）
随伴性	主たる債務者に対する債権が移転すると、保証人に対する債権も移転する
補充性	保証人は、催告の抗弁権（452）、検索の抗弁権（453）を有する▶4

▶3 **保証債務の不履行についてのみ**、違約金又は損害賠償の額を約定することができる（447 II）。

▶4 連帯保証には**補充性がない**ため、催告及び検索の抗弁権がない（454）。

3 主債務者に生じた権利を保証人が援用することの可否

権 利	可 否	備 考
抗弁権	○	保証債務の付従性による（457 II）
取消権	×	保証人は取消権者ではないため（120参照、大判昭20.5.21）
拒絶権	○ （457 III）	主債務者が相殺権・取消権・解除権を有するときは、主債務者が債務を免れる限度で履行を拒絶できる

10 債権者Aに対してB、C及びDの3名が30万円を支払うことを内容とする**連帯債務**を負い、その負担部分がそれぞれ等しいとする。この場合における次の記述は正しいか。

1 □□□　AがBに対して**債務の免除**をしたときであっても、Aは、Cに対し、30万円全額について連帯債務の履行を請求することができる。

1 − ○
➡3 ❶ 「連帯債務」

2 □□□　BがAに対して20万円の反対債権を有している場合に、Bがその全額につき**相殺を援用**したときであっても、Aは、Cに対し、30万円全額について連帯債務の履行を請求することができる。

2 − ✕
➡3 ❶ 「連帯債務」

11 □□□　**連帯債務者**の一人と債権者との間に**更改**があったときは、債権は、すべての連帯債務者の利益のために消滅する。また、**連帯債権者**の一人と債務者との間に更改があったときは、その連帯債権者がその権利を失わなければ分与されるべき利益に係る部分については、他の連帯債権者は、履行を請求することができない。

➡3 ❶ 「連帯債権」、「連帯債務」　○

12 □□□　連帯債務者の一人が反対債権を有する場合において、その者が相殺を援用しない間は、他の連帯債務者は、**反対債権の全額に当たる額**について、債権者に対して債務の履行を拒むことができる。

➡3 ❶ ▶6　✕

13 □□□　**主たる債務者**がした債務の存在の**承認による時効の更新の効力**は、保証人にも及ぶが、主たる債務者がした**時効利益の放棄**の効力は、保証人には及ばない。

➡3 ❷ 「主債務者に生じた事由」　○

14 □□□　債権者の**保証人への履行の請求**や**保証債務の免除**は、主たる債務者に影響を及ぼさない。

➡3 ❷ 「保証人に生じた事由」　○

15 □□□　債権者が保証人に対して確定日付によらない通知をした場合は、**保証人に対してのみ**、債権の譲渡を対抗することができる。

➡3 ❷ ▶8　✕

3 多数当事者の債権・債務の絶対的効力、相対的効力 ランク A

1 連帯債務・連帯債権・不可分債務・不可分債権の横断整理

【絶対的効力事由の整理】　　　　　　　　　　　　　弁済等：弁済・代物弁済・供託

連帯債権	連帯債務 [▶5]	不可分債権	不可分債務
弁済等	弁済等	弁済等	弁済等
請　求	—	請　求	—
相　殺	相　殺 [▶6]	相　殺	相　殺
更　改	更　改	—	更　改
免　除	—	—	—
混　同	混　同	—	—

▶5　債権者及び他の連帯債務者の一人が別段の意思を表示したときは、当該他の連帯債務者に対する効力は、その意思に従う（441 但）。

▶6　連帯債務者の一人が反対債権を有する場合において、その者が相殺を援用しない間は、他の連帯債務者は、**反対債権を有する債務者の負担部分の限度**において、債権者に対して債務の履行を拒むことができる（439 Ⅱ）。

2 保証・連帯保証の横断整理

主債務者に生じた事由	原則：保証人に及ぶ 例外：時効利益の放棄の効力は及ばない
保証人に生じた事由 [▶7]	主債務を消滅させる行為：主債務者に及ぶ 上記以外の行為：**主債務者に及ばない** [▶8]

▶7　**連帯保証の場合、連帯保証人に対して生じた事由のうち、弁済、代物弁済及び供託のほか、更改、相殺及び混同は、主たる債務者に影響を及ぼす**（458・438 〜 441）。

▶8　債権譲渡の対抗要件としての通知が保証人に対してのみされても、主たる債務者のみならず、**保証人に対しても対抗要件とならない**（大判昭 9．3.29）。

16 ☐☐☐　債権者Aに対してB、C及びDの3名が30万円を　→4**1**ⓐ　　✕
支払うことを内容とする連帯債務を負い、その負担部分
がそれぞれ等しい場合において、BがAに対して**9万円**
を弁済したときは、**自己の負担部分が10万円**であるBは、
C及びDに対し、3万円ずつ求償することができない。

17 ☐☐☐　Bが**他の連帯債務者CD**がいることを知りなが　→4**1**ⓑ①　　◯
ら、CDに**通知をしないで**債権者Aに弁済をした場合におい
て、CがAに対抗することができる事由を有していたと
きは、Cは、その負担部分の範囲で、Bの**求償を拒むこ
とができる**。

18 ☐☐☐　債権者Aに弁済をしたBが、**他の連帯債務者CD**　→4**1**ⓑ②　　◯
がいることを知りながら、CDに**通知をしなかった**ため、
CがBの弁済を知らず、Aに対して二重に弁済をしたと
きは、Cは**自らの弁済を有効であったものとみなすこと
ができる**。

19 ☐☐☐　2人の保証人が**連帯**して**保証**をする契約をした場　→4**2**「例外」　✕
合には、**各保証人の保証額**は、それぞれ主たる債務額の
2分の1となる。

20 ☐☐☐　主たる債務者Aが100万円の債務を負っている場　→4**2**「例外」　✕
合において、**連帯保証人B及びC**のうち、Bが、債権者
に対して、**50万円の支払**をした場合には、負担部分の割
合に従い、25万円についてCに求償することができる。

4 求償権

1 連帯債務

ⓐ 要 件

弁済額が**負担部分を超えていなくても**、負担部分に応じて他の連帯債務者に求償できる（442 Ⅰ）。

* 連帯債務者の一人に債務の免除・時効の完成があった場合でも、求償権を行使することができる（445）。

ⓑ 通知義務懈怠による求償権の制限

【事例分析】（債権者をA、連帯債務者をB及びCとする。B及びCは、共に他の連帯債務者があることを知っている）▶9

	事 例	結 論
①	**事前通知懈怠** ❶ Bが債権者Aに対して債権を取得 ❷ CがBに事前の通知をせずにAに対し弁済	Bは、債権者Aに対抗することができる事由をもってCの求償に対抗することができる（443 Ⅰ）
②	**事後通知懈怠** ❶ Cが債権者Aに弁済 ❷ Bへの事後通知を怠っている間にBが善意でAに弁済	Bは自己の弁済を有効とみなすことができる（443 Ⅱ） → ・Cからの求償を拒むことができる ・BはCに対して求償することができる
③	**事前・事後通知懈怠** ❶ Cが債権者Aに弁済 ❷ Bへの事後通知を怠っている間に、BがCへの事前の通知をせずに善意でAに弁済	先にされたCの弁済が有効となり、Bは、Cからの求償を拒むことができない（最判昭57.12.17）

▶9 通知義務が課せられるのは、**他の連帯債務者があることを知っている**場合である。

2 共同保証

原則	各保証人は分別の利益を有する → 自己の負担部分（原則として頭割）のみ保証する
例外	各連帯保証人は分別の利益は有しない * 求償するには**負担部分を超えて弁済をすること**を要する

01 ☐☐☐　譲り受けようとする債権が**民法上の扶養請求権で**ある場合、当該債権を譲り受けることはできない。　　→**1 2**②　　　○

02　次の対話は、預貯金債権以外の金銭の給付を目的とする債権の譲渡に関する教授と学生との対話である。次の記述は正しいか。なお、「悪意」、「重過失」又は「善意無重過失」は、譲渡制限の意思表示があることに関するものを指すものとする。

教授：譲渡制限の意思表示がされた金銭の給付を目的とする債権が譲渡された場合、譲受人が重過失であったときは、譲受人は当該債権を取得することができますか。

学生：1 ☐☐☐　その場合、譲受人は当該**債権を有効に取得し**ますが、債務者が譲渡人に対して弁済をした場合、これをもって、当該**債権が消滅したこと**を、**譲受人に対抗**することができます。　　1－○　→**1 2**「有効性」、「債務者の保護」②

教授：譲受人が悪意であり、債務者が譲受人に対して履行を拒んでいる場合には、譲受人はどのような手段をとることができるでしょうか。

学生：2 ☐☐☐　譲受人は、債務者に対して相当の期間を定めて**譲渡人への履行の催告**をし、その期間内に履行がないときは、債務者は、譲受人に対し、**債務の履行を拒むことができなくなります。**　　2－○　→**1 2**「債務者の保護」＊

教授：譲渡制限の意思表示がされた債権が譲渡された場合に関して、債務者の供託権が規律されていますが、これはどのような場合に認められているものでしょうか。

学生：3 ☐☐☐　譲受人が善意無重過失の場合には、譲受人に弁済をする必要が生じるため、債務者は、**譲受人が悪意又は重過失**であるときに限り、当該債権の全額に相当する金銭を供託所に**供託**することができます。　　3－×　→**1 2**「金銭の供託」▶2

1 ┃債権譲渡

1 意　義

　債権譲渡とは、債権をその同一性を維持しながら移転させることを目的とする契約をいう。

💡債権に付随する**利息債権や担保権等も譲受人に移転**。

2 制　限

① 　性質上の制限（466 Ⅰ但）ex. 画家に肖像画を描いてもらう債権
② 　法律上の制限　ex. **扶養請求権**（881）
③ 　譲渡制限の意思表示（譲渡制限特約）による制限

【譲渡制限特約に違反した債権譲渡】

有効性	有効　→　譲受人は債権を取得できる [▶1]
債務者の保護 💬	譲受人が悪意又は重過失である場合（466 Ⅲ） →　① 　債務者は**債務の履行を拒める** 　　② 　譲渡人に対する**債務を消滅させる事由をもって譲受人に対抗できる** ＊ 　譲受人が相当の期間を定めて**譲渡人への履行の催告**をし、その期間内に履行がないときはこの限りでない（466 Ⅳ）
差押えとの関係	債権に対する強制執行をした**差押債権者**との関係 →　差押債権者が悪意又は重過失でも債務の履行を拒むことができない
金銭の供託	●**債務者の供託権** 譲渡制限特約が付された金銭債権が譲渡された場合 →　債務者は債権の全額を供託所に供託できる（466の2Ⅰ）[▶2] ●**譲受人の供託請求権** 譲渡人について破産手続開始の決定があったとき →　譲受人は債務者に債権全額を供託所に供託させることができる（466の3前）[▶2]

[▶1]　譲渡制限特約付きの預貯金債権に関しては、譲受人が悪意又は重過失の場合、その預貯金債権の譲渡は無効となる（466の5Ⅰ）。

[▶2]　譲受人の善意・悪意は**問わない**。

　ここを具体例で説明すると、Aが、譲渡を制限する旨の特約が付されている債務者をBとする債権を、Cに対して譲渡した場合において、Cが当該譲渡制限特約につき悪意だったときは、BはCからの請求を拒むことができ、また、Aに対する弁済により当該債権の消滅を主張することができます。ただし、CがBに対して履行の催告をし、その期間内に履行がないときは、Bは債務の履行を拒むことができなくなります。

03 □□□　Aが債務者甲に対して有する債権をBに譲渡し、Bがその債権をCに譲渡した場合において、CがBに代位して、甲に対してBC間の債権売買契約公正証書の謄本を郵送してその**債権譲渡を通知**したときは、その後にBからその債権を二重に譲り受けていたDは、Cに債権譲渡を対抗することができない。

→ 1 🛭 a 「通知」　✕
Cの通知は確定日付のある証書によるものだが、そもそも譲渡人に代位しての通知は不可

04 □□□　債権の譲渡の第三者に対する対抗要件としての債務者の**承諾**は、債権の**譲渡人と譲受人のいずれに対する**ものであってもよい。

→ 1 🛭 a 「承諾」　◯

05 □□□　Aが債務者甲に対して有する債権をBに譲渡した場合において、甲が、AからBへの債権譲渡について**あらかじめ承諾**していた場合には、**譲渡後に改めて通知又は承諾がなくても**、Bは甲に債権譲渡を対抗することができる。

→ 1 🛭 a ▶ 3 cf.　◯

06 □□□　Aが債務者甲に対して有する債権をBに譲渡し、Bがその債権をCに譲渡した場合において、AからBへの債権譲渡について、**甲の承諾が口頭によるものであった**ときは、**BからCへの債権譲渡**につき、**確定日付のある証書による通知**がされたとしても、Cは、Aからその債権を二重に譲り受けたDに対しては、債権の譲受けを対抗することができない。

→ 1 🛭 b　◯
Bは、467条2項の対抗要件を具備しておらず、Aからの二重譲受人Dに対抗不可
→Bからの譲受人Cも同様

07 □□□　AがBに対する金銭債権をCに譲渡した後、その債権を更にDに譲渡した場合において、いずれの譲渡についても、**確定日付のある通知**がされ、それらが**同時にBに到達**した場合、Bは、Cの請求に対し、同順位のDがいることを理由に債務の弁済を拒むことはできない。

→ 1 🛭 b 事　例 ②　◯
ⅱ

08 □□□　同一の債権につき、確定日付に先後のある複数の**債権譲渡通知が同時に債務者に到達**した場合、**後れた日付の通知にかかる譲受人も**、債務者に対し、当該**債権全額の支払を請求**することができる。

→ 1 🛭 b 事　例 ②　◯
ⅱ
確定日付の先後は関係ない

09 □□□　確定日付のない通知を受けた債務者が当該譲受人に**弁済をした後**に、債権者が当該債権を**第二の譲受人に譲渡**し、債務者が確定日付のある通知を受けた場合、第二の譲受人は、債務者に対し当該債権の支払を請求することができる。

→ 1 🛭 b ▶ 4　✕
この場合、第二の譲渡は無効

3 債権譲渡の対抗関係

ⓐ 債務者に対する対抗要件：債務者への通知又は債務者の承諾 （467条1項）

趣　旨	債務者の二重弁済を防止する
通　知	**譲渡人**から譲渡時又は譲渡後に債務者に**通知** →　譲受人が譲渡人に**代位しての通知は不可** （大判昭5.10.10） cf. 譲渡人の代理人や使者としてであれば可
承　諾	債務者が**譲渡人**又は**譲受人**に承諾 ▶3

▶3　**譲渡前の通知は無効。**　∵　いつ譲渡が行われるかが不明確であり、債務者に不利益。
cf. **譲渡前の承諾**は、債権・譲受人が特定していれば**有効** （最判昭28. 5.29）。

ⓑ 債務者以外の第三者に対する対抗要件：確定日付のある証書による通知又は承諾 （467条2項）

【債権の二重譲渡とその法律関係】

> **事 例**　甲に対して100万円の金銭債権を有するAが、BとCに当該債権を二重譲渡した。

---

❶　B：単なる通知・承諾、C：確定日付のある通知・承諾

Cが優先する （467Ⅱ） ▶4

❷　BC：共に確定日付のある通知・承諾

ⅰ　原則：通知到達又は承諾の先後で優劣を決する （**到達時説**　最判昭49. 3. 7、最判昭58.10. 4）

ⅱ　例外：同時到達の場合 （先後不明も含む）

→　BCは、いずれも甲に対して100万円を請求することができ、この請求に対し、甲は、弁済を拒むことができない （最判昭55. 1.11）

▶4　ただし、Bへの譲渡についての通知・承諾がなされ、甲がBに弁済した後に、Cが確定日付のある通知を具備した場合には、**有効な弁済により債権が消滅するので** （弁済の時点では、甲はBとの関係で弁済義務を負っている）、Cに債権は帰属しない。なお、AからCへの譲渡が、Bへの弁済後の場合には、存在しない債権を譲渡したことになり、譲渡自体が無効である （大判昭7.12. 6）。

10 □□□　債権が譲渡された場合において、債務者が通知を受けたとしても、その**通知が到達する前の弁済**ならば、譲渡後の弁済でも譲受人に対抗することができる。

→1**4**　　　　　○

11 □□□　債権の発生原因の契約が虚偽表示である場合、当該債権の譲渡につき通知を受けた債務者は、**虚偽表示であることを善意の譲受人に主張することができない**。

→1**4** ＊　　　○

12 □□□　将来債権は、**現実に債権が発生する前**に譲渡することができるが、**債権譲渡の対抗要件**については、現実に債権が発生した後に限り、具備することができる。

→1**5ⓐ**参照　　×
譲渡の時点で対抗要件を具備することができる

13 □□□　将来債権の譲渡において、譲渡時にはなかったものの、**譲渡人が第467条の規定による通知をし、又は債務者が同条の規定による承諾をした時**までに、**譲渡制限の意思表示**がされたときは、債務者は、譲受人に対し、債務の履行を拒むことができる。

→1**5ⓑ**　　　　○
「対抗要件具備前に譲渡制限」

14 □□□　第三者が債権者との間で債務引受けをする場合、**免責的債務引受けであっても、債務者の承諾は不要**である。

→2「契約」「A乙間」○
通知があれば可

15 □□□　双務契約に基づく一方の**債務につき免責的引受けをした者**は、債権者に対して同時履行の抗弁権を主張することができない。

→2 ▶5　　　　×

16 □□□　ある根抵当権の元本確定前に、第三者Aがその根抵当権の被担保債権につき債務者Bのために**併存的に債務を引き受けた**ときは、債権者Cは、Bのその債務につき根抵当権を実行することができない。

→2「効果」　　×
併存的→Bは債務者のまま

17 □□□　Aが、Bとの契約により、BがCに対して負っている金銭債務の**履行を引き受けた**場合、Cは、**Bに対して履行の請求をすることができ、DがBの債務を保証しているときでも、Dの保証債務は、Aの履行の引受けによって影響を受けない**。

→2「履行引受け」○

④ 債務者の抗弁

　債務者は、**対抗要件具備時までに譲渡人に対して生じた事由**（ex. 同時履行の抗弁権、弁済による消滅）をもって、譲受人に対抗することができる（468 I）。

* 　譲渡債権が虚偽表示に基づく無効な債権であることは、**善意の譲受人に対抗できない**（大判大3.11.20）。

⑤ 将来債権の譲渡

ⓐ 意　義

　将来発生すべき債権（将来債権）も譲渡することができる（466の6 I）。

→ 　将来債権の譲受人は、発生した債権を当然に取得する（466の6 II）。

ⓑ 譲渡制限特約との関係

対抗要件具備前に譲渡制限	対抗要件具備後に譲渡制限
譲受人に対抗可 ＊　譲受人の悪意が擬制される	譲受人に対抗不可 ＊　譲受人の主観を問わない

2 債務引受け

A：債権者　甲：従来の債務者　乙：引受人

		免責的債務引受け	併存的債務引受け	履行引受け
成立後の態様		A → 乙 債務者	A → 甲 / 乙 連帯債務者	A → 甲 債務者 / 乙
契約	三者間	可	可	―
	A乙間	甲への通知があれば可	可	―
	甲乙間	Aの承諾があれば可	Aの承諾があれば可	可
効　果		債務が同一性を保ったまま乙に移転 ▶5、6	乙は甲と共に同じ内容の債務を負担（連帯債務者となる）	乙は甲に代わって履行をするが、債務者は甲のまま

▶5 　引受人は、免責的債務引受により負担した自己の債務について、その効力が生じた時に債務者が主張することができた抗弁をもって債権者に対抗することができる（472の2 I）。

▶6 　乙は甲に対して求償権を取得しない（472の3）。

01 □□□ **特定物の売買契約**において**代金の支払場所**につき特段の定めがない場合、買主は、**売主の現在の住所**でこれを支払わなければならない。

→ 1 **1 ⓐ**
cf.574 条
債権発生当時の物の存在場所が売主の現在の住所とは限らない (484)

×

02 □□□ **特定物を給付すべき債務**については、債務者は、債権者に対し、**弁済の準備ができたことを通知して受領を催告すれば**、債務不履行の責めを負わない。

→ 1 **1 ⓑ** 2 段目
弁済場所が債務者の住所以外の場合（持参債務等）、現実の提供が必要

×

03 □□□ 弁済の準備ができない経済状態にあるため口頭の提供もできない債務者は、**債権者が弁済を受領しない意思が明確な場合であっても**、弁済の提供をしない限り、債務不履行の責めを免れない。

→ 1 **1 ⓑ** ▶3

○

04 □□□ 債権の目的が特定物の引渡しである場合において、その引渡しをすべき時の品質を定めることができないときは、弁済をする者は、**債権発生の時**の現状でその物を引き渡さなければならない。

→ 1 **1 ⓒ**

×

1 弁 済

◼ 弁済の提供

ⓐ 弁済の提供場所

ア 特定物の引渡し

債権の発生当時に物の存在していた場所

 ＊ 特定物引渡債務が債務不履行により損害賠償債務に転化したときは、持参債務となる。

イ 上記ア以外の場合

原則：債権者の現在の住所（**持参債務の原則**）

例外：目的物の引渡しと**同時に代金を支払うべき場合**の代金の支払場所

  → **引渡しの場所**（574）

ⓑ 弁済の提供の要件

原 則	債務の本旨に従って現実にすることが必要（現実の提供　493本）
口頭の提供で足りる場合▶1	① 債権者があらかじめその受領を**拒んだ**場合 ② 債務の行行について債権者の行為を要する場合 ex.債権者の指定する場所や期日において履行する債務等 **取立債務**▶2、登記債務
口頭の提供も不要な場合	債権者の**不受領意思が明確**な場合（契約そのものの存在を否定する場合等） → 債務者は、口頭の提供をしなくても、履行遅滞の責めを免れる （最大判昭32.6.5）▶3

▶1　弁済の準備をしたことを**通知**してその受領の催告をすれば足りる（493但）。

▶2　履行期日が定まった取立債務においては、債務者が履行地において弁済の準備をすれば現実の提供となるから、債務者は、受領の催告をしなくても、履行遅滞の責任を負わない。

▶3　債務者が**弁済の準備もできない不良な経済状態**にあるため、口頭の提供すらできなかった場合には、**履行遅滞の責めを免れない**（最判昭44.5.1）。

ⓒ 特定物の現状による引渡し（483条）

　債権の目的が特定物の引渡しであり、契約その他の債権の発生原因及び社会通念に照らしてその引渡しをすべき時の品質を定めることができないとき

→ その**引渡しをすべき時**の現状でその物を引き渡さなければならない。

> 特定物の引渡しを目的とする債権の規定として、弁済の提供場所を定めた484条1項は「**債権発生の時**」を基準にしますが、現状による引渡義務を定めた483条は「**引渡しをすべき時**」を基準としているので区別して押さえておきましょう。

05 ☐☐☐ **債権者と債務者が第三者の弁済を禁ずる合意**をしていたにもかかわらず、第三者が債権者に弁済した場合でも、**第三者が当該合意の存在を知らず、かつ知らないことに過失がないとき**は、その弁済は有効である。

→ 1 **2**②参照 ✕
第三者の主観は関係ない

06 ☐☐☐ 弁済をするについて正当な利益を有する者ではない第三者が**債務者の意思に反して**した弁済は、**債権者がそのことを知らずに受領**した場合には、その効力を生ずる。

→ 1 **2**③ 〇

07 ☐☐☐ **債務者の親**は、債務者の意思に反して弁済することができる。

→ 1 **2** ▶4 ✕
正当な利益を有する第三者ではないので不可

08 ☐☐☐ 第三者が**債務者の意思に反して**債権者に弁済した場合であっても、その**第三者が物上保証人**であるときには、その弁済は効力を有する。

→ 1 **2** ▶4 〇

09 ☐☐☐ **借地上の建物の賃借人**は、その**敷地の賃料**について債務者である土地の賃借人の意思に反して弁済をすることはできない。

→ 1 **2** ▶4 ✕
∵敷地賃借権の消滅防止のため

10 ☐☐☐ 弁済をするについて正当な利益を有する者でない第三者が、**債務者の委託を受けて弁済**をする場合において、**債権者がそのことを知っていたとき**は、債権者は、弁済の受領を拒むことができない。

→ 1 **2**④ 〇

11 ☐☐☐ 弁済について**正当な利益を有する第三者**が債権者に代位する場合において、債務者又は第三者に代位を対抗するためには、当該対抗要件の具備は必要である。

→ 1 **3⑥** ✕
「正当な利益を有する第三者との関係」

一部しか弁済していない代位者が単独で担保権の実行をすることができるとすると、本来の債権者が有する担保権を実行する時期を選択する利益が害され妥当ではありません。そこで**債権者の保護を優先**した制度設計にしているのです。

2 第三者弁済

第三者弁済ができない場合	例 外
① 債務の性質が許さないとき	な し
② 当事者が禁止・制限する意思表示をしたとき	な し
③ 債務者の意思に反するとき	正当な利益を有する第三者は可 [▶4]
	正当な利益を有していない場合 → 債権者が知らないで弁済を受領したときは有効
④ 債権者の意思に反するとき	正当な利益を有する第三者は可 [▶4]
	正当な利益を有していない場合 → 第三者が債務者の委託を受けていることを債権者が知っているときは有効

▶4 正当な利益を有する第三者（ex. 物上保証人、第三取得者、後順位抵当権者、借地上の建物賃借人）は、債権者・債務者の意思に反しても弁済できる。

3 弁済による代位

ⓐ 意 義

弁済が第三者によって行われた場合に、弁済をした者の債務者に対する求償権を確保するため、債権者の有していた担保権が弁済者に移転する制度（499以下）。

【事 例】 BがAに対して債務を負っている場合において、保証人Cが保証債務を弁済したときは、Cは、Bに対して求償権を取得するが、CのBに対する求償権を確保するため、Aが有していたB所有の甲土地を目的とする抵当権がCに移転し、Cは求償権の範囲内でこの抵当権を行使することができる。

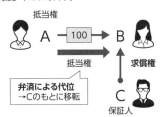

ⓑ 対抗要件の具備

正当な利益を有しない第三者との関係	正当な利益を有する第三者 [▶4] との関係
必 要（500）	不 要（500 括）

ⓒ 一部代位

一部弁済をした代位者は**本来の債権者と共にしか権利行使できず**（502 I）、一部弁済があった場合でも**本来の債権者は単独で権利行使できる**（502 II）。

＊ 本来の債権者は配当においても代位者に優先する（502 III）。

12 □□□　債務者Bが債権者Aの代理人と称するCに対して債務を弁済した場合において、Cに受領権限がないことを知らないことにつきBに**過失があったときでも、Cが受領したものをAに引き渡せば**、Bの弁済は有効となる。

→１**４**「原則」　　○

13 □□□　債務者Bは、**債権者Aの代理人と称するC**に対し、債務を弁済した。Cが受領権限を有しないことについてBが**善意かつ無過失**であった場合、その弁済は、有効である。

→１**４**「例外」②　　○

14 □□□　債務者Bが、**債権者Aから債権を相続したと称するC**に弁済した場合、Cが受領権限を有しないことについてBが**善意かつ無過失**であったとしても、Bは、Cに対し、非債弁済として**弁済したものの返還を請求することができる**。

→１**４**「例外」③
弁済が有効となる以上、弁済者は表見受領権者に返還請求不可（大判大7.12.7）　　×

15 □□□　債務者が債権者名義の**受取証書を偽造**した者に弁済した場合、受取証書に債権者が普段使用している印影が押捺してあったため、その者が受領権限を有すると債務者が**過失なく誤信**していても、その弁済は無効である。

→１**４**「例外」④　　×

16 □□□　債務者が、本来の給付に代えて自己の不動産の所有権を移転する合意を債権者とした場合、当該不動産が債権者に引き渡されても、**所有権の移転の登記が完了しなければ、所有権移転**及び**債権消滅**の効果は生じない。

→**2**
所有権移転の時期につき誤り（合意時に移転）　　×

⁴ 弁済受領権限を有しない者への弁済

原 則	無効（ただし、**債権者が利益を受けた限度においては有効**〔479〕）
例 外 (478) 💬	表見受領権者▶5に対してした弁済 → 有効 ex. ①債権者本人と詐称する者、②**債権者の代理人と詐称する者**（最判昭37.8.21）、③**債権者の表見相続人**（大判昭15.5.29）、④**債権証書又は受取証書の持参人**であって受領権限を有しない者、⑤二重譲渡における劣後譲受人（最判昭61.4.11）

▶5　受領権者以外の者であって、取引上の社会通念に照らして受領権者としての外観を有するもの。

2 代物弁済

代物弁済は、有償・双務・諾成契約である（482）。

【代物弁済の目的が物の給付の場合】

債権消滅（効果発生）の時期：第三者に対する**対抗要件を具備した時**
　　　　　　　　　　　　　　　（最判昭39.11.26 等）
所有権移転の時期　　　　　　：代物弁済の**意思表示の時**（最判昭57.6.4）

ex. の②**債権者の代理人と詐称する者**（詐称代理人）は頻出なのでしっかり押さえておきましょう。これは、代理人と称したか債権者本人と称したかで、弁済者の保護を異にすべきでないからです。

17 □□□　AのBに対する貸金債権を担保するために、Aが　→ 3 **1** **a** ex.　　×
B所有の甲建物に抵当権を有している場合に、第三者C
が甲建物を買い受けたときは、**CはAに対する債権**を自
働債権とし、被担保債権を受働債権として、相殺をする
ことができる。

18 □□□　Bが、Cから委任された事務を処理するために必　→ 3 **1** **b** cf.　　○
要な金銭債務をAに対して負担した場合、Cは、**BのC
に対する代弁済請求権を受働債権**とし、**CがBに対して
有する金銭債権を自働債権として相殺することはできな
い**。

19 □□□　**自働債権の弁済期が到来していない**場合であって　→ 3 **1** **c**　　×
も、受働債権の弁済期が到来していれば、相殺をするこ
とができる。

20 □□□　**受働債権につき、当事者間で定められた弁済期が　→ 3 **1** **c**　　×
到来していない場合**には、その期限の利益が放棄されて
おり、かつ、自働債権の弁済期が到来しているときであっ
ても、相殺をすることができない。

21 □□□　消滅時効にかかった債権であっても、**消滅時効の　→ 3 **1** **d**　　○
完成前に相殺適状**にあった場合には、債権者は、当該債
権を自働債権として相殺することができる。

22 □□□　債権の消滅時効が完成してその援用がされた後に　→ 3 **1** **d** ▷ 7　×
そのことを知らずに当該**債権を譲り受けた者**は、時効完
成前に譲り受けたとすれば相殺適状にあった場合に限り、
当該債権を自働債権として、相殺をすることができる。

相殺には、**自働債権につき弁済を強制、受働債権につき弁済**の実質があります。
そのため、自働債権の弁済期が未到来の場合、あるいは自働債権に同時履行の
抗弁権が付着している場合、自働債権の弁済を強制できる状態にないため、相
殺は認められません。これに対し、この債権を受働債権として相殺する場合に
は期限の利益、抗弁権を放棄して自ら進んで弁済をしているのと同じ状態なの
で、相殺が認められます。

3 相　殺

相殺が認められるには、①相殺適状にあり、かつ②相殺禁止（禁止・制限の特約〔505Ⅱ〕 ▶6、法律による禁止〔509〜511等〕）に当たらないことが必要である。

▶6　この特約は、第三者が悪意又は重過失の場合に限り、その第三者に対抗することができる（505Ⅱ）。

1 相殺適状 (505条1項)

ⓐ 当事者間に対立した債権が存在すること

ex. 抵当不動産の第三取得者は、第三取得者の債権者に対する債権を自働債権として、債権者の債務者に対する債権を受働債権として相殺をすることはできない（大判昭8.12.5）。

ⓑ 双方の債権が同種の目的を有すること

cf. 委任者は、受任者の代弁済請求権（650Ⅱ前）に対して、受任者に対する金銭債権をもって相殺不可（大判大14.9.8、最判昭47.12.22）

ⓒ 双方の債権が弁済期にあること

ただし、相殺権者は、受働債権について期限の利益を放棄することで（136Ⅱ本）、自働債権が弁済期にあれば、相殺可（大判昭8.5.30）

ⓓ 双方の債権が、相殺の意思表示の時、有効に存在すること

ただし、自働債権が時効によって消滅した場合には、時効消滅前に相殺適状にあったのであれば、相殺可（508）▶7
cf. 受働債権の消滅時効が完成しても、時効の利益を放棄して相殺可
▶7　既に消滅時効にかかった債権を譲り受け、これを自働債権として相殺することはできない（最判昭36.4.14）。

ⓔ 相殺を許す債権であること

自働債権に抗弁権（ex. 同時履行の抗弁権、保証人の催告・検索の抗弁権）が付着している場合、相殺不可
cf. 受働債権に抗弁権が付着している場合には、抗弁権を自ら放棄して相殺可

23 □□□　**弁済期の定めのない債権**は自動債権として相殺することができるが、これを**受働債権として、直ちに相殺することはできない。**

➡3❷「期限の定めのない債権」　×

24 □□□　Ａが過失によりＢの**身体を侵害**したため、Ｂに対して**不法行為に基づく損害賠償債務**を負うときは、Ａは、Ｂに対する貸金債権を自動債権とし、ＢのＡに対する損害賠償債権を受働債権とする相殺をすることができない。

➡3❷「不法行為等に基づく損害賠償債権」②　○

25 □□□　**同時履行の抗弁権が付着している債権**を**自動債権**として相殺するには、自己の債務の履行の提供をしなければならない。

➡3❷「抗弁権の付着する債権」　○

26 □□□　**ＡがＢのＣに対する債権を差し押さえた場合**には、**ＣはＢに対する債権を差押え前に取得したとき**でも、これらの債権についてする相殺をＡに対抗することはできない。

➡3❷「差押えを受けた債権」　×

27 □□□　**人の生命又は身体の侵害による不法行為の損害賠償の債務**の債務者は、その債権者がその債務にかかる債権を**他人から譲り受けた**ときであっても、相殺をもって債権者に対抗することができない。

➡3❷▶8　×

28 □□□　債権が譲渡され、その債務者が、譲渡通知を受けたにとどまり、かつ、当該**通知を受ける前に譲渡人に対して反対債権を取得**していた場合には、譲渡債権及び反対債権の弁済期の前後を問わず、両者の弁済期が到来すれば、譲渡債権の債務者は、譲受人に対し、反対債権を自動債権として、被譲渡債権と相殺することができない。

➡3❷「譲渡された債権」　×

29 □□□　賃借人が、自己の必要費償還請求権と賃貸人の賃料債権との相殺によって、**賃料不払を理由とする契約解除を妨げる**ためには、**解除の意思表示がされる前に相殺の意思表示**をしなければならない。

➡3❸　○

賃貸人Ａが賃借人Ｂの賃料不払を理由として賃貸借契約を解除した後、ＢがＡに対して有する債権を自動債権とし、ＡのＢに対する未払の賃料債権を受働債権とする相殺をしたことにより、賃料債権が遡及的に消滅しても、Ａによる**賃貸借契約の解除には何ら影響がなく**、賃貸借契約は消滅したままです（最判昭32. 3. 8）。

❷ 相殺の可否のまとめ

○：相殺可　×：相殺不可

	自働債権として相殺	受働債権として相殺
期限の定めのない債権	○ （大判昭17.11.19） ∵ 成立と同時に弁済期	○ ∵ 同　左
弁済期未到来の債権	× （**3❶❸**)	○ （**3❶❸**)
時効消滅した債権	原則： × 例外： ○ （508、**3❶ⅾ**)	○ （**3❶ⅾ**)
不法行為等に基づく 損害賠償債権	○ （最判昭42.11.30）	① 悪意による不法行為に基づく 損害賠償の債務 ② 人の生命又は身体の侵害による不法行為又は債務不履行に基づく損害賠償の債務 → × （509 ①②) ▶8
差押禁止債権	○	× （510）
抗弁権の付着する債権	× （**3❶ⓔ**)	○ （**3❶ⓔ**)
差押えを受けた債権	× （民執145Ⅰ、民481参照）	差押え前に取得： ○ ▶9 差押え後に取得： × ▶10 （511）
譲渡された債権	×	対抗要件具備前に取得： ○ ▶9 対抗要件具備後に取得： × ▶11 （468Ⅱ）

▶8　その債権者がその債務に係る債権を**他人から譲り受けた**ときは相殺可 （509但）。
▶9　自働債権と受働債権の**弁済期の先後を問わない**。
▶10　差押え後に取得した債権が差押え前の原因に基づいて生じたものであるときは、
　　相殺可 （511Ⅱ本）。
　　＊　第三債務者が差押え後に他人の債権を取得したときは不可 （511Ⅱ但）。
▶11　対抗要件具備時より後に取得した債権が、①対抗要件具備時の前の原因に基づいて生じたものであるとき、②譲渡債権と同一の契約に基づいて生じた債権であるときは、相殺可 （469Ⅱ柱本①②）。
　　＊　債務者が対抗要件具備時より後に他人の債権を取得したときは不可 （469Ⅱ柱但）。

❸ 効　果

相殺適状が生じた時点に遡って生じる （**遡及効**　506Ⅱ）。

Q p161の**3**の債務者と受益者及び転得者との関係がよくわかりません。

A 《債務者と受益者との関係について》

詐害行為取消請求を認容する確定判決の効力は債務者にも及ぶため、債務者の受益者に対する財産処分行為が取り消された場合には、受益者は債務者に対して反対給付の返還請求権又は価額償還請求権を有します（425の2）。また、債務者の受益者に対する債務消滅行為（ex.代物弁済）が取り消された場合に、受益者が債務者から受けた給付を返還し、又はその価額を償還したときは、受益者の債務者に対する債権が回復します（425の3）。

《債務者と転得者との関係について》

前記のとおり、詐害行為取消請求を認容する確定判決の効力は債務者にも及びますが、当該判決の効力はあくまで相対的効力です。すなわち、転得者を相手方とする詐害行為取消請求を認容する**確定判決の効力は、債務者には及ぶものの、受益者には及びません**。そのため、転得者は受益者に対して反対給付の返還請求権や価額償還請求権を有することはなく、その代わりに受益者に対して詐害行為取消請求がされた場合に受益者が有するはずであった債務者に対する反対給付の返還請求権又は価額償還請求権等を行使することができます（425の4）。

Q p168の問02−3では、なぜ譲受人が悪意又は重過失である場合であっても、債務者の供託権が認められているのでしょうか?

A 債務者の供託権は、**債務者が弁済の相手方を誤るリスクを軽減することを目的**としているため（譲渡制限特約が付されていることを譲受人が知っていたかどうかによって債務者が有効に弁済できる相手方は異なる）、譲受人の善意又は悪意を問わず、認められます（466の2Ⅰ）。

Q p176の問10では、なぜこのような結論になるのでしょうか?

A そもそも、弁済につき正当な利益を有しない第三者は、債権者の意思に反して弁済できないとされているのは（474Ⅲ本）、債務者の意思に反すると判断して受領しなかったところ、後日意思に反しないことが判明した場合に**受領遅滞に陥るリスク**を防止する必要があるからです。そう考えると、第三者が債務者の委託を受けて弁済をする場合において、そのことを債権者が知っていたときは、**債務者の意思が客観的に外部に明らかになっており**、上記のようなリスクは問題とならないため、**第三者弁済は有効**となります。

債権各論

●体系MAP

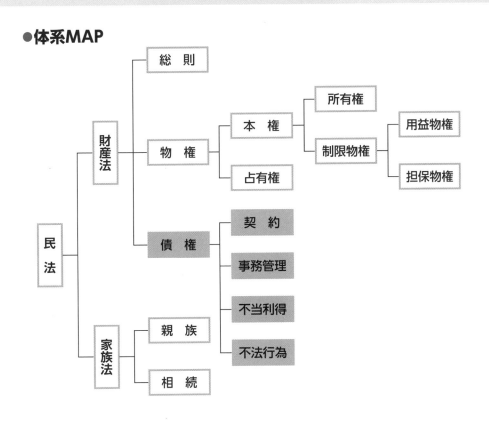

01 □□□　ＡＢ間の契約締結交渉において、ＡがＢに対して書面を郵送して申込みの意思表示をした。**Ｂが申込みに変更を加えて承諾する旨の通知**をした場合、**Ａがこれに対する承諾**をすれば、変更後の内容の契約が成立する。

→**1 1** *
Ｂは新たな申込みをしたものとみなされる

○

02 □□□　ＡＢ間の契約締結交渉において、ＡがＢに対して書面を郵送して申込みの意思表示をした。その際、Ａは承諾の通知を受ける期間の末日を２月５日と定めた。**Ａが申込みの意思表示の到達前に死亡し、その事実を知ったＢがＡの単独相続人Ｃに承諾の通知を発し、これが２月５日までに到達すれば、ＢＣ間に契約が成立する。**

→**1 2** 「申込み」「例外」②
契約は成立しない

×

03 □□□　ＡＢ間の契約締結交渉において、ＡがＢに対して書面を郵送して申込みの意思表示をした。その際、Ａは承諾の通知を受ける期間の末日を２月５日と定めた。Ａは、**Ｂが承諾の通知を発する前であれば、申込みを撤回**することができる。

→**1 3** 「承諾期間の定めあり」
撤回できない

×

04 □□□　東京に住むＡが、京都に住むＢに対し、承諾の期間を定めないで売買契約の申込みをした場合には、Ａは、**Ｂから承諾の通知を受け取る前であれば、いつでもその申込みを撤回**することができる。

→**1 3** 「承諾期間の定めなし」
相当期間経過後まで撤回できない

×

05 □□□　ＡＢ間の契約締結交渉において、ＡがＢに対して書面を郵送して申込みの意思表示をした。その際、Ａは承諾の通知を受ける期間の末日を２月５日と定めた。Ｂが承諾の通知を２月４日に発し、これが２月６日に到達した場合、**Ａがこの承諾を新たな申込みとみなして、これに対する承諾**をすれば、契約は成立する。

→**1 4** *

○

1 契約の成立

ランク
B

1 申込み及び承諾の意義

「申込み」とは、一定の契約を締結しようとする意思表示をいう。「承諾」とは、申込みを受けてこれに同意することにより契約を成立させる意思表示をいう。

* 承諾者が申込みに条件を付し、その他変更を加えてこれを承諾した場合は、その申込みの拒絶と共に**新たな申込み**をしたものとみなされる (528)。

2 効力発生時期

	原 則	相手方に到達した時 (**到達主義** 97 I)
申込み	**例 外**	申込者が申込みの意思表示発信後、到達前に死亡又は意思能力・行為能力を喪失した場合で、 ① 申込者がその事実が生じたとすればその申込みは効力を有しない旨の意思を表示していたとき ② 相手方が承諾発信時までに**その事実を知った**とき → 申込みの効力は生じない (526)
承 諾		相手方に到達した時 (97 I)

3 申込みの撤回の可否 [1]

承諾期間の定めあり	撤回することができない (523 I 本)
承諾期間の定めなし	承諾の通知を受けるのに相当な期間を経過するまでは、撤回することができない (525 I 本)

[1] 申込者が撤回をする権利を留保したときは撤回できる (523 I 但、525 I 但)。

4 承諾期間の定めのある申込みに対する承諾が延着した場合

申込みがその効力を失う (523 II)。

→ 期間経過後に承諾の通知を受けても、契約は成立しない。

* 申込者は遅延した承諾を**新たな申込み**とみなすことができるため (524)、申込者がこれに対して承諾をすれば、契約が成立する。

意思表示は、その到達以前に表意者に死亡等の事情があった場合でも、その効力が妨げられないとされており (97 III)、これが意思表示の一般原則です。しかし、申込みは単なる意思表示として独立に意味を有しているわけではなく、申込者の意思と承諾者の意思とが合致して、契約が成立することを目的として行われるものであるので、その特則として②が設けられています。

第5編
債権各論

06 □□□ 　当事者が同時履行の抗弁権を主張しない場合でも、裁判所は、当事者間の公平を考慮して、引換給付判決をすることができる。 → 2**1**「効果」① 　当事者の主張が必要 ×

07 □□□ 　**同時履行の抗弁権を有する債務者が履行期を徒過**した場合には、債権者は自己の反対債務の履行の提供をしないと**解除**をすることはできないが、**損害賠償を請求**することはできる。 → 2**1**「効果」② 損害賠償請求もできない ×

08 □□□ 　同時履行の抗弁権が付着している債権であっても、**これを自働債権として相殺**することができる。 → 2**1**「効果」③ ×

09 □□□ 　売主が買主に対して目的物引渡債務についての**弁済の提供**をした後に**代金の支払請求**をした場合には、その**提供が継続されていないとき**であっても、買主は、同時履行の抗弁権を主張することができない。 → 2**1** ▶3 ×

10 □□□ 　双務契約の当事者の一方が、相手方に対し、**自己の債務の履行の提供をして履行を催告**し、相手方がその履行をしなかった場合において、相手方の**債務不履行を理由に契約を解除**するには、更に履行の提供を継続することを要する。 → 2**1** ▶3 cf. 一度の提供でよい ×

11 □□□ 　同時履行の抗弁権は、**解除による原状回復義務**についても認められる。 → 2**2**「認められる場合」① ○

12 □□□ 　未成年者が自己の締結した売買契約を**行為能力の制限を理由に取り消した**場合には、契約当事者の**原状回復義務**は、同時履行の関係に立つ。 → 2**2**「認められる場合」② ○

13 □□□ 　同時履行の抗弁権の付いている債権が、**反対債務と離れて第三者に譲渡された**場合でも、同時履行の抗弁権は消滅しない。 → 2**2**「認められる場合」⑤ ○

2 同時履行の抗弁権

1 要件と効果

要件	① 双務契約上の債務であること（対価的双務性）▶2　cf. 2 ② 相手方の債務が弁済期にあること（弁済期の到来） ③ 相手方が自己の債務の履行を提供しないで請求してきたこと ▶3
効果	① 被告から同時履行の抗弁権が**裁判上主張されたとき**は、請求棄却判決ではなく、**引換給付判決がなされる**（大判明44.12.11） ② 履行遅滞の責任を**負わない**（大判大14.10.29）　∵　違法性がないため ③ 同時履行の抗弁権が付着している債権を**自働債権として相殺不可**（大判昭13.3.1）

▶2　同時履行の抗弁権の対象となる相手方の履行すべき債務には、債務の履行に代わる損害賠償の債務も含まれる。

▶3　相手方の同時履行の抗弁権を喪失させるためには、**継続して履行を提供すること**が必要であって、一度だけ提供があったにすぎないときには、相手方は、なお抗弁権を行使できる（大判明44.12.11参照）。
cf. 契約を解除する場合は一度の履行の提供でよい。

2 同時履行の抗弁権が認められる場合・認められない場合

認められる場合	認められない場合
① **解除における原状回復義務**（546・533） ② **契約の無効・取消しによる原状回復義務**（最判昭28.6.16） ③ 弁済と受取証書の交付（486） ④ 建物買取請求権行使による代金支払義務と敷地明渡義務（最判昭35.9.20） ⑤ **債権譲渡・債務引受けがあった場合**▶4	① 造作買取請求権行使による造作代金支払債務と家屋明渡債務（最判昭29.7.22） ② 借家明渡債務と敷金返還債務（最判昭49.9.2、622の2Ⅰ①）▶5 ③ 抵当権抹消登記と債務の弁済（最判昭57.1.19） 　∵　債務の弁済が先履行

▶4　新債権者・債務者間又は債権者・引受人間で同時履行の抗弁権が認められる。
　∵　債権・債務の同一性は失われないため。

▶5　敷金返還義務が生じるのは、賃貸借が終了し、かつ、賃貸物の返還を受けたときであり（622の2Ⅰ①）、同時履行が予定されていない。

一方当事者が、一度提供すれば同時履行の抗弁権を失わせることができるとすると、その当事者の財産状態が悪化した場合でも、他方の当事者は無条件に履行しなければならず、**不公平であること**からこの判例の帰結が導けます。これに対して、cf. に関しては、解除は契約をなかったことにするというものであり、上記の趣旨が妥当しないため、履行の提供を継続することを要しないという帰結が導けます。

14 AはBに対してA所有の建物を売り渡す契約をしたが、引渡しは未了である。この場合における権利関係に関する次の記述は、正しいか。なお、AB間で別段の特約はされていないものとする。

1 □□□ 建物が**地震により滅失**したときは、当該契約は無効となる。

→3**1**　　　　1－✕
原始的不能、後発的不能を問わず契約自体は有効

2 □□□ **Bの責めに帰すべき事由によって**建物が滅失し、債務を履行することができなくなったと認められる場合には、Bは代金の支払を拒むことができない。

→3**2**　　　　2－◯
「債権者に帰責事由あり」

3 □□□ 引渡しをしない間に建物が**地震によって滅失**した場合であっても、BはAからの代金支払請求を拒むことはできない。

→3**2**　　　　3－✕
「当事者双方に帰責事由なし」

4 □□□ **Aの責めに帰すべき事由によって**建物が滅失し、債務を履行することができなくなったと認められる場合には、Bは代金の支払を拒むことができる。

→3**2**　　　　4－◯
「債務者に帰責事由あり」

3 危険負担

1 意 義

　双務契約において、一方の債務が債務者の帰責事由によらずに履行不能となった場合に、債権者は反対債務の履行を拒絶することができるかという問題。
→　当事者双方の帰責事由によらずに債務を履行することができなくなった場合、債権者に**履行拒絶権**が認められる（536 I）。
＊　債務そのものを消滅させるためには解除する必要がある。

2 危険負担の整理

事 例　ＡＢ間でＡの所有する甲建物をＢに売却する旨の売買契約が成立した後、その引渡前に、甲建物が焼失した場合、ＡのＢに対する甲建物の引渡債務は履行不能となった。

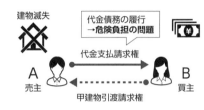

〇：可　✕：不可

帰責事由の有無	債権者の反対債務の履行拒絶の可否
当事者双方に帰責事由なし　**事 例** 第三者の放火が原因	〇（536 I）
債務者に帰責事由あり　**事 例** Ａの失火が原因	〇（536 I　当然解釈）
債権者に帰責事由あり　**事 例** Ｂの失火が原因	✕ ▶6

▶6　債務者が**自己の債務を免れたことによって利益を得たとき**は、これを債権者に償還しなければならない（536 II後）。

要するに、この事例における、甲建物の滅失という危険（損失）をＡとＢのどちらが負担するのかという問題が危険負担だということです。なお、上記のような後発的不能の場合だけでなく、原始的不能の場合（ex. 売買契約の締結の時点で既に建物が滅失していた）にも、危険負担の問題となります。

15 次の対話は、定型取引を行う旨の合意をした者が、定型約款の個別の条項に拘束される場合に関する教授と学生との対話である。教授の質問に対する次の1から3までの記述は正しいか。

教授：民法は、約款のうち、定型約款に関する規律を定めています。そこで、定型約款に関して、いくつか質問します。まず、定型約款に関する規律では、定型約款を契約の内容とする旨の合意があった場合以外に、**個別の条項について合意したものとみなされる**場合はありますか。

学生：1 □□□　そのほか、定型約款を準備した者（以下、定型約款準備者という。）が**あらかじめその定型約款を契約の内容とする旨を相手方に表示**していたときも、個別の条項について合意したものとみなされます。

1－○
➡4 2 「個別条項の
みなし合意」②

教授：定型約款の個別の条項について合意したものとみなされる場合には、その個別の条項がどのような内容であっても、当然に契約に組み込まれるのでしょうか。

学生：2 □□□　仮に、定型約款の個別の条項について合意したものとみなされる場合であっても、**相手方の権利を制限し、又は相手方の義務を加重する条項**である場合には、当該条項は契約には組み入れられません。

2－✕
➡4 2 ▶7
信義則に反して相手
方の利益を一方的に
害するものであるこ
とが必要

教授：次に、定型約款の内容の開示義務について質問します。定型約款準備者は、既に**相手方に対して定型約款を記載した書面を交付していたとき**であっても、相手方からの請求があれば、**定型約款の内容の開示**をしなければならないでしょうか。

学生：3 □□□　その場合であっても、定型取引合意の前又は定型取引合意の後相当の期間内に相手方からの開示の請求があったときは、遅滞なく、相当な方法で定型約款の内容を開示しなければなりません。

3－✕
➡4 2 「内容の開示」
「例外」

4 定型約款

1 意 義

定型取引に用いられるもので、契約の内容とすることを目的として当該定型取引の当事者の一方により準備された条項の総体 (548の2Ⅰ柱括)。

* 定型取引とは、特定の者が不特定多数の者を相手方として行う取引であり、かつ、内容の全部又は一部が画一的であることがその双方にとって合理的であるものをいう (ex. 預金規定、運送約款、生命保険約款、旅行業約款、PCソフト利用規約等)。

2 定型約款の整理

個別条項の みなし合意 ▶7	① 定型約款を契約の内容にする旨の合意をしたとき（合意型） ② 定型約款準備者があらかじめその定型約款を契約の内容とする旨を相手方に表示していたとき（表示型）

内容の開示 ▶8	原則	相手方から開示の請求があれば開示する義務を負う
	例外	相手方に対して書面を交付等していたときは相手方は開示を請求することができない

変更の みなし合意	① 変更が相手方の利益に適合するとき ② 変更が相手方の不利益になるが、契約をした目的に反せず、事情に照らして合理的であるとき * ②では効力発生時期より前の周知が**効力発生要件**

▶7 不当条項（①相手方の**権利を制限**し、又は**義務を加重**する条項で、②信義則に反して相手方の利益を一方的に害するもの）は組み入れられない。

▶8 定型約款準備者が定型取引合意の前に正当な理由なく開示を拒んだときは、みなし合意はされない。

01 □□□ 土地の買主は、**土地の引渡しを受けても**、所有権移転の登記を受けるまでは、手付を放棄して契約を解除することができる。
→ 1 **2** 「要件」①を欠く
×

02 □□□ 買主は、**売主に代金を提供して履行を求めた場合でも**、売主がこれに応じなければ、手付を放棄して契約を解除することができる。
→ 1 **2** 「要件」①を満たす
○

03 □□□ 履行の着手の前後を問わず履行が終了するまでは**解約手付による解除権を行使することができる旨の特約がある**場合には、当事者の一方は、相手方が履行に着手した後であっても、売買契約を解除することができる。
→ 1 **2** ▶1
○

04 □□□ 売買契約が**合意解除**されたときは、手付金受領者は、その手付を**相手方**に返還することを要しない。
→ 1 **2** ▶2
手付は不当利得
×

05 □□□ 解約手付が交付されている場合において、売主が売買契約を解除するには、買主に対し、手付の倍額を償還する旨を告げてその**受領を催告するのみでは足りず**、その**現実の提供**をしなければならない。
→ 1 **2** 「要件」②**❷**
○

06 □□□ 買い受けた土地について契約の内容に適合しない**抵当権の登記**がある場合には、買主は、抵当権消滅請求の手続が終わるまで、**売買代金の支払を拒む**ことができる。
→ 2 **2**②
○

07 □□□ Aが自己所有の甲土地をBに売却したときは、A及びBは、特約や慣習がない限り、**売買契約に関する費用**を**等しい割合**で負担しなければならない。
→ 2 **3**
○

557条1項ただし書は、契約の相手方が履行に着手した後に手付解除できるとすると、用意をしていた相手方が不測の損害を受けてしまうことを考慮したものであるため、**履行に着手した者からの解除**は認められることに注意しましょう。

1 解約手付

ランク A

1 意 義

解約手付とは、両当事者が**解除権を留保**する意味（約定解除）で交付する手付をいう。

交付された手付は、解約手付と推定される（557 I 参照）。

手付金2万円

売買契約

A ⟷ B
売主　　　買主

【売主側の解除】
→Bに4万円を償還

【買主側の解除】
→手付金を放棄

2 手付による解除

要件	① 相手方が契約の履行に**着手していないこと**（557 I 但）▶1
	② ❶ 買主が解除するときは、**手付を放棄**すること
	❷ 売主が解除するときは、交付された手付の倍額を**現実に提供**すること（557 I 本文）
効果	① 契約が遡及的に効力を失う
	② 損害賠償を請求することができない（557 II）▶2

▶1　557条1項但書は**任意規定**であるから、「履行の着手の有無を問わず、履行が終了するまでは、解約手付による解除権を行使することができる」という**特約も有効**である（大判昭14.5.26）。

▶2　解約手付による解除ではない解除（債務不履行に基づく解除、合意解除）がなされた場合には、手付の所持は**不当利得**となるから、交付者に返還しなければならない（大判昭11.8.10）。

2 売買契約における特則

ランク B

1 代金の支払場所

目的物の引渡しと同時に代金を支払うとされている場合、その**引渡しの場所**が代金の支払場所とされる（574）。

2 買主の代金支払拒絶権

以下の①②の場合は、買主に代金支払拒絶権が認められている。

> ① 売買の目的について権利を主張する者がある場合（576 本）
> → その危険の程度に応じて、代金の全部又は一部の支払を拒むことができる
> ② 契約の内容に適合しない**抵当権等の登記がある場合**（577 I）▶3
> → 抵当権消滅請求の手続が終わるまで、**代金の支払を拒む**ことができる

▶3　「契約の内容に適合しない」とは、抵当権等の登記があることを前提とした売買契約には適用がないことを意味する。

3 売買契約に関する費用

売買契約に関する費用（ex. 土地の測量費用、契約書の作成費用）は、当事者双方が平等に負担する（558）。

08 ☐☐☐　Aが所有する甲不動産について、**Bを売主とし、Cを買主とする売買契約**が成立した場合において、BC間の売買契約が成立した当時からAに甲不動産を他に譲渡する意思がなく、Bにおいて甲不動産を取得しCに移転することができないときは、当該**売買契約は無効**である。

➡**3**「意義」　　✕
他人物売買でも契約
自体は有効

09　Aは、Bに対し、甲自動車を売却したが、甲自動車にはエンジンに故障があり、**契約の内容に適合しない**ものであった。この場合に関する次の記述は正しいか。

1 ☐☐☐　甲自動車の修理が可能であるときは、Bは、Aに対し、**甲自動車の修理**を請求することができるが、**代わりの自動車を引き渡す**ことによる履行の追完を請求することができない。

1 − ✕
➡**4❶ⓐ**

2 ☐☐☐　Bが甲自動車の修理を求めたときは、Aは、**代わりの自動車を引き渡すことによって履行の追完**を行うことはできない。

2 − ✕
➡**4❶ⓐ** *

3 ☐☐☐　Aが履行の**追完をしない旨を明確に表示**している場合、Bは、**相当の期間を定めて履行の追完を催告**しなければ、代金の減額を請求することができない。

3 − ✕
➡**4❶ⓑ**
履行を明確に拒絶し
ている場合、催告は
不要

4 ☐☐☐　甲自動車の故障につき、**Bに帰責事由**がある場合には、BはAに対して代金減額請求権のみを行使することができる。

4 − ✕
➡**4❶** ▶4
買主の帰責事由があ
れば責任追及不可

5 ☐☐☐　AがBに甲自動車を引き渡した場合、Bは、その**引渡しを受けた時から1年以内**にその旨を売主に通知しないときは、Aに対して損害賠償請求権を行使することができない。

5 − ✕
➡**4❶** ▶5
不適合を知った時か
ら1年以内

数量に関する不適合の場合には、上記の期間制限はありません。数量に関する不適合は、売主にとって比較的容易に判断できる以上、なすべきことを完了したことについての売主の期待を特に保護する必要はないからです。

3 他人物売買

意 義	売買の目的物が他人の所有物である場合でも、売買契約は**有効に成立**する → 売主は、目的物の所有権を取得した上で、買主に移転する義務を負う (561)
売主の不履行	一般的な債務不履行の規定に基づく損害賠償の請求及び解除をすることができる (415 Ⅰ、541、542)。
関連判例	① 真の所有者が他人物売買を追認したときは、その**契約時に遡って所有権が移転する** (最判昭 37.8.10) ② 他人の権利の売主を**その権利者が相続**し、売主としての履行義務を承継した場合でも、権利者は、当該**履行義務を拒否**することができる (最大判昭 49.9.4) 💡 無権代理と同様の扱い

4 契約不適合と売主の責任

ランク **A**

1 目的物の契約不適合 ▶4、5

　売主が買主に引き渡した目的物が、種類・品質・数量に関して、契約の内容に適合しない場合、**売主の債務不履行**と評価される。
→ 買主は、売主に対して債務不履行に基づく権利 (ⓐ追完請求権、ⓑ代金減額請求権、ⓒ損害賠償請求権、ⓓ解除権) を選択して行使できる。

ⓐ 追完請求権

方法 買主は、①目的物の修補、②代替物の引渡し、③不足分の引渡しから、**選択して請求できる** (562 Ⅰ本参照)。
　　＊ 売主は、買主に不相当な負担を課すものではないときは、**買主が請求した方法と異なる方法**で履行を追完することができる (562 Ⅰ但)。

ⓑ 代金減額請求権

要件 代金減額請求権は、契約の一部解除の実質を有するため、その要件は、**解除の場合と同様**に構成されている (563 Ⅰ、Ⅱ参照)。

ⓒ 損害賠償請求権

ⓓ 解除権

▶4 不適合が**買主の帰責事由**によるものであるときは、買主は売主の責任を追及することができない (562 Ⅱ、563 Ⅲ)。
▶5 売主が種類・品質に関して契約の内容に適合しない目的物を買主に引き渡した場合に、買主がその**不適合を知った時から１年以内**にその旨を売主に通知しないときは、買主は、債務不履行に基づく買主の権利を行使できない (失権効 566 本)。ただし、売主が引渡時にその不適合につき悪意又は重過失だったときは、この限りでない (566 但)。

第5編 債権各論

10 □□□　AがBに対してA所有の建物を売り渡す契約をした場合において、**建物の引渡し後、地震によって建物が損傷**したときは、Bは、Aに対して、損傷した部分の追完を求めることができる。　➡4**3**①　×

11 □□□　**民事執行法その他の法律の規定に基づく競売**において、買い受けた目的物に種類又は品質に関する不適合があるときは、買受人は、債務者に対し、債務不履行に基づく**解除**をし、又は**代金減額請求**をすることができる。　➡4**4**＊　×

12 □□□　Aは、**売買契約と同時に買戻しの特約の登記**をしたときは、買戻しを第三者に対抗することができる。　➡5「成立要件と対抗要件」　○

13 □□□　AとBが買戻しの特約をするに当たっては、BがAに支払った代金ではなく、**AB間の合意により定めた金額**及び契約の費用を返還額とすることはできない。　➡5▶6　×

例えば、Aを売主、Bを買主とする甲土地の売買契約が締結されたが、①甲土地の一部がC所有であった場合、②甲土地に他人の権利がないものとして売買契約が締結されたが、対抗要件を備えたDの賃借権が設定されていた場合がこれに当たります。

❷ 権利の契約不適合

　売主が移転した**権利が契約の内容に適合しない場合**（権利の一部が他人に属する場合において その権利の一部を移転しないときを含む）も、債務不履行と評価される。

→　目的物の契約不適合における規定（562～564）が**準用**される（565）。

❸ 危険の移転

①　特定物売買の目的物及び種類物売買で特定した目的物が買主に引き渡されたが、その**引渡時以後**に目的物が滅失又は損傷した場合に、売主に帰責事由がないとき

②　売主が契約の内容に適合する目的物をもって、その引渡しの債務の履行を提供したが、買主がその履行を受けることを拒み、又は受けることができない場合に、その**行の提供があった時以後**に、売主に帰責事由がなく、その目的物が滅失又は損傷したとき

→　買主は、債務不履行に基づく買主の権利を行使**できない**（567Ⅰ前、Ⅱ）。

❹ 競売における特則

　競売における買受人は、買い受けた目的物の数量や移転された権利に不適合があるときは、債務者に対し、債務不履行に基づく**解除又は代金減額請求**ができる（568Ⅰ）。

＊　目的物に**種類又は品質**に関する不適合があるときは責任追及できない（568Ⅳ）。

❺ 責任免除特約

原　則	有　効（572 参照）
例　外	以下の場合は、責任を免れない（572） ①　売主が**知りながら告げなかった事実** ②　自ら第三者のために設定し又は第三者に譲り渡した権利

5 買戻し

ランク
C

意　義	不動産の売買契約において、売買契約と同時に、買主が支払った**売買代金**▶6と契約費用を売主が買主に返還して売買契約を解除することができることを内容とした買戻特約をすることによって、売主が売却した不動産を取り戻す制度
成立要件と 対抗要件	成立要件：①　契約の目的物が不動産であること 　　　　　②　買戻しの合意が**売買契約と同時**にされること 対抗要件：売買契約と同時にする買戻特約の登記
買戻期間	**10 年を超えることができない**（580Ⅰ前）▶7

▶6　売買代金は、**別段の合意により定めた金額**でもよい（579 前括）。
▶7　特約でこれより長い期間を定めたときは 10 年とされる（580Ⅰ後）。

01 □□□　既登記の建物を**書面によらずに**贈与した場合、贈与者が受贈者に対し建物を**引き渡したときであっても、所有権の移転の登記をするまでの間は**、贈与を解除することができる。

→**1** ▶ 1
既登記・未登記を問わず、引渡しがされれば履行終了

×

02 □□□　**定期の給付を目的とする贈与**でも期間の定めのあるものは、贈与者又は受贈者の死亡によって効力を失うことはない。

→**3ⓐ**
期間の定めがあるものでも 552 条は適用され、当事者の死亡により贈与は効力を失う（大判大6.11.5）

×

03 □□□　死因贈与については、遺贈に関する規定が準用されるから、**15 歳に達した者が死因贈与をするには、法定代理人の同意は不要**である。

→**3ⓒ** ＊
行為能力に関する規定は準用されない

×

04 □□□　死因贈与、遺贈のいずれも、自筆証書によるなど**法律で定める方式に従わなくてはならない。**

→**3ⓒ**
死因贈与：×
遺贈（960）：○

×

05 □□□　死因贈与における受贈者は、贈与者の死亡後、**贈与の放棄をすることができない。**

→**3ⓒ** ＊
死因贈与は契約なので、当事者はこれに拘束される。遺贈の承認・放棄に関する規定は準用されない

○

1 書面によらない贈与と解除

書面によらない贈与	履行の終わった部分を除き、解除可（550）▶1
書面による贈与	解除することはできない（550条本文の反対解釈）

▶1　不動産の贈与は、**引渡し又は所有権の移転の登記のいずれか一方**がされれば、履行が終わったものと解される（大判明43.10.10、最判昭40.3.26）。

2 推定規定

ランク
B

　贈与者は、贈与の目的である物又は権利を、贈与の目的として特定した時の状態で引き渡し、又は移転することを約したものと推定される（551Ⅰ）。

*　**負担付贈与**については、その負担の限度において、売主と同様の担保責任を負う。

3 特殊の贈与

ランク
B

ⓐ 定期贈与

　定期の給付を目的とする贈与契約をいう（552）。

　定期贈与は、特約がない限り、**贈与者又は受贈者の死亡**によって、その効力を失う。

　cf. 使用貸借契約は、**借主の死亡**により効力を失う（597Ⅲ）。

ⓑ 負担付贈与

　受贈者をして一定の給付をするべき債務を負担させる贈与契約をいう（553）。

　ex. AがBに家屋を贈与するに際し、その家屋の一部をAに無償で使用させる義務をBに課す契約負担付贈与は、負担の限度で、有償・双務契約的な性質を有する。

　💡負担付贈与については、贈与に関する規定のほか、その性質に反しない限り、双務契約に関する規定（ex. 同時履行の抗弁権、危険負担、解除）が準用される。

ⓒ 死因贈与

　贈与者の死亡によって効力を生ずる贈与契約をいう（554）。

　死因贈与は、本人の死亡によって効力が生ずるという点で遺贈と同様であるから、その性質に反しない限り、遺贈に関する規定が準用される。

*　**死因贈与は契約**であるのに対して**遺贈は単独行為**であることから、遺贈が単独行為であることに基づく、①**能力**に関する規定（961、962）、②**方式**に関する規定（967）、③**承認・放棄**に関する規定（986〜989）は、死因贈与に準用されないと解されている（最判昭32.5.21等）。

推定規定を設けることで、贈与者は原則として担保責任を負わないという結論を導きつつ、そのような推定を覆すこととなる当事者間で引き渡すべき目的物の品質等についての明確な合意が立証された場合には、売買の場合と同様の担保責任を負うこととしているのです。

01 □□□ 利息付の金銭消費貸借における利息は、利息の発生日について別段の特約のない限り、借主が金銭を**受け取った日の当日**から発生する。 ➡1**1**「例外」 ○

02 □□□ 書面でする消費貸借の借主は、貸主から金銭その他の物を**受け取るまで、契約の解除**をすることができる。 ➡1**2**▶1 ○

03 □□□ 消費貸借の貸主は、目的物の**返還の時期の定めがない**場合には、借主に対して**いつでも**その返還を請求することができる。 ➡1**3**「返還時期の定めなし」 ×

04 □□□ 利息付の金銭消費貸借における**借主**は、返還の時期が定められている場合には、その**期限前に返還をする**ことができない。 ➡1**3**「借主の返還」利息付の消費貸借でも結論は変わらない ×

05 □□□ 書面によらない使用貸借の場合、貸主は、借主が目的物を**受け取るまで契約を解除**することができる。 ➡2**1**＊ ○

06 □□□ 使用貸借における**借主が死亡**した場合において、特約がないときは、契約はその効力を失う。 ➡2**2**「借主の死亡」 ○

07 □□□ 使用貸借における**借主**は、当事者が目的物の返還の時期を定めたときであっても、**いつでも**その契約を解除することができる。 ➡2**2**「借主による解除」 ○

借主の死亡によって使用貸借が終了するとされているのは、使用貸借は貸主と借主の間の特別な人的関係に基づくからです。なお、借主保護の観点から、**貸主の死亡**によっては終了しないことに注意しましょう。

1 消費貸借

1 利息の有無

原則：利息を請求できない（589 Ⅰ）。

例外：特約があれば、**受領日以後**の利息を請求することができる（589 Ⅱ）。

2 成立要件

要物的消費貸借	貸借の合意＋目的物の引渡し
諾成的消費貸借	書面による貸借の合意▶1、2

▶1　借主は、**目的物を受け取るまで**、契約を解除できる（587の2 Ⅱ前）。
　＊　貸主が解除によって損害を受けたときは、その賠償を請求できる（587の2 Ⅱ後）。

▶2　借主が目的物を受け取る前に**当事者の一方が破産手続開始の決定を受けたとき**は、その効力を失う（587の2 Ⅲ）。

3 返還時期

	返還時期の定めあり	返還時期の定めなし
貸主の返還請求	返還時期まで請求できない	相当の期間を定めて借主に返還の催告が必要（591 Ⅰ）
借主の返還	いつでも返還できる（591 Ⅱ）▶3	

▶3　返還時期を定めた場合において、返還時期の前の返還により貸主が損害を受けたときは、貸主は、借主に対し、その賠償を請求できる（591 Ⅲ）。

2 使用貸借

1 契約の類型

無償・片務・諾成契約

＊　書面によらない使用貸借の場合、貸主は、借主が**目的物を受け取るまで**契約を解除できる（593の2）。

2 終　了

借主の死亡		借主が死亡した場合、使用貸借は終了する（597 Ⅲ）
貸主による解除	債務不履行による解除	借主の義務違反がある場合、契約を解除できる（594 Ⅲ）
	特別の解除	・期間を定めずに、使用収益の目的を定めた場合 →　借主が使用収益をするのに足りる期間を経過したときは、契約を解除できる ・期間も使用収益の目的も定めなかった場合 →　いつでも契約を解除できる
借主による解除		いつでも契約を解除できる

第5編　債権各論

01 □□□　賃貸借契約の目的である**建物が損傷**した場合には、**賃借人**は、特約がない限り、その建物の修繕義務を負う。

➡1 **1**
賃貸人が負う
×

02 □□□　建物の賃借人が、**建物の雨漏りの修繕のために費用を支出**したときは、賃借人は、**賃貸借契約終了後に限り**、賃貸人に対して支出した費用の償還を請求することができる。

➡1 **2**「必要費」
支出後、直ちに請求可
×

03 □□□　賃借人が、賃借物について、**改良費その他の有益費を支出**したときは、賃貸人に対し、**直ちに**その償還を請求することができる。

➡1 **2**「有益費」
×

04 □□□　Aが自己所有の甲建物をBに賃貸して引き渡した場合において、**Bが甲建物について有益費を支出**した後、**Aが甲建物をCに譲渡**したときは、有益費の償還請求は、**Aに対して**しなければならない。

➡1 **2** ▮▶2
Cに対して償還請求する
×

05 □□□　賃借人が**賃借権の対抗要件を備えていない**賃貸不動産の所有権が譲渡された場合には、**譲渡人と譲受人との合意**により、賃貸人たる地位を譲受人に移転させることができるが、このときは、**賃借人の承諾**があることを要する。

➡2 ▮▶5
×

06 □□□　賃借人が**賃借権の対抗要件を備えている**賃貸不動産の所有権が譲渡された場合には、譲受人は当該**不動産について所有権の移転の登記を備えなければ**、賃借人に賃料の請求をすることはできない。

➡2「賃借権に対抗要件あり」「登記の要否」
○

07 □□□　賃借人が賃借権の対抗要件を備えている賃貸不動産の所有権が譲渡されたが、賃貸人たる地位を譲渡人に留保する旨及び当該不動産を譲受人が譲渡人に賃貸する旨の合意をしていた場合に、**譲渡人と譲受人との間の賃貸借が終了**したときは、**譲渡人の賃貸人たる地位は、譲受人に移転する**。

➡2 ▮▶6
○

有益費償還請求権の法的性質は**不当利得返還請求権**（賃借物の目的物の価値が賃借人によって増加している）であり、賃貸人が実際に得をするのは自分が目的物を返してもらえる賃貸借終了時であるため、**賃貸借の終了時**に請求できるとされています。

1 賃貸人の義務

ランク B

1 修繕義務

賃貸人の修繕義務	賃貸人は、賃貸物の使用収益に必要な**修繕をする義務を負う**（606 I 本）[▶1]
賃借人の修繕権限	賃貸人による修繕が行われない場合に、 ① 賃借人が賃貸人に修繕が必要である旨を通知し、又は、 　賃貸人がその旨を知ったが相当の期間内に修繕をしないとき ② 急迫の事情があるとき → 賃借人にも修繕権限が認められる（607の2）

▶1 賃借人の帰責事由により修繕が必要となった場合、修繕義務を負わない（606 I 但）。

2 費用償還義務 [▶2]

	必要費	有益費
償還請求が可能な範囲	支出した費用	賃貸人の選択に従い、支出した費用又は増価額のいずれか（608 II 本・196 II）[▶3、4]
償還請求が可能な時期	支出後、直ちに（608 I）	原則：賃貸借の終了時 例外：裁判所が、賃貸人の請求により、その償還について期限を許与した場合は、その期限経過後（608 II 但）

▶2 賃貸人が交替した場合には、新賃貸人が、費用償還義務を承継する（605の2 IV）。
▶3 賃貸借の終了時において、目的物の価格の増加が現存する場合に限る。
▶4 賃借人が有益費を支出した建物の増築部分が、賃貸借の終了後、建物の返還前に、賃貸人又は賃借人のいずれの帰責事由にもよらず滅失した場合には、有益費償還請求権も消滅する（最判昭48.7.17）。

2 不動産の賃貸人たる地位の移転

ランク A

賃借権に対抗要件あり	地位の移転	原則：移転する [▶5] 例外：譲渡人と譲受人との間で、①賃貸人たる地位を譲渡人に留保する旨の合意をし、加えて②当該不動産を譲受人が譲渡人に賃貸する旨の合意をした場合 → 移転しない（605の2 II 前）[▶6]
	登記の要否	賃貸不動産の所有権の移転の登記をしなければ、賃借人に対抗できない（605の2 III）
賃借権に対抗要件なし		原則：移転しない 例外：譲渡人と譲受人との合意により、移転させる（605の3前）[▶5]

▶5 賃借人の承諾は不要。
▶6 譲渡人と譲受人との間の賃貸借（②の契約）が終了した場合、譲渡人に留保されていた賃貸人たる地位が当然に譲受人に移転する（605の2 II 後）。

08 □□□　Aがその所有する甲土地をBに賃貸した後、Bが **Aの承諾を得ることなく**甲土地をCに転貸した場合には、Aは、Cに対し、**所有権に基づく返還請求権**を行使して、甲土地の明渡しを求めることができる。　→ 3 **1**「無断譲渡の効果」　○

09 □□□　原賃貸人の承諾を得て建物の転貸借が行われた場合には、**転借人は、原賃貸人に対し、**雨漏りの修繕など、建物の使用及び収益に**必要な行為を求めることができる。**　→ 3 **2 ⓐ**　×

10 □□□　原賃貸人の承諾を得て転貸借が行われた場合には、原賃貸人は、転借人に対し、**原賃貸借の賃料額と転貸借の賃料額のうち低い方の額を限度**として、賃料を直接請求することができる。　→ 3 **2 ⓐ**　○

11 □□□　原賃貸人の承諾を得て転貸借が行われた場合において、その後に原賃貸借が**合意解除**されたときは、原賃貸人は、転借人に対し、目的物の返還を求めることができる。　→ 3 **2 ⓑ**「合意解除」　×

12 □□□　A所有の甲建物をAから賃借したBが**Aの承諾を得て甲建物をCに転貸**した場合、Aは、Bの賃料支払債務の不履行を理由にAB間の賃貸借契約を解除する場合には、**あらかじめCに対して賃料の支払を催告しなければならない。**　→ 3 **2 ⓑ** ▶8　Cに対する催告は不要　×

13 □□□　**賃貸人の地位と転借人の地位が同一人に帰属した**場合であっても、転貸借契約は当然には消滅しない。　→ 3 **2 ⓒ**　○

> これは、賃貸人の利益を保護する観点から便宜上認められるものであるため、賃貸人が転借人に対して義務を負うわけではありません。よって、賃貸人（A）は転借人（C）に対して**必要費償還義務や修繕義務は負いません。**

3 賃借権の譲渡・転貸

1 制 限

前 提	賃借人は、**賃貸人の承諾**を得なければ、その賃借権を譲渡又は賃借物を転貸できない（612 I）
解除の要件	① 賃借人が無断譲渡又は無断転貸したこと[▶7] かつ ② 譲受人又は転借人に**賃借物の使用又は収益**をさせたこと（612 II）
無断譲渡の効果	賃借権の譲受人・転借人は、賃貸人との関係では**不法占有者** → 賃貸人は賃貸借契約を解除せずに明渡請求ができる（最判昭26.5.31）

[▶7] 信頼関係を破壊しない特段の事情があれば、賃貸人の解除権は発生しない（最判昭28.9.25）。

2 承諾転貸
ⓐ 賃貸人と転借人との関係

　賃借人が賃貸人の承諾を得て転貸をした場合、転借人は、賃貸人と賃借人との間の賃貸借に基づく**賃借人の債務の範囲を限度**として、賃貸人に対して転貸借に基づく債務を直接履行する義務を負う（613 I前）。

事 例 AがBに甲建物を賃貸（賃料：5万円）している場合に、賃借人Bが甲建物をCに転貸（賃料：10万円）した場合は、CはAに対して賃料5万円分を支払う義務を負う。

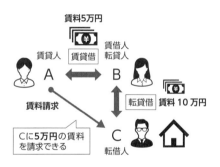

賃料5万円

賃貸人　賃借人
賃貸人　賃貸借　賃借人
　A　←→　B　転貸人

転貸借　賃料10万円

賃料請求

Cに**5万円の賃料**を請求できる

C　転借人

ⓑ 賃貸借契約の解除の影響（転借人への対抗の可否）

	債務不履行による解除	合意解除
対 抗	可[▶8]	不 可[▶9]

[▶8] あらかじめ転借人に対して賃料支払の**催告をする必要はない**（最判昭37.3.29）。
[▶9] 合意解除の当時、賃貸人が賃借人の債務不履行による解除権を有していたときは、これを転借人に対抗できる（613 III但）。

ⓒ 賃貸人の地位と転借人の地位が同一人に帰属した場合

　賃貸人の地位と転借人の地位が同一人に帰属した場合であっても、転貸借契約は当然には**消滅しない**（最判昭35.6.23）。
＊ 債権の混同（520）は生じない。

14 □□□ 借地人Aが借地上に養母B名義で登記をした建物を所有している場合において、**その借地が第三者Cに譲渡され、その後にBが死亡し、その建物につきAがBから相続した旨の所有権の移転の登記を経由**したときは、Aは、Cに対し、その借地権を対抗することができる。

→4❷「借地」Cが登場する前にA名義の登記が必要 ✕

15 □□□ 借地人が借地上に自己を所有者とする**表示の登記**をした建物を所有している場合、その表示の登記が職権によってされたものであっても、借地人は、その後に借地の所有権を取得した者に対し、その借地権を対抗することができる。

→4❷① 〇

16 □□□ 借地人が借地上の建物につき自己名義で所有権の保存の登記を経由した場合において、その後に建物につき改築がされ、構造や床面積に変化が生じたときであっても、**建物の同一性が失われない限り**、借地人は、その表示の変更の登記を経由しなくても、その後に借地の所有権を取得した者に対し、その借地権を対抗することができる。

→4❷② 〇

17 □□□ Aがその所有する甲土地をBに**賃貸し、その旨の登記がされた**後、Cが甲土地上に不法に乙建物を建ててこれを使用している場合には、Bは、Cに対し、甲土地の**賃借権に基づき乙建物を収去して甲土地を明け渡す**ことを求めることができる。

→4❸ 〇

18 □□□ 敷金が授受された**賃貸借契約の終了の前**において、賃貸人は、敷金を未払の賃料債権の**弁済に充てる**ことができない。

→5「意義」💬 ✕

19 □□□ 建物の賃貸借終了に伴う**賃貸人の敷金返還債務と賃借人の建物明渡債務**とは、同時履行の関係に立つ。

→5「返還債務の発生時期」① ✕

20 □□□ **賃借人たる地位**が賃貸不動産に係る賃借権の譲渡により移転したときは、**敷金の返還請求権**は、当該賃借権の譲受人が承継する。

→5「地位の交替」 ✕

4 賃借権の対抗要件

1 賃借権の登記

　賃借人は、賃借権の登記をすることにより、賃借権を第三者に対抗することができる (605)。

＊　賃借人は**特約がなければ**賃貸人に対して賃借権の登記をするよう請求できない。

2 借地借家法による対抗要件

借　地	借地権者名義の借地上建物の登記（借地借家 10 Ⅰ）
借　家	建物の引渡し（借地借家 31 Ⅰ）

【借地に関する判例の整理】

① 　権利の登記に限らず、**表示の登記でもよい**（最判昭 50. 2.13）

② 　登記された建物の地番が、錯誤又は遺漏により、実際と多少相違していても、建物の種類・構造・床面積等の記載とあいまって、**建物の同一性を認識できれば対抗力が認められる**（最大判昭 40. 3.17）

3 不動産賃借人による妨害停止の請求等

　対抗要件を備えた不動産の賃借人には、**妨害排除請求権及び返還請求権**が認められる (605の4)。

5 敷　金

意　義	賃料債務その他の賃貸借に基づいて生ずる賃借人の賃貸人に対する金銭の給付を目的とする債務を担保する目的で、賃借人が賃貸人に交付する金銭（622の2Ⅰ柱括）
返還債務の発生時期	① 　賃貸借が終了して賃借物が返還された時（622の2Ⅰ①） 　→ 　賃借物の返還が先履行であり、敷金の返還と同時履行とならない ② 　賃借人が適法に賃借権を譲渡した時（622の2Ⅰ②）
地位の交替	賃貸人の交替：新賃貸人に承継される（605の2Ⅳ） 賃借人の交替：新賃借人には承継されない（622の2Ⅰ②）

　賃貸人は、賃借人が賃貸借に基づいて生じた金銭の給付を目的とする債務を履行しないときは、敷金をその債務の弁済に充てることができます（622の2Ⅱ前）。そのため、敷金が交付された**賃貸借契約の終了前**であっても、賃貸人は、敷金を未払の賃料債権の弁済に充てることができます。

01 □□□　報酬の支払時期につき特約がない場合において、Bが建物を完成させたときは、Aは、その**建物の引渡しと同時**に、Bに対し、報酬を支払わなければならない。

→**1**「支払時期」　○

02 □□□　請負の仕事の完成の不能につき注文者に帰責事由がない場合において、請負人が既にした仕事の結果のうち**可分な部分の給付によって注文者が利益を受ける**ときは、その部分は、仕事が完成したとみなされる。

→**1**「割合的報酬」①　○

03 □□□　請負人が注文者の注文に基づき建物を建築して注文者に引き渡したが、当該建物には建築時に**契約の内容に適合しない欠陥**が存在していた場合、注文者は、請負人に対して当該建物の修補を請求することができるが、**報酬の減額を請求**することはできない。

→**2**「意義」
代金減額請求に対応して報酬減額請求が認められる　×

04 □□□　Bが建物を完成させ、Aに引き渡したが、建物の品質が本件契約の内容に適合していない場合において、それが**Aの与えた指図が原因**であるときは、Aは、その指図が不適当であることを知らなかったBに対し、履行の追完の請求をすることができない。

→**2**「注文者側の原因による場合」　○

05 □□□　Bが建物を完成させ、Aに引き渡したが、建物の品質が本件契約の内容に適合していない場合において、Aがその**不適合を知った時から1年以内にその旨をBに通知しない**ときは、Bが建物をAに引き渡した時にその**不適合を知っていた**ときでも、Aは、Bに対し、履行の追完の請求をすることができない。

→**2**▷1　×

① 注文者の報酬支払義務の意義

支払時期	・仕事の目的物の引渡しを要する場合 → **目的物の引渡しと同時履行**（633 本） ・仕事の目的物の引渡しを要しない場合 → 仕事の完成後（633 但・624 Ⅰ）
割合的報酬	**可分な部分の給付**によって注文者が利益を受ける場合で、 ① 注文者の帰責事由によらずに仕事の完成ができなくなったとき 　又は、 ② 請負が仕事の完成前に解除されたとき → その部分は仕事の完成とみなされ、請負人は利益の**割合に応じて報酬を請求**できる（634）

② 請負人の仕事完成義務の不履行

意 義	仕事の目的物が種類・品質に関して契約の内容に適合しない場合は、売買契約の契約不適合に関する規定が準用される（559・562 以下） → 注文者は、債務不履行に基づく権利（①**追完請求権**、②**報酬減額請求権**、③**損害賠償請求権**、④**解除権**）を行使できる[▶1]
注文者側の原因による場合	契約不適合が**注文者の供した材料の性質又は注文者の与えた指図**によって生じた場合 → 上記の権利を行使することができない（636 本）[▶2]

▶1　注文者がその**不適合を知った時から1年以内**にその旨を請負人に通知しないときは、債務不履行に基づく権利を行使できない（637 Ⅰ　失権効）。ただし、請負人が引渡時（引渡しを要しない場合は仕事終了時）にその不適合につき**悪意又は重過失**だったときは、この限りでない（637 Ⅱ）。

▶2　請負人がその材料又は指図が不適当であることを知りながら告げなかったときは、この限りでない（636 但）。

06 □□□　建物建築工事の請負契約の注文者が、**建物の完成前**に、**請負代金の全額を**契約で定めた支払期日に請負人に**支払った**場合には、完成した建物の所有権は、注文者に帰属する。

→**3ⓐ** *
特約があるものと推認される

○

07 □□□　建物建築工事の請負契約において、完成した建物の**所有権は、注文者が取得する旨の合意**がされている場合には、**請負人が材料の全部を提供**しており、かつ、**注文者に対する引渡しがされていなくても**、完成した建物の所有権は、注文者に帰属する。

→**3ⓐ**
このような合意も認められる

○

08 □□□　**材料の主要な部分を注文者が提供**した場合であっても、特約がない限り、完成した建物の所有権は請負人に帰属する。

→**3ⓑ** 「注文者」
完成と同時に注文者に原始的に帰属

×

09 □□□　建物建築工事の請負契約において、**請負人が自ら材料を提供**しており、かつ、注文者に対する引渡しがされていないときは、完成した建物の所有権は、当該請負人に帰属する。

→**3ⓑ** 「請負人」
引渡時に注文者に所有権が移転する

○

10 □□□　請負における注文者は、仕事の完成前においては、相手方に**不利な時期に契約を解除することができない**が、相手方に不利な時期でなければ、損害を賠償して解除することができる。

→**4ⓐ**
いつでも損害を賠償して契約解除可能

×

11 □□□　仕事の目的物のうち完成した部分と未完成の部分とが可分である場合は、注文者は、損害を賠償して**未完成の部分についてのみ契約を解除**することができる。

→**4ⓐ** *

○

12 □□□　仕事の完成前において、**請負人は**、注文者が破産手続開始の決定を受けた場合でも、契約を**解除することができない**。

→**4ⓑ**

×

3 完成した目的物の所有権の帰属

ランク
A

ⓐ 特約がある場合

　建物完成と同時に注文者に所有権が帰属する旨の特約がある場合、建物完成と同時に注文者に所有権が帰属する（大判大 5.12.13）。

＊　建物完成前に請負代金が完済又は大部分支払われている場合には、特段の事情のない限り、建物の所有権は完成と同時に注文者に帰属するとの特約があるものと推認される（大判昭 18. 7. 20、最判昭 46. 3. 5）。

ⓑ 特約がない場合

　材料の全部又は主要な部分の提供の主体を基準にして判断される。

提供者	所有権の帰属
注 文 者	完成と同時に注文者に原始的に帰属する（大判昭 7. 5. 9）
請 負 人	請負人に帰属する →　請負人から注文者への引渡しによって、注文者に所有権が移転する（大判明 37. 6. 22、大判大 3.12.26）

4 契約の終了

ランク
A

ⓐ 仕事完成前における注文者の解除

　注文者は、請負人が仕事を完成する前は、いつでも損害を賠償して契約を解除することができる（641）。

＊　目的物が可分であり、完成した部分だけでも注文者にとって利益がある場合は、未完成の部分についてのみ、契約を解除することができる（大判昭 7. 4.30）。

ⓑ 注文者の破産手続の開始による解除

　注文者が破産手続開始の決定を受けた場合、請負人はその契約を解除できる（642 I 本）。

＊　仕事の完成後は破産手続の開始による解除ができない（642 I 但）。

第5編　債権各論

01 □□□ 無償の委任の受任者は、**自己のためにするのと同一の注意をもって**事務を処理すれば足りる。

→1❶ⓐ「注意義務」 ×
常に善管注意義務

02 □□□ 受任者は、委任者の請求があるときは、いつでも**委任事務の処理の状況を報告**しなければならない。

→1❶ⓐ「付随的義務」① ○
cf. 事務管理も同じ義務がある

03 □□□ 受任者は、委任者のために受任者の名をもって**取得した権利を委任者に移転**しなければならない。

→1❶ⓐ「付随的義務」② ○
cf. 事務管理も同じ義務がある

04 □□□ 受任者は、委任の本旨に従って委任事務を処理したときは、**特約がない場合でも、委任者に対して報酬を請求**することができる。

→1❶ⓑ「報酬支払義務」「原則」 ×
原則として無償

05 □□□ 事務処理の労務に対して報酬が支払われる場合において、受任者は、**委任者の責めに帰することができない事由**によって委任事務の履行をすることができなくなったとき、**既にした履行の割合に応じて**報酬を請求することができる。

→1❶ⓑ「報酬支払義務」「例外」②ⓐ ○

06 □□□ 事務処理の労務に対して報酬が支払われる場合において、受任者は、**委任が履行の中途で終了**したときは、**既にした履行の割合に応じて**報酬を請求することができる。

→1❶ⓑ「報酬支払義務」「例外」②ⓑ ○

07 □□□ 委任事務を処理するにつき費用を必要とするときは、委任者は、**受任者の請求**により、その**前払**をしなければならない。

→1❶ⓑ「付随的義務」① ○
受任者の請求が必要

08 □□□ 委任契約において受任者が委任事務の処理のため過失なくして損害を被った場合でも、**委任者が無過失であるときは**、受任者に対する損害賠償の責任を負わない。

→1❶ⓑ ▶2 ×
委任者は無過失責任を負う

1 ｜ 委　任

❶ 効　力
ⓐ 受任者の義務

注 意 義 務	有償委任・無償委任**いずれの場合も**善管注意義務を負う（644）
付随的義務	① **報告義務**（645）、② 受領物等引渡義務、**権利移転義務**（646）
復委任の可否	原則：できない 例外：委任者の許諾を得た場合、又はやむを得ない事情がある場合には、復受任者に委任事務を代行させることができる（104）

ⓑ 委任者の義務

報酬支払義務	原則：なし 例外：報酬を支払う特約がある場合 　① 支払時期：原則として後払い（648Ⅱ本）▶1 　② ⓐ**委任者の帰責事由によらず**に委任事務の履行ができなくなったとき 　　　又は 　　　ⓑ委任が履行の中途で終了した場合 　　→ 既にした**履行の割合に応じて**報酬を請求することができる（648Ⅲ）
付随的義務	① 費用前払義務（649）、② 損害賠償義務（650Ⅲ）▶2

▶1　成果（ex. 作業報告書の作成）に対して報酬を支払う旨の合意がされた場合（成果完成型の委任）には、その成果が引渡しを要するときは、報酬は、請負契約と同様に、成果の引渡しと同時に支払わなければならない（648の2Ⅰ）。

▶2　委任者に故意又は過失があることを要しない（**無過失責任**）。

09 □□□　委任契約においては、相手方にとって**不利な時期**に解除をする場合であっても、**やむを得ない事由**があったときは、相手方の損害を賠償することを要しない。 　➡**1 2 ❸**「損害賠償義務」「例外」　○

10 □□□　委任は、**委任者が後見開始の審判を受けても**終了しない。 　➡**1 2 ❺**「後見開始」　○

11 □□□　報酬の定めがある寄託であっても、**寄託者**は、受寄者が**寄託物を受け取るまで**、契約の解除をすることができる。 　➡**2 2**「寄託者」　○

12 □□□　**寄託者**は、目的物の返還の時期の定めがある場合であっても、**いつでも**返還の請求をすることができるが、目的物の返還の時期の定めがない場合には、相当の期間を定めて返還の催告をしなければ、その返還を請求することができない。 　➡**2 3**「寄託者の返還請求」　×

13 □□□　寄託の**受寄者**は、目的物の**返還の時期の定めの有無にかかわらず**、いつでもその返還をすることができる。 　➡**2 3**「受寄者の返還」　×

2 委任の終了事由

ⓐ 当事者の任意解除

内　容	各当事者は、いつでも委任契約を解除することができる（651 Ⅰ）
損害賠償義務	原則：① 相手方に**不利な時期**に解除したとき ② 委任者が受任者の利益（専ら報酬を得ることによるものを除く）をも目的とする委任を解除したとき → 損害賠償義務を負う（651 Ⅱ柱本①②） 例外：やむを得ない事由がある場合は負わない（651 Ⅱ柱但）

ⓑ 当事者の死亡、当事者の破産手続の開始の決定、受任者の後見開始の審判
（653 条）

	死　亡	破　産	後見開始
委任者	終　了	終　了	存　続
受任者	終　了	終　了	終　了

|2 寄　託

1 契約類型

原則：無償・双務・諾成・不要式契約

> ＊ 無償の受寄者：**自己の財産に対するのと同一の注意義務**を負う
有償の受寄者：**善管注意義務**を負う

2 受取前の契約の解除

	有償寄託	無償寄託	
		書面による	書面によらない
受寄者	受取時期経過後、催告して解除できる（657 の 2 Ⅲ）	解除できる（657 の 2 Ⅱ）	
寄託者	解除できる（657 の 2 Ⅰ前）		

3 寄託の返還時期 ▶3

	返還時期の定めあり	返還時期の定めなし
寄託者の返還請求	いつでも請求できる（662 Ⅰ）	
受寄者の返還	やむを得ない事由がない限り期限到来前に返還できない（663 Ⅱ）	いつでも返還できる（663 Ⅰ）

▶3 第三者が受寄者に対する訴えの提起等をしたときであっても、受寄者は寄託者の指図がない限り、**寄託者に対して**寄託物を返還しなければならない（660 Ⅱ本）。

01 □□□ A、B及びCが組合契約を締結した場合に、Aが出資義務を履行しないときは、B及びCは、**同時履行の抗弁権**に基づいて、出資義務の履行を拒むことができる。
→**1** ▶1　×

02 □□□ 組合員は、組合債権についてその**持分を処分**し、その旨を通知したときは、その処分をもって組合及び組合と取引をした**第三者に対抗**することができる。
→**2**「組合債権」　×

03 □□□ 組合の債権者は、その債権の発生の時に組合員の**損失分担の割合**を知らなかったときは、一人の組合員に対して**債務の全部の履行**を請求することができる。
→**2** ▶4　×
cf. 損失分担の割合を知っていればその割合による

04 □□□ 業務執行者が定められていない場合には**組合の常務**については各組合員が単独で行うことができるが、その完了前に**他の組合員が異議を述べたとき**は、その常務については**組合員全員の一致**によって決定しなければならない。
→**3**「対内関係」「業務執行者がいない場合」　×
過半数の決定で足りる

05 □□□ 業務執行者が定められていない場合には、各組合員は、組合の業務を執行する場面においては、**組合員の過半数の同意**を得たときは、**他の組合員を代理**することができる。
→**3**「対外関係」「業務執行者がいない場合」　○

1 契約類型

各当事者が出資をして共同の事業を営む契約

→ 有償・双務・諾成契約 ▶1、2

▶1　**同時履行の抗弁権**（533）、**危険負担**（536）の規定は適用されない（667の2Ⅰ）。

▶2　組合員の一人について意思表示の無効又は取消しの原因があっても、他の組合員の間では組合契約の効力を妨げられない（667の3）。

2 組合債権と組合債務の法律関係

組合債権	組合員は、組合債権についての自己の持分を処分しても、組合及び組合と取引をした**第三者に対抗できない**（676Ⅰ）▶3
組合債務	組合の債権者は、組合財産についてその権利を行使できる（675Ⅰ）▶4、5

▶3　組合員は、組合債権について、その持分についての権利を単独で行使することができない（676Ⅱ）。

▶4　組合の債権者は、その選択に従い、各組合員に対して**損失分担の割合又は等しい割合**でその権利を行使することができる（675Ⅱ本）。

▶5　組合員の債権者は、組合財産についてその権利を行使することができない（677）。

3 組合の対内関係と対外関係

対内関係	業務執行者がいない場合	組合員の**過半数**で決定（670Ⅰ） ＊　常務はその完了前に他の組合員の異議がなければ各組合員が単独で行う（670Ⅴ）
	業務執行者がいる場合	業務執行者（の過半数）で決定（670Ⅲ） ＊　常務はその完了前に他の業務執行者の異議がなければ各業務執行者が単独で行う（670Ⅴ） ＊　総組合員の同意で組合の業務を決定し、又は総組合員がこれを執行することは妨げられない（670Ⅳ）
対外関係	業務執行者がいない場合	組合員の**過半数の同意**で他の組合員を代理する（670の2Ⅰ） ＊　常務は各組合員が代理する（670の2Ⅲ）
	業務執行者がいる場合	業務執行者（の過半数）で決定して他の組合員を代理する（670の2Ⅱ） ＊　常務は各業務執行者が代理する（670の2Ⅲ）

次の3点に着目して押さえましょう。①基本的には**組合員・業務執行者の過半数**で決定すること、②**常務**はそれぞれが単独でできる、③対内関係の場合は**他の者の異議**があれば常務であっても過半数が必要。

01 □□□　事務管理の管理者は、本人の身体に対する**急迫の危害**を回避するために事務管理をした場合、その事務管理について、管理者に**過失**があったときは、これによって生じた損害を賠償する責任を負う。

→ **1**「注意義務」
重過失又は悪意が必要

×

02 □□□　Ａを受任者とする委任契約をＡＢ間で締結した場合と、ＣがＤのために事務管理をした場合において、ＡはＢに対し、事務を処理するため過失なくして受けた**損害の賠償を請求**することができるが、ＣはＤに対してそのような請求はできない。

→ **1**「委任者・本人の損害賠償義務」

○

03 □□□　事務管理者には、法律に特別の定めがある場合を除き、**報酬請求権**はなく、委任契約の受任者も、特約がある場合を除き、委任者に報酬を請求することはできない。

→ **1**「報酬請求権」

○

04 □□□　Ａを受任者とする委任契約をＡＢ間で締結した場合と、ＣがＤのために事務管理をした場合において、ＡはＢに対し事務処理に要する**費用の前払請求権**を有しているのに対し、ＣはＤに対しそのような請求権を有していない。

→ **1**「費用前払請求権」

○

05 □□□　利得に法律上の原因がないことを**善意の受益者が認識した後**に、受益者の保持する利益がその責めに帰すべき事由により消滅した場合には、その受益者の不当利得返還義務の範囲は**減少しない**。

→ **2 1**「善意の受益者」「関連判例」①

○

06 □□□　悪意の受益者は、その受けた利益に利息を付して返還しても損失者になお損害がある場合には、**不法行為の要件を充足していないとき**でも、その賠償の責任を負う。

→ **2 1**「悪意の受益者」「関連判例」

×

07 □□□　ＡがＢから**騙取した金銭**により自己の債権者Ｃに対する金銭債務を弁済した場合において、当該弁済の受領につきＣに**悪意又は重大な過失**があるときは、Ｃの金銭の取得は、Ｂに対する関係においては法律上の原因を欠き、不当利得となる。

→ **2 2**

○

1 | 事務管理

【事務管理と委任の相違点】▶1

	委　任	事務管理
注意義務	善管注意義務	原則：善管注意義務 例外：緊急事務管理の注意義務 　　　（悪意重過失の場合のみ）
委任者・本人の 損害賠償義務	無過失責任	な　し
報酬請求権	特約があれば発生	な　し
費用前払請求権	あ　り	な　し

▶1　管理者は、本人等が管理をすることができるに至るまで、**事務管理を継続**しなければならない（700 本）。

*　事務管理の継続が本人の意思に反し、又は本人に不利であることが明らかであるときは、管理を中止しなければならない（700 但）。

2 | 不当利得

1 返還義務の範囲

善意の **受益者**	範　囲	現存利益にとどまる（703）
	関　連 判　例	①　不当利得をした者が利得に法律上の原因がないことを認識した後の利益の消滅は、返還義務の範囲を減少させない（最判平 3.11.19） ②　不当利得された財産に受益者の行為が加わることによって得られた収益については、その範囲の収益が現存する限り、703 条により返還される（最判昭 38.12.24）
悪意の **受益者**	範　囲	利息を付して返還　＋　損害賠償（704）
	関　連 判　例	損害賠償責任に関しては、不法行為責任とは異なる特別の責任を負わせたものではない（最判平 21.11. 9）

2 問題点

　AがBから**騙取又は横領した金銭**により自己の債権者Cに対する債務を弁済した場合において、当該弁済の受領につきCに**悪意又は重過失**があるときは、Cの金銭の取得は、Bに対する関係においては法律上の原因を欠き、不当利得となる（最判昭 49. 9.26）。

01 □□□ 不法行為により被害者が死亡した場合、その**父母、配偶者及び子**は、財産権を害されなかったときでも、損害の賠償を請求することができる。

➡**1**「近親者の慰謝料請求権」　○

02 □□□ 裁判所は、債務不履行による損害賠償及び不法行為による損害賠償のいずれに関しても、**責任の有無及び損害賠償の額**を定めるに当たり、債権者又は被害者の過失を**考慮しなければならない**。

➡**1**「考慮」　×
債務不履行：○
不法行為：×

03 □□□ 債務不履行による損害賠償及び不法行為による損害賠償のいずれについても、債務者又は加害者は**常に不可抗力を主張して**、その**責任を免れる**ことができる。

➡**1**「過失相殺」参照　×
債務不履行：×（金銭債務の場合 419Ⅲ）
不法行為：×（717条など、無過失責任を負う場合がある）

04 □□□ 夫が妻を同乗させて運転する自動車と第三者が運転する自動車とが、双方の過失により衝突し、**妻が負傷**したときは、妻が第三者に対して請求し得る損害賠償額の算定にあたって、裁判所は、**夫の過失**を考慮することができる。

➡**1** ▶2　○

05 □□□ 交通事故の被害者の首が、平均的な体格をもつ一般人より長く、これが損害の拡大に寄与した場合には、その**身体的特徴が疾患に当たらない**ときでも、裁判所は、これを損害賠償の額を定めるに際して考慮することができる。

➡**1** ▶3　×

06 □□□ 交通事故の被害者の**後遺障害による財産上の損害賠償額の算定**については、その後に被害者が**第二の交通事故により死亡**した場合でも、就労可能期間の算定上その死亡の事実を考慮すべきではない。

➡**2ⓐ**1段目　○

07 □□□ 交通事故により死亡した者の相続人に対して給付された**生命保険金**は、その死亡による損害賠償額から控除されない。

➡**2ⓑ**「生命保険金」　○

08 □□□ 交通事故の被害者の後遺障害による財産上の損害賠償額の算定については、その後に被害者が**第二の交通事故**により死亡した場合、**死亡後の生活費**を控除することができる。

➡**2ⓑ** ▶4　×

1 不法行為責任と債務不履行責任の比較 ランク A

		不法行為責任	債務不履行責任
立証責任の所在		債権者	債務者
過失相殺 ▶1.2.3	責任の免除	できない (722Ⅱ参照)	できる (418) cf.419条
	考 慮	任意的 (722Ⅱ)	必要的 (418)
損害賠償の範囲		416条類推 (大連判大15.5.22)	原則：通常生ずべき損害(416Ⅰ) 例外：特別の事情によって生じた損害は、当事者がその事情を予見すべきであったときは、賠償請求可 (416Ⅱ)
近親者の慰謝料請求権		できる (711)	できない (最判昭55.12.18)
損害賠償の方法		417条準用 (722Ⅰ)	別段の意思表示がない限り、金銭賠償 (417)
期 間 の 制 限		知った時から3年 又は行為時から20年 (724)	知った時から5年 又は権利行使可能時から10年
履行遅滞の時期		不法行為時 (最判昭37.9.4)	請求を受けた時 (412Ⅲ)

▶1　被害者に責任能力があることは不要であり、**事理弁識能力**があれば足りる（最大判昭39.6.24）。

▶2　不法行為に基づく損害賠償の額を定めるに際し、722条2項の類推適用により、被害者本人と身分上、**生活関係上一体**をなすとみられるような関係にある者の過失（被害者側の過失）が考慮される（最判昭42.6.27参照）。

▶3　交通事故の被害者が**平均的な体格ないし通常の体質と異なる身体的特徴**を有していたとしても、それが疾患に当たらないときは、これを損害賠償の額を定めるに際し考慮できない（最判平8.10.29）。

2 損害賠償額の調整 ランク B

ⓐ 損害賠償額の算定　　　　　　〇：死亡事実を考慮する　✕：死亡事実を考慮しない

交通事故で後遺障害が残った場合の就労期間の逸失利益の算定において、別の原因で死亡したとき	✕
平均余命までの介護費用の算定において、別の原因で死亡したとき	〇

ⓑ 損益相殺の可否　　　　　　　　〇：控除できる　✕：控除できない

養育費	生命保険金	生活費
✕	✕	〇 ▶4

▶4　第1の交通事故により後遺障害を負った者の賠償額の算定に当たり、第2の交通事故により死亡して免れた**死亡後の生活費**は控除できない（最判平8.5.31）。

第5編 債権各論

09 □□□　他人に損害を加えた場合の**責任を弁識する能力を有する未成年者**の加害行為については、その**監督義務者は、損害賠償責任を負わない。**

➡**3a**「関連判例」② ×

10 □□□　責任を弁識する能力のない未成年者の行為によって火災が発生した場合において、未成年者自身に重大な過失と評価することができる事情があったとしても、その**監督について重大な過失**がなかったときは、監督者は、火災により生じた損害を賠償する責任を負わない。

➡**3a**「関連判例」① ○

11 □□□　タクシー事業を営む**Aに使用されている**運転手Bが客のCに事故で怪我を負わせた場合、AはCに対してその損害を賠償する責任を負う。

➡**3b**「意義」 ○

12 □□□　請負人がその仕事について第三者に対して加えた損害については、注文者は、**注文又は指図について過失**があったときでも、損害賠償責任を負わない。

注文者の責任（716条参照） ×

13 □□□　Aは、Bに工事を請け負わせて自宅の周りにレンガ塀を作り、その後、自宅をレンガ塀も含めてCに賃貸したところ、老朽化により、レンガ塀が崩れ、通行人Dが負傷した。この場合、**Cが損害の発生を防止するのに必要な注意**をしたときは、Aに土地の**工作物の所有者**として**過失がなくとも**、Aは損害賠償の責任を負う。

➡**3c**「責任の負担」所有者は無過失責任を負う ○

14 □□□　Aの運転する車とBの運転する車が衝突し、それに歩行者Cを巻き込んでしまったような場合にも、AとBが**共同の不法行為**を行った者として、**連帯してCに対して損害を賠償する責任**を負う。

➡**3d**「意義」 ○

未成年者は一般的に資力を有しないため、監督義務者に709条に基づく一般の不法行為責任を認め、**損害賠償請求権の実効性**を確保しているのです。なお、714条では、責任無能力者の行為が原因で損害が生じ、監督義務違反がある（**加害者：責任無能力者**）法律構成になるのに対し、709条では、監督義務違反が原因で直接損害が生じた（**加害者：監督義務者**）法律構成になります。

🔢 特殊の不法行為

ⓐ 責任無能力者の監督義務者等の責任 (714条)

意 義	責任無能力者が第三者に損害を与えた場合、その監督義務者が責任を負う
免 責	① 監督義務者が監督義務を怠らなかったとき 又は ② 監督義務を怠らなくても損害が生ずべきであったとき → 責任を免れる (714 I 但)
関連判例	① 責任無能力者の失火により第三者に損害が生じた場合に、監督義務者に責任無能力者の監督について重過失がなかったときは不法行為責任を免れる (最判平7.1.24) ② 不法行為を行った未成年者に責任能力がある場合であっても、監督義務者は、709条に基づく一般の不法行為責任を負う (最判昭49.3.22) 💬

ⓑ 使用者責任 (715条)

意 義	被用者がその事業の執行について第三者に損害を与えた場合、その使用者が責任を負う
免 責	① 使用者が被用者の選任・事業の監督につき相当の注意をしたとき 又は ② 相当の注意をしても損害が生ずべきであったとき → 責任を免れる (715 I 但)
求 償	使用者が被害者に対して損害の賠償をしたとき → 使用者は被用者に対して求償できる (715 Ⅲ)

ⓒ 工作物責任 (717条)

意 義	土地の工作物に瑕疵があり、これによって他人に損害が生じた場合に、工作物の占有者又は所有者が責任を負う
責任の負担	第1次的：占有者　＊　相当な注意をした場合に免れる 第2次的：所有者　＊　無過失責任
求 償	工作物の瑕疵を生じさせたことについて責任のある者がいるとき → 賠償をした者は求償できる (717 Ⅲ)

ⓓ 共同不法行為者の責任 (719条)

意 義	数人が共同の不法行為によって他人に損害を加えたときは、各自が連帯してその損害を賠償する責任を負う (719 I 前)
求 償	共同不法行為者の一人が被害者に損害を賠償した場合、本来負担すべき責任の割合に応じて、他の共同不法行為者に求償できる (最判昭41.11.18)

Q p204の問07の問題文の意味がよくわかりません。

A 賃借人が賃借権の対抗要件を備えている賃貸不動産の所有権が譲渡されたが、譲渡人と譲受人との間で、①賃貸人たる地位を譲渡人に留保する旨の合意をし、加えて、②当該不動産を譲受人が譲渡人に賃貸する旨の合意をした場合には、賃貸人たる地位は譲受人に移転しません（605の2Ⅱ前）。この場合は、**譲渡人と賃借人との間に転貸借関係が生じることとなり賃借人の地位も保護される**からです。そして、譲渡人と譲受人との間の賃貸借（②の契約）が終了した場合、例外の根拠となるものがなくなった以上、原則に戻って、**譲渡人に留保されていた賃貸人たる地位が当然に譲受人に移転する**ことになるのです（605の2Ⅱ後）。

Q p217の**1** **2** **a** では、委任者が受任者の利益（専ら報酬を得ることによるものを除く）をも目的とする委任を任意解除したときは、相手方の損害を賠償しなければならないとされていますが（651Ⅱ柱本②）、「（専ら報酬を得ることによるものを除く）」とは、何を意味しているのでしょうか？

A これは、受任者が報酬を得るという事情だけでは、「委任者が受任者の利益をも目的とする委任」とはいえないことを意味します。なお、651条2項柱書本文2号に当たる具体例としては、債務者の会社がその経営を債権者の会社の代表者に委任した事案において、その委任の目的として債務者の会社の経営再建を図ることで、債権者の会社の有する債権の回収を促進する目的があった場合が挙げられます。

Q p222の問04では、なぜこのような結論となるのでしょうか？

A これは、被害者側の過失を考慮した過失相殺を認めることで、共同不法行為者間における求償関係を一挙に解決し、紛争を1回で処理する趣旨です。これを元に、更に考えてみましょう。判例（最判昭42.6.27）は、保育園の園児と保育士には生活関係上、一体をなすとみられるような関係は認められないため、保育士Bが目を離した隙に道路に飛び出した園児Aを、Cが運転する乗用車がひいた場合において、Aの親がCに慰謝料を請求するときは、Bの過失は被害者側の過失に当たらず、過失相殺の対象とならないとしています。この判例知識も押さえておきましょう。

親 族

●体系MAP

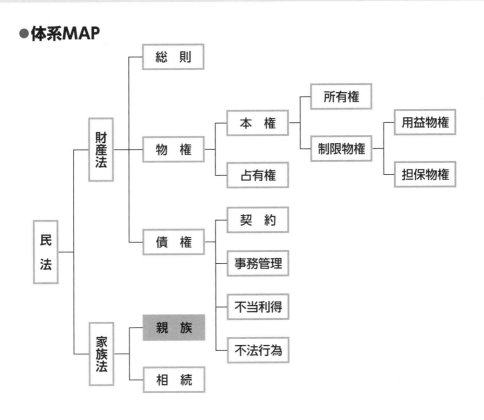

01 ☐☐☐　A男は、B女に対し、不動産を贈与したが、その後、A男とB女の**婚姻関係が実質的に破綻**するに至った場合には、A男は、**第754条の規定によって当該贈与契約を取り消す**ことができない。
➡1**1** 💬　○

02 ☐☐☐　婚姻の届出をすることについての意思の合致はあるが、**真実社会通念上夫婦と認められる関係を創設することについての意思の合致がない**場合には、その婚姻は**無効**である。
➡1**2 a**　○
cf. 離婚意思

03 ☐☐☐　婚姻適齢に達していない未成年者の婚姻は**無効**であり、婚姻適齢に達した時に有効となる。
➡1**2 b**① ▶1　×
取消事由に該当

04 ☐☐☐　Aの**養子**B（女性）とAの**弟**Cは、婚姻をすることができる。
➡1**2 b**③ ▶2　○

05 ☐☐☐　A（女性）には嫡出でない子B（女性）がいるところ、AがC（男性）と**婚姻し、その後離婚**した場合、BとCは、婚姻をすることができる。
➡1**2 b**③**2**　×

06 ☐☐☐　養子は、**養親の実子**と婚姻することができない。
➡1**2 b**③**3**　×

07 ☐☐☐　**養親と養子の直系卑属**は、離縁によって親族関係が終了した後であれば、婚姻をすることができる。
➡1**2 b**③**3**　×
離縁後も不可

08 ☐☐☐　A（男性）との婚姻中に懐胎していたB（女性）が、Aと離婚した1か月後に**出産**した場合、更にその1か月後にC（男性）と再婚をすることができる。
➡1**2 b**④「例外」**2**　○

1 婚姻の成立

1 婚姻の成立要件 💬

形式的要件	戸籍法の定めに基づく届出（739 I）
実質的要件	① 婚姻意思の合致　cf. **2a**　　② 婚姻障害の不存在　cf. **2b**

2 実質的要件の検討

a 婚姻意思の内容（実質的意思説：最判昭 44.10.31、通説）

結　論	社会通念上夫婦とみられる関係の設定を欲する意思
帰　結	届出はしたが、夫婦とみられる関係の設定を欲する意思がない場合には、婚姻は無効

b 婚姻障害の不存在 [1]

	婚姻障害事由	具体的な内容	
①	婚姻適齢	男女共に 18 歳（731）	
②	重婚の禁止	配偶者のある者は、重ねて婚姻をすることができない（732）	
③	近親婚の禁止（734 〜 736）	❶ 直系血族又は 3 親等内の傍系血族の間の婚姻禁止 [2]　❷ 直系姻族の間の婚姻禁止（姻族関係が終了した後も同様）[3]　❸ 「養子、その配偶者、養子の直系卑属又はその配偶者」と、「養親又はその直系尊属」との間の婚姻禁止（親族関係終了後も同様）	
④	再婚禁止期間（733）	原則	女は、前婚の解消又は取消しの日から起算して 100 日を経過後でなければ、再婚できない（733 I）
		例外	❶ 女が前婚の解消又は取消しの時に懐胎していなかった場合（733 II ①）　❷ 女が前婚の解消又は取消しの後に出産した場合（733 II ②）　→ 733 条 1 項は適用されない

[1] ①〜④は婚姻の**取消事由**に該当する（744 I、743）。
[2] ただし、**養子と養方の傍系血族**との間の婚姻は可能（734 I 但）。
[3] 傍系姻族間での婚姻は可能。

婚姻が成立すると、夫婦間でした契約は、婚姻中、いつでも夫婦の一方からこれを取り消すことができます（**夫婦間の契約取消権** 754本）。これは、夫婦間の契約の履行は当事者の気持ちに委ねたほうが夫婦生活を維持する上で妥当であるという、円満な関係にある夫婦を想定した趣旨に基づくものであるため、**夫婦関係が実質的に破綻している場合**には、適用がありません（最判昭 42. 2. 2）。

09 □□□　A男とB女は、結婚式を挙げて既に数年間夫婦生活をしているが、まだ婚姻の届出をしていない。この場合、AがBと共同生活を営むため、自己の名義でCから建物を賃借している場合において、Aがその賃料の支払を怠っていても、**Cは、Bに対してその支払を請求することはできない。**

→**1**❸
日常家事債務の連帯責任の規定は内縁にも準用される
×

10 □□□　内縁の夫婦の一方の**死亡により内縁関係が解消**した場合には、当事者間の財産関係の清算については、法律上の夫婦の離婚に伴う**財産分与**に関する民法の規定が類推適用される。

→**1**❸ ▶4
×

11 □□□　事実上の夫婦共同生活関係にある者が、**婚姻の意思に基づき届出書を作成**したが、**届出の時には当事者が意識を喪失**し、その後死亡した場合には、その婚姻は無効である。

→**2**❶ ▶5
×

12 □□□　A男（19歳）とB女（15歳）との婚姻届が誤って受理された場合、Bは、**親権者の同意を得なければ、**婚姻の取消しを請求することができない。

→**2**❷❸「不適齢婚」
各当事者ができる
→同意不要
×

13 □□□　AとBの婚姻中に、BとCが婚姻した場合、A及びCは、後婚の取消しを請求することができるが、**Bは請求することはできない。**

→**2**❷❸「重婚」
Bは当事者→請求可
×

14 □□□　強迫による婚姻は、強迫を受けて婚姻の意思表示をした者が**強迫を免れた後、3か月を経過**したときは、取り消すことができない。

→**2**❷❸「詐欺・強迫」
cf. 養子縁組 (808 I)
○

15 □□□　AとBの婚姻中に、BとCが婚姻した場合において、**Bが死亡した後**は、**検察官は**後婚の取消しを請求することができない。

→**2**❷❸ ▶6
○

16 □□□　AとBの婚姻中に、BとCが婚姻した場合、**BとCが離婚**した後は、特段の事情のない限り、Aは後婚の取消しを請求することはできない。

→**2**❷❸ ▶7①
○

17 □□□　AとBの婚姻中に、BとCが婚姻した場合、**Bが死亡した後**であっても、Aは後婚の取消しを請求することができる。

→**2**❷❸ ▶7②
○

❸ 婚姻との比較──内縁　　　　　　○：婚姻の規定が準用される　×：されない

効果	○	① 日常家事債務の連帯責任（761）、② 財産分与（768）▶4
	×	① 氏の変更（750）、② 子の嫡出推定（772）、③ 配偶者の相続権（890）

▶4　内縁夫婦の一方の死亡により内縁関係が解消した場合には、財産分与に関する規定は類推適用されない（最決平12.3.10）。

2 婚姻の無効・取消し

ランク B

❶ 婚姻の無効

無効原因（742）	①　人違いその他の事由によって当事者間に婚姻をする意思がないとき▶5
	②　当事者が婚姻の届出をしないとき
効果	初めから婚姻が効果を生じなかったものと扱われる 　→　生まれた子も嫡出子たる身分を取得しない　cf. 婚姻の取消し

▶5　婚姻意思は、婚姻届の作成時及び届出時に存在しなければならない（大判昭16.5.20）。ただし、事実上の夫婦共同生活関係にある者が、婚姻意思を有し、その意思に基づいて婚姻届書を作成したときは、届書の受理された当時に意識を喪失していたとしても、その受理前に翻意したなどの特段の事情のない限り、この届書の受理により婚姻は有効に成立する（最判昭44.4.3）。

❷ 婚姻の取消し

ⓐ 取消事由、取消権者、及び取消制限等

取消事由	取消権者（744）				取消制限等
不適齢婚	① 各当事者	② 親族	③ 検察官 ▶6	―	・適齢後の取消しは不可。ただし、本人には、3か月の熟慮期間あり（745） ・適齢後に追認すれば取消しは不可（745Ⅱ但）
重婚 ▶7				④ 当事者の配偶者	―
再婚禁止期間違反				⑤ 前配偶者	・前婚終了日から起算して100日経過後、又は再婚後に出産すれば、取消しは不可（746）
近親婚				―	
詐欺・強迫	表意者のみ				・追認により、取消しは不可（747Ⅱ） ・追認可能時から3か月経過後は取消しは不可（747Ⅱ） cf. 養子縁組は6か月（808Ⅰ・747）

▶6　当事者一方の死亡後は、検察官は、取消請求をすることができない（744Ⅰ但）。

▶7　《重婚解消後の重婚当事者の配偶者による取消請求の可否》
　　　①　後婚が離婚によって解消　→　特段の事情のない限り、請求できない（最判昭57.9.28）。
　　　②　後婚が重婚者の死亡によって解消　→　請求できる（744Ⅰ但参照）。

第6編　親族

18 □□□　ＣがＡ男とＢ女の間の子である場合、ＣがＡＢの婚姻成立日から 200 日を経過した後に出生した場合であっても、**Ｃの出生後に、ＡＢの婚姻が取り消された**ときは、Ｃは嫡出子たる身分を失う。

→ **2②ⓑ**
取消しの効果は遡及しない

×

19 □□□　婚姻が取り消された場合の当事者の一方は、相手方に対して**財産の分与**を請求することができない。

→ **2②ⓑ**参照
財産分与に関する離婚の規定は婚姻取消しに準用

×

20 □□□　法律上の婚姻関係を解消する意思の合致に基づき協議離婚の届出がされた場合であっても、**生活保護の給付を受けるための方便として届出をした**にすぎないときは、その協議離婚は**無効**である。

→ **3①ⓑ**「離婚意思」
cf. 婚姻意思

×

21 □□□　協議離婚の意思に基づき**離婚届を作成したのち翻意**し、その旨を相手方に通知したが、届出がなされたときは、離婚は有効である。

→ **3①ⓑ**「存在時期」
届出時に離婚意思がないため無効

×

22 □□□　父母の婚姻中に出生した未成年の子に対しては、**父母の離婚後も**、その協議により、**共同**で親権を行使する旨を定めることができる。

→ **3①ⓒ**「親権者」

×

23 □□□　婚姻中の夫Ａと妻Ｂとの間に未成年者である子Ｃがおり、Ａ及びＢがＣの共同親権者であるという場合に、ＡとＢとが協議上の離婚をするときは、監護権は親権の一部であるから、Ｃの**親権者と監護をすべき者とを別人**とすることはできない。

→ **3①ⓒ**「監護者」
別人とすることも可能

×

❺ 取消しの効果

効 果	婚姻取消しの効果は遡及しない（748 I）。
	・子は、嫡出子たる身分を失わない　cf. 婚姻の無効
	離婚の規定の準用（749）① 子の監護者の決定　② 復氏　③ 財産分与　など。

3 ｜ 婚姻の解消 💬

1 協議離婚

❶ 要　件

形式的要件	戸籍法の定めに基づく届出（764・739）　cf. 1❺
実質的要件	離婚意思の合致　cf. 1❻

❻ 離婚意思に関する論点

離婚意思	離婚届出をする意思で足りる（形式的意思説　大判昭16.2.3） ・生活保護を受けるための協議離婚も有効である（最判昭57.3.26）
存在時期	離婚意思は、離婚届の作成時と提出時の両方に必要（大判昭16.11.29） ・受理前に当事者の一方が翻意した場合は、離婚は無効（最判昭34.8.7）

💡婚姻意思は実質的意思が必要。

❼ 未成年の子がいる場合の親権者、監護者の決定

	親権者	監護者
適 格 者	父母の一方（819 I）	父母の一方又は第三者 （親権と監護権は分離可能）
離婚届への記載	必　要（765 I、819 I）	不　要

親

族

「婚姻の解消」とは、**離婚及び婚姻当事者の一方の死亡**により婚姻が終了する場合をいいます。離婚では、裁判離婚と協議離婚のうち、協議離婚の出題頻度が高いため、これに絞って取り上げています。

24 ☐☐☐　成年被後見人は、事理を弁識する能力を一時回復しているときは、**成年後見人の同意を得ることなく**協議上の離婚をすることができる。

➡ 3❶d「成年被後見人」

○

25 ☐☐☐　離婚を認める判決が確定したときは、戸籍法の定めるところにより**届け出ることによって**、離婚の効力が生ずる。

➡ 3❶e「裁判離婚」
報告的届出
cf. 協議離婚

×

26 ☐☐☐　Aとの婚姻によって氏を改めたBは、Aと**離婚**をしたときは、戸籍法の定めるところにより届け出ることによって、**婚姻前の氏に復することなく**Aの氏を称することができる。

➡ 3❷「離婚」
いったん復氏する

×

27 ☐☐☐　ＡＢ夫婦が離婚した場合において、婚姻前の氏に復したBは、**婚姻の日から離婚までの期間にかかわらず**、離婚後3か月以内に戸籍法の定めるところにより届け出ることによって、離婚の際に称していた氏を称することができる。

➡ 3❷「離婚」
cf. 離縁

○

28 ☐☐☐　結婚によって氏を改めた夫は、妻の**死亡**によって婚姻前の氏に復するが、その死亡の日から3か月以内に届け出ることによって、死別の際に称していた妻の氏を続称することができる。

➡ 3❷「夫婦の一方の死亡」

×

29 ☐☐☐　夫婦の**一方の死亡によって婚姻が解消**した場合において、生存配偶者が**婚姻前の氏に復した**ときは、死亡した配偶者の血族との**姻族関係は終了**する。

➡ 3❷ ▶ 9
復氏と姻族関係は無関係

×

30 ☐☐☐　財産分与の内容には、当事者の一方が過当に負担した**婚姻費用の清算**のための給付を含めることができるが、**慰謝料の支払**としての損害賠償のための給付を含めることはできない。

➡ 3❷ ▶ 10

×

ⓓ 法定代理人の同意の要否 　　　　　　　　　　○：父母の同意が必要　×：不要

	未成年者	成年被後見人 [8]
婚　姻	○	×
協議離婚	×	×

[8]　意思能力がある場合に限る。

ⓔ 届出 —— 裁判離婚との比較

協議離婚	創設的届出	＊	届出により身分関係の変動が生じるため
裁判離婚	報告的届出	＊	判決の確定時に離婚の効力が生じるため

❷ 婚姻解消の効果

		離　婚	夫婦の一方の死亡
姻族関係		当然に終了（728 Ⅰ）	意思表示により終了（728 Ⅱ）[9]
復氏	原則	復氏する	復氏しない
	例外	離婚後3か月以内に、戸籍法による届出により、離婚の際の氏を称することができる（767 Ⅱ）	戸籍法による届出により、いつでも、婚姻前の氏に復することができる（751 Ⅰ）
財産		財産分与（768）[10]	相　続（890）

[9]　姻族関係を終了せずに復氏することも、復氏せずに姻族関係を終了させることも可能。

[10]　財産分与の請求権の要素に、離婚によって生じた精神的損害に対する慰謝料も含めることができる（最判昭46.7.23）。

身分行為では本人の意思が尊重されるため、原則として法定代理人の同意は不要です。これは親族編の全体に通じていえることなので、しっかり押さえておきましょう。

01 ☐☐☐ A男B女の**婚姻中に懐胎**したが、婚姻の解消から300日を経過した後に出生した子は、ＡＢの嫡出子ではない。

➡1**1** ✕

02 ☐☐☐ **前夫との婚姻の解消の日から1年後**であって、**後夫との婚姻の成立の日から250日後**に生まれた子について、子の父を定めるためには、父を定めることを目的とする訴えによらなければならない。

➡1**3** ▶2参照
推定が重複しない
→父を定めることを目的とする訴えによることを要しない
(773参照) ✕

03 ☐☐☐ **婚姻の成立の日から100日後**であって、**内縁関係の成立の日から250日後**に生まれた子について、夫が父子関係を否定するためには、嫡出否認の訴えによらなければならない。

➡1**3**「場面」
推定されない嫡出子
→親子関係不存在確認の訴えによる ✕

04 ☐☐☐ A男と婚姻中のＢ女が他の男との間にもうけた子Ｃが、ＡＢ間の嫡出子として戸籍に記載されているが、**ＡはＣの出生の3年前から現在まで刑務所に収容されている**。この場合、Ａは、**Ｃの出生後何年たっても**、裁判所にＣが自分の子ではないことの確認を求めることができる。

➡1**3**「場面」、「期間」
Ｃは推定の及ばない子
親子関係不存在確認の訴えに出訴期間制限なし ○

05 ☐☐☐ 婚姻が成立した日から200日経過後に出生した子について、母の夫は、母が死亡しているときは、**検察官を被告として**嫡出否認の訴えを提起することができる。

➡1**3**「相手方」②
✕

06 ☐☐☐ 嫡出否認の訴えは、**夫が成年被後見人**であるときでも、夫が子の出生を知った時から1年以内に提起しなければならない。

➡1**3** ▶3
後見開始の審判が取り消されていることが必要 ✕

07 ☐☐☐ 婚姻が成立した日から200日経過後に出生した子について、**夫が嫡出子出生届をした**ときは、その夫は、嫡出否認の訴えを提起することができない。

➡1**3** ▶4
cf.非嫡出子の父がその子の出生届を出した場合、認知としての効力を有する ✕

2022年10月現在、第210回国会において民法（親子法制）の改正が予定されており、その内容として、「嫡出の推定の見直し」「再婚禁止期間の廃止」「嫡出否認制度の見直し」「認知制度の見直し」等が盛り込まれています。本書制作段階ではその内容が確定していないため、その改正内容を反映していませんが、今後の改正の動向に注目しておきましょう。

1 嫡出子

1 意 義

法律上の婚姻関係にある男女を父母として生まれた子。

💡 婚姻中に懐胎した子（**出生の時期は問わない**）、婚姻中に出生した子は嫡出子となる。

cf. **非嫡出子**とは、婚姻関係にない男女間に生まれた子をいう。

2 分 類

推定される嫡出子	婚姻の成立の日から **200 日経過後**又は婚姻の解消若しくは取消しの日から **300 日以内**に生まれた子（772 Ⅱ）→ 婚姻中に懐胎したものと推定 💬
推定の及ばない子	形式的には 772 条に該当するが、その推定が及ばない子 ▶1 ex. ① 夫が海外に単身赴任中であった場合 ② 夫が刑事施設に収容中の場合
推定されない嫡出子	婚姻中に出生したが、772 条の嫡出推定を受けない子 ex. 内縁関係が先行し、婚姻成立後 200 日以内に生まれた子 （大連判昭 15.1.23）

▶1 生物学上の父子関係が認められないことが科学的根拠（ex.DNA 鑑定）により明らかであっても、推定の及ばない子には当たらない（最判平 26. 7.17）。
∵ 子の身分関係の法的安定性の保持。

3 父子関係を否定する方法 ▶2

	嫡出否認の訴え（775）	親子関係不存在確認の訴え
場 面	推定される嫡出子	推定されない嫡出子、推定の及ばない子
提訴権者	原則：夫（774） （例外につき人訴 14、41 参照）	確認の利益を有する者
相手方	① 子又は親権を行う母 ② 母がないときは、家裁の選任する特別代理人	① 当事者である親及び子の双方又は一方 ② 当事者の一方が死亡し、生存する他方が訴えたときは、検察官
期 間	出生を知った時から 1 年以内 （777）▶3	制限なし
提訴権消滅事由	承 認（776）▶4	な し

▶2 再婚禁止期間の規定に違反して再婚した女が出産した子（二重の推定が及ぶ子）について、前夫と後夫のいずれの子なのかを決める場合には、父を定めることを目的とする訴えによる（773）。

▶3 夫が成年被後見人であるときは、後見開始の審判の取消しがあった後、夫が子の出生を知った時から 1 年以内（778）。

▶4 夫が子の**出生届**を出しても承認したことにはならず、否認権を失わない（戸籍 53 参照）。

08 □□□　認知は遺言によってもすることができるが、その効力は、認知者の**死亡時より前に遡ることはない**。

➡ 2 ❶「効果」
子の出生の時まで遡る

✕

09 □□□　非嫡出子は、母の氏を称するが、父に**認知**されたときは、**父の氏**を称する。

➡ 2 ❶ ▶ 5
認知と氏の変動は無関係

✕

10 □□□　**意思能力を有する未成年者**が、法定代理人の同意なくしてした認知は有効であるが、**事理を弁識する能力を一時回復した成年被後見人**が、成年後見人の同意を得ることなくしてした認知は無効である。

➡ 2 ❷ⓐ「能力」
意思能力があれば単独で有効に認知できる

✕

11 □□□　**成年である子を認知**するためには、その承諾を得ることを要する。

➡ 2 ❷ⓐ「承諾」「例外」①

◯

12 □□□　父は、**胎内に在る子**でも、これを認知することができるが、その場合には、**家庭裁判所の許可**を得なければならない。

➡ 2 ❷ⓐ「承諾」「例外」②
母の承諾が必要

✕

13 □□□　Ａ女は、婚姻関係にないＢ男との間に子Ｃをもうけたが、Ｂ男はＣを認知していない。**Ｃが幼少の時に死亡**した場合、Ｂ男は、Ａ女の承諾を得れば、Ｃを認知することができる。

➡ 2 ❷ⓐ「承諾」「例外」③
Ｃに直系卑属がいないため、認知できない

✕

14 □□□　**血縁上の親子関係がない者**を認知した者は、認知の時にそのことを知っていたときは、自らした認知の無効を主張することができない。

➡ 2 ❷ⓐ「無効に関する論点」③

✕

15 □□□　生前認知も、**遺言認知**も、戸籍法の定めるところにより届け出ることによって、その効力を生じる。

➡ 2 ❷ⓑ「効力発生時期」
遺言認知は遺言者死亡時に効力発生

✕

16 □□□　**父又は母が生前にした認知**は、撤回することができないが、**遺言による認知**は、遺言者が遺言の方式に従って撤回することができる。

➡ 2 ❷ⓑ「撤回」

◯

17 □□□　妻以外の女性との間にもうけた子につき、**妻との間の子として出生の届出**をし、受理されたときは、その届出は、**認知届としての効力を有する**。

➡ 2 ❷ⓑ ▶ 6

◯

2 非嫡出子

1 認 知

意 義	非嫡出子と父との間に、親子関係を発生させる**唯一の方法**
類 型	① 任意認知（779）cf. **2**　② 強制認知（認知の訴え 787）cf. **3**
効 果	認知により、**子の出生の時に遡って親子関係が発生する**（784 本）▶5

▶5　ただし、認知があっても、それだけでは**子の親権者、子の氏は変動しない**（790 Ⅱ）。

2 任意認知

ⓐ 要 件

要件	能力	意思能力があれば足りる → 父が未成年者又は成年被後見人であっても、**法定代理人の同意は不要**（780）
	承諾 原則	不 要
	承諾 例外	① **成年の子**を認知する場合 → その者の承諾が必要（782） ② **胎児**を認知する場合 → 母の承諾が必要（783 Ⅰ） ③ **死亡した子**を認知する場合（783 Ⅱ） 　❶ その子に直系卑属がいることが必要、かつ 　❷ 死亡した子の直系卑属が成年者であればその者の承諾が必要
無効に関する論点		① 認知者は、「利害関係人」に含まれるので、**自らがした認知の無効を主張することができる**（最判平 26. 1.14） ② **認知者の意思に基づかない届出**による認知は、認知者と被認知者との間に血縁上の親子関係があるときでも、無効である（最判昭 52. 2.14） ③ 認知者は、**血縁上の親子関係がないことを知りながら、認知をしたとき**（故意の虚偽認知）でも、認知の無効を主張することができる（最判平 26. 1.14）

第6編 親族

ⓑ 方 式 ▶6

	生前認知	遺言認知
方 式	届出（781 Ⅰ）	遺言（781 Ⅱ）
効力発生時期	届出時 ＊ 届出は「創設的届出」	遺言者の死亡時 ＊ 届出は「報告的届出」
撤 回	不 可（785）	遺言の方式に従って可（1022）

▶6　非嫡出子の父が、妻との子としてその子の出生届を出した場合、その届出には認知届としての効力が認められる（最判昭 53. 2.24）。

任意認知には、**認知意思＋血縁関係**が必要であり、いずれかが欠ければ無効となることを理解しておきましょう。

18 □□□　母の婚姻が成立した日から 200 日以内に出生した
子の嫡出性に争いがあるときは、母は、**父子関係不存在
確認の裁判を得ることなく**、実の父に対して強制認知の
訴えを提起することができる。

→ 2 **3** 「当事者」「原　　〇
告」
母は子の法定代理人

19 □□□　内縁の成立の日から 200 日後に出生した子が、内
縁の夫である父の死亡後に認知の訴えを提起する場合で
あっても、**父の死亡の日から 3 年を経過している**ときは、
認知の訴えを提起することができない。

→ 2 **3** 「出訴期間」　　〇

20 □□□　Ａが婚姻関係にないＢによって懐胎し、子Ｃを出
産した場合において、ＢがＡと婚姻をした後にＣを認知
したときは、Ｃは、**ＡとＢの婚姻の時から**嫡出子たる身
分を取得する。

→ 2 **4** 「効果」　　〇

21 □□□　子が父から認知された後、父母が婚姻した場合は、
子は**認知の時から**嫡出子たる身分を取得する。

→ 2 **4** 「効果」　　×
婚姻の時から

22 □□□　Ｃが婚姻関係にないＡ男とＢ女の間の子である場
合、**Ｃの出生後**に、**ＡＢの婚姻が成立**したが、その後Ａ
Ｂが離婚し、その**離婚後**に、**ＡがＣを認知**しても、Ｃは、
嫡出子たる身分を取得しない。

→ 2 **4** 💡　　×

23 □□□　Ａは、未婚のＢが生んだＡの子Ｃを認知した後に
Ｂと婚姻したが、その後、Ｂとの**婚姻が取り消された**。
この場合、**準正の効果は消滅する**。

→ 2 **4** 💡　　×

3 強制認知

当事者	原告	子、その直系卑属又はこれらの者の**法定代理人**（787本）
	被告	父又は母（父又は母の死亡後は検察官〔人訴 42 Ⅰ〕）
出訴期間		父又は母の生存中：**いつでも**提起することができる 父又は母の死亡後：父又は母の**死亡の日から3年**以内（787但）

4 準　正（789条）

	婚 姻 準 正	認 知 準 正
意 義	既に認知された非嫡出子が、父母の婚姻により嫡出子の身分を取得すること	非嫡出子の父母が婚姻し、婚姻中の認知により、嫡出子の身分を取得すること
効 果	婚姻の時から嫡出子の身分を取得する（通説）	

💡いったん婚姻準正が生じれば、その後に婚姻の解消又は取消しがされても、**子は嫡出子たる身分を失わない**。また、**婚姻の解消又は取消し後に父が認知した場合も、子は嫡出子たる身分を取得する**。

【婚姻準正】
① 非嫡出子出生　② 認知　③ 婚姻

【認知準正】
① 非嫡出子出生　② 婚姻　③ 認知

24 □□□　真実の親子関係がない親から嫡出である子として出生の届出がされている場合、その**出生の届出**は無効であるが、その子は、15歳に達した後は、その出生の届出を**縁組の届出として追認**することができる。

➡3**1**▶7　　✕

25 □□□　**他人の子を実子として届け出た者が、その子の養子縁組につき代わって承諾**をしたとしても、当該養子縁組は無効であるが、その**子が、15歳に達した後に、当該養子縁組を追認**すれば、当該養子縁組は当初から有効となる。

➡3**1**▶7 cf.　○

26 □□□　**未成年者を養子とする場合**において、養子となるべき者が15歳未満であって法定代理人の代諾により縁組をするときは、家庭裁判所の許可を得ることを要しない。

➡3**2b**④　　✕
原則どおり許可必要

27 □□□　A女は、婚姻関係にないB男との間に子Cをもうけたが、B男はCを認知していない。その後、A女はD男と婚姻した。**Cが未成年**である場合、D男がCを養子とするには、**家庭裁判所の許可**を得なければならない。

➡3**2b**④「例外」　✕
Cは非嫡出子だが、
Aの直系卑属

28 □□□　A女は、**婚姻関係にないB男との間に子Cをもうけた**が、B男はCを認知していない。その後、A女はD男と婚姻した。Cが未成年である場合、D男がCを養子とするには、A女と共にすることを要しない。

➡3**2c**「養子が未　✕
成年者」「原則」
CはAの非嫡出子
原則どおり共同で縁
組する必要あり

29 □□□　**配偶者のある者が未成年者を養子とする**には、原則として、配偶者と共に縁組をしなければならないが、**配偶者の嫡出子を養子とするときは、単独で**縁組をすることができる。

➡3**2c**「養子が未　○
成年者」「例外」①

30 □□□　配偶者のある者が、**単独で、その配偶者の未成年の嫡出子を養子とする**には、その配偶者の同意を得る必要はない。

➡3**2c**「養子が未　✕
成年者」「例外」①
同意必要

31 □□□　Aは、成年者Bを養子とする縁組をした後、Cと婚姻した。この場合、**Aが反対の意思を表示している場合**であっても、Bを養子とすることができる。

➡3**2c**「養子が成　✕
年者」「原則」

単に「縁組届を出そう」という意思だけで実質上、親子生活を送る意思がない場合、養子縁組は無効となります。ただし、**節税目的でされた養子縁組**であっても直ちに無効とはいえないとした判例（最判平29.1.31）があるので注意しましょう。

3 普通養子

1 普通養子縁組の成立要件

形式的要件	戸籍法の定めに基づく届出（799・739Ⅰ） ＊ 創設的届出 ▶7
実質的要件	① 縁組意思の合致 cf.**2a** ② 縁組障害の不存在 cf.**2b**

▶7 他人の子を自分たちの嫡出子として届け出ても、**嫡出親子関係のみならず、養親子関係も生じない**（最判昭 25.12.28）。子が出生届を養子縁組届として**追認することもできない**。

cf. 無権限者による代諾縁組

　非代諾権者が代諾縁組をした場合でも、養子が 15 歳に達したときは、養子は養子縁組を有効に**追認することができる**（最判昭 27.10.3）。

2 実質的要件の検討

a 縁組意思

社会通念上親子関係と認められる関係を成立させる意思（実質的意思説）。

b 縁組障害の不存在 （792条～798条）

① 養親が 20 歳に達していること（792）
② 養子が、養親の尊属又は年長者ではないこと（793）
③ 後見人が被後見人を養子とする場合には、家庭裁判所の許可を得ること（794）
④ 未成年者を養子とする場合（798）▶8
　原則：家庭裁判所の許可を得なければならない
　例外：**自己又は配偶者の直系卑属を養子**とする場合には、家庭裁判所の許可は不要
⑤ 配偶者のある者の縁組の要件の充足　cf.**2c**

▶8 養子となる者が 15 歳未満であるときは、その法定代理人がこれに代わって縁組の承諾をする（代諾縁組 797Ⅰ）。

c 配偶者のある者の縁組 （795条、796条）

養親となる場合	養子が未成年者	原則：夫婦が共同して縁組しなければならない 例外：① **配偶者の嫡出子を養子とする場合**（配偶者の同意が必要） ② 配偶者がその意思を表示できない場合
	養子が成年者	夫婦の一方が単独で縁組することができる 《**もう一方の配偶者の同意の要否**》 原則：必要 例外：① 夫婦共同縁組の場合 ② 配偶者がその意思を表示できない場合
養子となる場合		夫婦の一方が**単独で縁組することができる** 《**もう一方の配偶者の同意の要否**》 同上

32 □□□　未成年者である養子の養父と実母とが婚姻関係にある場合、親権は、養父と実母が**共同して行使**する。　→3**3**① 　○

33 □□□　養親をA、養子をBとする普通養子縁組をした場合、AとB**の実父**との間に親族関係が生じる。　→3**3**②💡参照 　×

34 □□□　**夫婦共同縁組をした養親の一方のみと離縁**をしたときは、養子は、縁組前の氏に復しない。　→3**4ⓐ**「効果」②「例外」 　○

35 □□□　離縁により縁組前の氏に復した養子は、**縁組の日から復氏までの期間にかかわらず**、離縁の際に称していた氏を称することができる。　→3**4ⓐ**「効果」▶10 　×

36 □□□　15歳未満の養子と養親が離縁の協議をするときは、当該協議につき養子を代理する**特別代理人を選任**しなければならない。　→3**4ⓑ**「協議離縁」「例外」離縁後に養子の法定代理人となるべき者が行う 　×

37 □□□　家庭裁判所の許可を得て養子となった15歳未満の子が**協議離縁**をするためには、**家庭裁判所の許可**を得なければならない。　→3**4ⓑ**「協議離縁」離縁の際は許可不要 　×

38 □□□　養親A及び養子Bの離縁は、A又はBが死亡した後もすることができるが、その際、**家庭裁判所の許可**を得ることを要しない。　→3**4ⓑ**「死後離縁」② 　×

39 □□□　死後離縁は、戸籍の**届出**をすることによって効力を生ずる。　→3**4ⓑ**「死後離縁」創設的届出である 　○

40 □□□　普通養子縁組において、**夫婦である養親**が未成年者である養子と離縁するには、夫婦の一方が意思表示をできない場合を除き、夫婦が共にしなければならない。　→3**4ⓑ**▶11 　○

41 □□□　**夫婦共同で養子**となった者は、その婚姻継続中でも各別に離縁することができる。　→3**4ⓑ**▶11当該規定は夫婦共同で「養親」となった場合に適用される 　○

死後離縁とは、縁組の当事者の一方が死亡した場合において、裁判所の許可を得て、他方の当事者が離縁をすることをいいます（811 Ⅵ）。縁組の当事者の一方が死亡しても、養子縁組が消滅するわけではないところ、死亡した当事者の親族との縁を切ることを認めるものです。

3 効　果

① 養親の嫡出子の身分取得（809）
  → 養子が未成年であるときは、**養親の親権に服する**（818 Ⅱ）
② 養子と養親及びその血族との間に親族関係（法定血族関係）が生じる（727）▶9
💡**養子の血族**と養親及びその血族間には親族関係は生じない

▶9　特別養子縁組と異なり、養子と**実方の親族関係**は**縁組後も存続**する。

4 離　縁

ⓐ 総　論

意　義	養子縁組を解消すること
方　法	① 協議離縁、② 裁判離縁、③ 死後離縁
効　果	① 親族関係の終了（養子が未成年者の場合は、実親の親権が復活） ② 氏への影響 　原則：復氏する（816 Ⅰ本）▶10 　例外：配偶者と共に養子をした**養親の一方のみと離縁**した場合（816 Ⅰ但）

▶10　縁組の日から**7年を経過した後**に離縁して縁組前の氏に復した者は、離縁の日から3か月以内に届け出ることによって、離縁の際に称していた氏を称することができる（816 Ⅱ）。

ⓑ 各離縁の比較

	要　件	当事者▶11
協議 離縁	① 離縁意思の合致 ② 届　出（戸籍70、71） 　＊ 創設的届出	原則：縁組の当事者 例外：養子が15歳未満の場合、離縁後に養子の**法定代理人となる者**（811 Ⅱ）
裁判 離縁	① 下記のいずれかの場合（814 Ⅰ） 　ⓐ 他の一方から悪意で遺棄されたとき 　ⓑ 他の一方の生死が3年以上明らかでないとき 　ⓒ その他、縁組を継続し難い重大な事由があるとき ② 届　出（戸籍73）　＊ 報告的届出	原則：縁組の当事者 例外：養子が15歳未満の場合には、離縁後に養子の法定代理人となる者（815）
死後 離縁	① 当事者の申出 ② 家庭裁判所の許可（811 Ⅵ） ③ 届　出（戸籍72）　＊ 創設的届出	生存当事者 （養親・養子を問わない）

▶11　**養親が夫婦**である場合において、**未成年者である養子**と離縁をする場合
　　　原則：**夫婦が共にしなければならない**（811の2本）。
　　　例外：夫婦の一方が意思を表示できない場合は単独で離縁可（811の2但）。

親　子 ⑥

42 □□□　A女は、婚姻関係にないB男との間に子Cをもう
けたが、B男はCを認知していない。その後、Cが、婚
姻関係にあるD男とE女の特別養子となった場合、**B男
は、Cを認知することができない。**

→ 4 **1**「効果」②
養子と実方の関係は
断絶されるため

○

43 □□□　特別養子縁組は、戸籍法の定めるところにより、
これを**届け出ることによって、その効力を生じる。**

→ 4 **2**「成立」
効力は審判によって
生じる→報告的届出

×

44 □□□　特別養子となる者が**15歳に達している場合**でも、
その子を特別養子とすることができる場合がある。

→ 4 **2**「要件」「養子」
「例外」

○

45 □□□　特別養子の**養親**となる者は、**配偶者のある者**でな
ければならない。

→ 4 **2**「要件」「養親」

○

46 □□□　A及びBがCを特別養子にするには、Cの父母に
よるCの**監護が著しく困難又は不適当**であること、その
他特別の事由がなければならない。

→ 4 **2**「成立要件」

○

47 □□□　**特別養子である**Cが15歳に達した後は、養親で
あるABとCとは、その**協議**で離縁することができる。

→ 4 **2**「離縁」「方式」
審判によらなければ
ならない

×

48 □□□　**特別養子と実父母の親族関係**は、**特別養子と養親**
との離縁があっても、**再び生じることはない。**

→ 4 **2**「離縁」「効果」

×

養子となる者と実方の父母との親子関係を断絶するのが特別養子縁組の制度で
あるところ、実親による認知を認めると、実親との親子関係が生じてしまうた
め、特別養子縁組が成立した後は、実親が特別養子となった子を**認知すること
はできない**とされています。

4 特別養子

1 意義と効果

意 義	実体的な法律関係のみならず、戸籍上も養親の実子として取り扱う制度
効 果	① 養子縁組一般の効果（養方との関係） ・養親の嫡出子としての身分を取得する (809) ・養子と養親及びその血族との間に親族関係が生じる (727) ・養子は養親の氏を称する (810本) ② 特別養子縁組特有の効果（実方との関係） 養子と実方の父母、及びその血族との**親族関係は、原則として終了** (817 の9本) ＊ 実親は、特別養子を認知することができない

2 特別養子の成立、離縁 (817条の2～817条の11)

成 立		養親となる者の請求による**家庭裁判所の審判** ＊ 報告的届出
要件	養子 ▶12	原則：15歳未満（審判の申立時） 例外：① 15歳に達する前から養親候補者が引き続き養育 かつ ② やむを得ない事由により15歳までに請求がない → **15歳以上でも可**
	養親	原則：25歳以上で、**配偶者のある者** 例外：養親となる夫婦の一方が25歳に達している場合には、他の一方が20歳に達していればよい
同意	父母	原則：必要 例外：① 父母が意思表示できないとき ② 養子となる者の利益を著しく害する事由があるとき ｝不要
	養子候補者	養子候補者が15歳に達している場合は必要（審判時）
成立要件		父母による養子となる者の**監護が著しく困難又は不適当**であることその他特別の事情がある場合において、子の利益のため特に必要があること
試験養育期間		請求の時から**6か月以上の期間監護**した状況を考慮 ＊ 請求前の監護の状況が明らかであるときは、この限りではない
離縁	要件	① 養子の利益を著しく害する事由があること かつ ② 実父母が相当の監護をすることができること
	方式	養子、実父母又は検察官の請求による、**家庭裁判所の審判**
	効果	養子と実父母及びその血族との間に、特別養子縁組によって**終了した親族関係と同一の親族関係を生ずる**

▶12 審判確定時に18歳に達している者は縁組不可 (817の5Ⅰ後)。

01 □□□　**婚姻によって氏を改めた者が養子**となったときは、養子は、養親の氏を称しない。

→「養子縁組」「例外」　○

02 □□□　嫡出である子は、その出生前に父母が離婚したときは、**母の氏**を称する。

→「子の氏」「嫡出子」「例外」
離婚の際の父母の氏を称する　×

03 □□□　非嫡出子は、母の氏を称するが、父に認知され、かつ、**親権者が父に変更されたときは、父の氏**を称する。

→「子の氏」「非嫡出子」
親権の帰属と氏は無関係　×

04 □□□　**嫡出でない子**が父の氏を称することはできない。

→「子の氏」「非嫡出子」「例外」　×

05 □□□　父又は母が氏を改めたことにより、子が父母と氏を異にする場合に、子が、父母の氏を称するには、**父母が婚姻中**であれば、**家庭裁判所の許可を得ることを要しない。**

791条2項　○

06 □□□　**父が認知**した子は、**その父母が婚姻**したときには、家庭裁判所の許可を得ることなく、戸籍法に定めるところにより届け出ることによって父母の氏を称することができる。

設問05の応用
婚姻準正、791条2項　○

場　面		称する氏
婚　姻		夫婦は、婚姻の際に定めるところに従い、夫又は妻の氏を称する（750）
婚姻の消滅	離婚、婚姻の取消し	原則：婚姻前の氏に復する（749・767Ⅰ・771） 例外：復氏した者は、**離婚・取消しの日より３か月以内に戸籍法による届出**をし、離婚・取消しの際に称していた氏を称することができる（749・767Ⅱ・771）
	配偶者の死亡	原則：復氏しない 例外：届出によっていつでも、婚姻前の氏に復することができる（751Ⅰ）
養　子　縁　組		原則：養子は、養親の氏を称する（810本） 例外：婚姻によって氏を改めた者は、婚姻の際に定めた氏を称する（810但）
離縁、縁組の取消し		原則：養子は、縁組前の氏に復する（808Ⅱ・816Ⅰ本） 例外：①　配偶者と共に養子をした養親の一方のみと離縁をした場合には、復氏しない（808Ⅱ・816Ⅰ但） ②　**養子縁組の日から７年を経過した後に離縁**等した場合には、**離縁等の日から３か月以内に戸籍法による届出**をし、離縁等の際に称していた氏を称することができる（808Ⅱ・816Ⅱ）
子の氏	嫡出子	原則：父母の氏を称する（790Ⅰ本） 例外：子の出生前に父母が離婚したときは、離婚の際の父母の氏を称する（790Ⅰ但）
	非嫡出子	原則：母の氏を称する（790Ⅱ） 例外：父に認知された場合は、**家庭裁判所の許可**を得て、戸籍法による届出により、父の氏を称することができる（791Ⅰ）

01 □□□　Aが婚姻関係にないBによって懐胎し、子Cを出産した。**BがCを認知**した場合、BはAと婚姻をしなくとも、**Cに対する扶養義務を負う。**

➡1①
認知によりCはBの
直系血族

○

02 □□□　Aは、Cと離婚したが、その間の子Bについては、**Cが親権者となり、かつ現実に監護養育することとなった。**この場合、AはBに対して扶養義務を負わない。

➡1①
離婚してもBはAの
直系血族

×

03 □□□　AとBとの間の**子C**が、Dの**特別養子**となった場合、AはCに対して扶養義務を負わない。

特別養子縁組→実方
の親族関係は終了

○

04 □□□　**A男とB女について婚姻の届出がされている**場合、B女は、A男と離婚する前であっても、**A男の母親**に対して扶養義務を負うことはない。

➡1②
1親等の姻族

×

05 □□□　婚姻中の夫Aと妻Bとの間に未成年者である子Cがおり、A及びBがCの共同親権者であるという場合に、Cが、**Aの同意を得た**が、**Bの同意を得ないで**、Dとの間で動産を購入する契約を締結したときは、A及びBは、共同で、当該契約を取り消すことができる。

➡2**1**
親権は共同行使→同
意も共同で行う必要
がある

○

06 □□□　**父が成年被後見人**である場合には、後見開始の審判が取り消されない限り、**母が単独で親権を行使**する。

➡2**1**「実子」「嫡出子」「例外」①参照

○

07 □□□　Aが**婚姻関係にない**Bによって懐胎し、子Cを出産した場合、**BがCを認知**したときは、Cに対する親権は、AとBが**共同して行使**する。

➡2**1**「実子」「非嫡出子」**2**「実子」「非嫡出子」

×

08 □□□　（①協議離婚した場合は、その後に、②**父母が離婚後に出生した子**に対しては、その子の出生後に）**父母の協議**により親権者を変更することができる。

➡2**2**「実子」「嫡出子」

②

09 □□□　母が親権者である子について、当該母と**婚姻関係にない父が認知**をしても、当該認知によって当該父が親権者となることはないが、父母の**協議**で、親権者を母から父に変更することができる。

➡2**2**「実子」「非嫡出子」①

○

10 □□□　（①**養父母双方**と未成年者が離縁をした場合、②**養父母が共に死亡**した場合）は、後見が開始する。

➡2**2**「養子」①③

②

第1次的扶養義務者は家族、第2次的扶養義務者は近い親戚というイメージを持つとよいでしょう。なお、**親族＝血族＋姻族**であるため、第2次的扶養義務者には姻族も含まれることに注意しておきましょう。

1 扶 養

		要扶養者の扶養義務を負う者
①	第1次的扶養義務者	要扶養者の**配偶者** (752、760)、**直系血族及び兄弟姉妹** (877 I)
②	第2次的扶養義務者	特別の事情があるときに、直系血族及び兄弟姉妹**以外の3親等内の親族**で、家庭裁判所により扶養義務を負うとされた者 (877 II)

2 親 権

1 親権者

			親権者	
実子	嫡出子	原 則		父母の**共同親権** (818 I、III本)
		例外	① 父母が婚姻中	一方が親権を行えない (**後見開始**、行方不明等) → 他の一方の単独親権 (818 III但)
			② 父母が離婚	協議離婚 → 協議で定める (819 I) 裁判離婚 → 裁判所が定める (819 II)
			③ 子の出生前に離婚	母が親権者となる (819 III本)
	非嫡出子			母の単独親権 (ただし、**母が未成年**であるときは、**その親権者又は未成年後見人が親権を行う** 〔833、867 I〕)
養子	原 則			養親 (818 II)
	例 外			上記の「実子」中「嫡出子」の「例外」①、②と同じ (818 III但)

2 親権者の変更

		親権者の変更
実子	嫡出子	《父母が離婚した場合》　親権者変更の審判 (819 VI)　💡「協議」で変更することは不可 《子の出生前に離婚した場合》 ① **父母の協議**又は家庭裁判所の審判により父へと変更可能 (819 III但、V) ② 親権者変更の審判 (819 VI)
	非嫡出子	《父が認知した子》 ① 父母の協議又は家庭裁判所の審判により父へと変更可能 (819 IV、V) ② 親権者変更の審判 (819 VI)
養 子		① 養父母双方と離縁 → **実親の親権が復活**する (通説) ② 養父母の一方が死亡した後、生存養親と離縁 → 後見が開始する ③ 養父母双方の死亡 → **後見が開始する** (通説) ④ 転縁組の場合 → 第2の養父母が親権者となる

扶養、親権

②

11 □□□　ＡＢ夫婦に未成年の子Ｃがいる場合において、Ａによる**親権の行使が不適当**であることによりＣの利益を害するときは、家庭裁判所は、検察官の請求により、Ａの親権喪失の審判をすることができる。

➡ 2 **3**「親権」「停止の審判」　×

12 □□□　親権を行う父又は母は、**やむを得ない事由**があるときは、家庭裁判所の許可を得て、親権又は管理権を辞することができる。

➡ 2 **3**「親権・管理権の辞任」　○

13 □□□　親権者とその子の利益が相反する行為を、親権者が子の代理人としてした場合、その行為は**無権代理行為**となる。

➡ 2 **4 @**「違反の効果」　○

14 □□□　**親権者と未成年の子との間で、子所有の不動産の売買を行うこと**は、その価格が相当である場合は、利益相反行為に該当しない。

➡ 2 **4 @**「判断基準」　×

15 □□□　**親権者が第三者から金銭を借り受け、その債務を担保するため、子を代理して子の所有不動産上に抵当権を設定**する行為は、それが子の養育費を捻出するためであるときは、利益相反行為に該当しない。

➡ 2 **4 @**「判断基準」、**b②**　×

16 □□□　自己の営業資金を調達する意思で親権者が**未成年の子を代理して第三者から金銭を借り受け、その債務を担保するために、子を代理して子の所有不動産の上に抵当権を設定**する行為は、利益相反行為に該当する。

➡ 2 **4 b❷**　×
債務者は子であるため

17 □□□　未成年の子と親権者が共同相続した場合において、**親権者が先に又は同時に相続放棄**するときは、未成年者の相続放棄を親権者が代理することは、利益相反行為に該当しない。

➡ 2 **4 b❸**　○

18 □□□　親権者が数人の未成年の子を代理して**遺産分割協議**をすることは、その際に全員を平等に取り扱うよう考え、現実にも不平等の結果にならなかった場合には、利益相反行為に該当しない。

➡ 2 **4 b④**　×
遺産分割協議を代理して行うこと自体が利益相反行為

3 親権の喪失等の要件

親権	喪失の審判	父又は母による虐待又は悪意の遺棄があるときその他父又は母による親権の行使が**著しく困難又は不適当であることにより**子の利益を著しく害するとき（834）
	停止の審判	父又は母による親権の行使が困難又は不適当であることにより子の利益を害するとき（834の2Ⅰ）
管理権喪失の審判		父又は母による管理権の行使が困難又は不適当であることにより子の利益を害するとき（835）
親権・管理権の辞任		**やむを得ない事由**があり、家庭裁判所の許可を得たとき（837Ⅰ）

4 利益相反行為の規制

ⓐ 利益相反行為

規制	利益相反行為については、親権を制限し、家庭裁判所が選任した特別代理人に権利を行使させる（826） ＊　共同親権者の一人とだけ利益が相反する場合には、他方の単独代理は認められず、特別代理人と他方親権者とが共同で代理する（最判昭35.2.25）
判断基準	行為自体の**外形から判断**すべきであって、**親権者の意図や当該行為の実質的効果等によって判断すべきでない**（形式的判断説　最判昭48.4.24）
違反の効果	**無権代理行為**となる（大判昭11.8.7）

ⓑ 具体的検討 💬

利益相反行為に当たる例	利益相反行為に当たらない例
① 子の財産を親権者に譲渡する行為 ② 親権者が、**自己の債務のために**、子を代理して子の不動産に抵当権を設定する行為 ③ 親権者が、第三者のために連帯保証人となると共に、子を代理して子も連帯保証人とし、子と共有する不動産に抵当権を設定する行為（最判昭43.10.8） ④ 共同相続人である**数人の子を代理して遺産分割協議をすること**（最判昭48.4.24）	❶ 負担付きでない子への単純贈与（大判昭6.11.24） ❷ **子を債務者として借財**し、その子の不動産に抵当権を設定する行為 ❸ 親権者が**自らあらかじめ相続放棄**をしているか、少なくとも自ら相続放棄をすると**同時に**、その親権を行う子全員の相続放棄をすること（最判昭53.2.24）

利益相反行為の規制の判断のポイントは、**構造上、親が得して子が損をする構図になっているかどうか**です。②は親権者が自己の借金を肩代わりさせることになるため、利益相反の構図になります。これに対し、❷は子の債務を子の不動産で担保するだけなので、利益相反の構図にはなりません。

01 □□□ （①未成年後見、②成年後見）は、**家庭裁判所の審判**によって開始する。

→**1**「開始事由」　②
未成年後見は当然に
開始する

02 □□□ 未成年者Aの父母が**父を親権者と定めて離婚**した後、**父が死亡**した。この場合、母が生存していても、Aについて後見が開始する。

→**1**「未成年後見」「開始事由」①　○
単独親権者の死亡は
後見開始事由

03 □□□ 父が**親権喪失**の宣告を受けた後、**母が管理権喪失**の宣告を受けた場合、後見が開始する。

→**1**「未成年後見」「開始事由」②　○

04 □□□ **未婚の未成年者が子を出生**した場合、その子について後見が開始する。

未成年者の法定代理　×
人が親権を行使 (833、
867 I)

05 □□□ （①未成年後見人、②成年後見人）の数は、**1人**であることを要しない。

→**1**「員数」　①
②

06 □□□ 後見人は、**正当な事由**がある場合に限り、**家庭裁判所の許可を受けないで**その任務を辞することができる。

→**1**「辞任」　×
家庭裁判所の許可が
必要

07 □□□ 成年後見人は、成年被後見人に代わってその**居住用建物**を売却するには、**家庭裁判所の許可**を得なければならない。

→**3**　○

1 未成年後見と成年後見の比較 ランク A

	未成年後見	成年後見
開始事由	① 未成年者に対して**親権を行う者がないとき**（838 ①前） ② **親権を行う者が管理権を有しないとき**（838 ①後）	**後見開始の審判**（838 ②）
選 任	① **遺言による指定**（839） ② ①の者がいないときは、家庭裁判所により選任（840）	家庭裁判所が、後見開始の審判をするときに、**職権で選任**（843Ⅰ）
員 数 ▶1	**制限なし**（840Ⅱ参照）	制限なし（843Ⅲ参照）
法 人 ▶1	○（840Ⅲ括参照）	○（843Ⅳ括参照）
辞 任	①正当な事由があるときは、②家庭裁判所の許可を得て、辞任できる（844）	

▶1　後見監督人も、1人であることを要せず、法人でもよい（852参照）。

2 未成年後見の開始事由①「未成年者に対して親権を行う者がないとき」の検討 ランク B

開始事由に当たる	開始事由に当たらない
・単独親権者の死亡 ・親権喪失（834） ・親権辞任（837Ⅰ） ・養父母双方の死亡	・養父母双方と離縁 　→ 実親の親権が復活する（通説）

3 居住用不動産の処分についての許可（成年後見） ランク B

　成年後見人が成年被後見人に代わって居住用の建物又はその敷地の売却や賃貸等をする場合、**家庭裁判所の許可**を得なければならない（859の3）。

よくある質問 Q&A──親族

Q p236の問07とp238の問17の違いはなんでしょうか？

A 前者の知識に関しては、嫡出推定が働くと夫に嫡出子出生届の提出の義務があるため、消極的な態度と捉えることができますが、後者の事例では、届出義務はないのにあえて出生届を出しているので、積極的な態度と捉えることができます。すなわち、２つの取扱いの違いは、このような夫の子を自分の子と認めることに対する姿勢が異なることによるものです。

Q p237の**2**▶1に関して、父子関係を否定するDNA鑑定があっても推定の及ばない子には当たらないというのは、違和感があります。

A 推定される嫡出子につき、父子関係を否定する嫡出否認の訴えは、子の法的地位の安定の観点から、出訴期間は出生を知った時から１年以内となります(777)。すなわち、民法は法律上の父子関係が生物学上の父子関係と一致しないことを容認しています。そのため、同様の観点から、父子関係を否定するDNA鑑定があっても、推定の及ばない子には当たらないとしているのです。

Q p238の問13では、なぜ直系卑属がいないと認知することができないとされているのでしょうか？

A 子が既に死亡した後に認知をして、後は相続人になるだけといった身勝手を許さない趣旨です。この観点から、相続の第１順位の相続人となる子(直系卑属)がおり、第２順位の直系尊属(親)が相続できない状況でないと、認知することができないとしているのです。

Q p242の問28では、なぜ養子となる未成年者が非嫡出子の場合に夫婦共同縁組が要求されるのでしょうか？

A 未成年者を養子にする場合の夫婦共同縁組の例外として、配偶者の嫡出子を養子とする場合が定められていますが(795但)、これは、養子縁組の目的は子に嫡出子の地位を取得させることにあるところ、自己の嫡出子を養子とすることに実益はなく、これをすることはできないからです。すなわち、養子となる未成年者が非嫡出子の場合には、嫡出子の地位を取得させるため、養子縁組をする実益があるから、依然として夫婦共同縁組が要求されるのです。

第7編
相 続

● 体系MAP

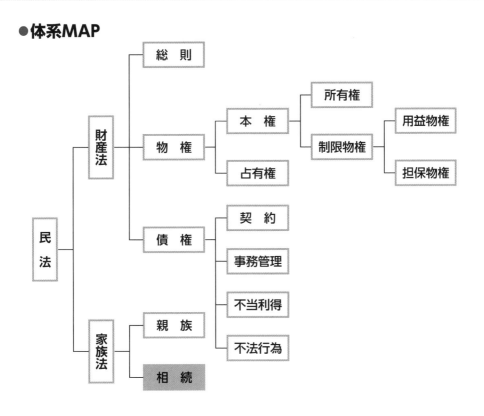

01 ＡＢ夫婦間には子Ｃ及びＤがおり、ＤＥ夫婦間には子Ｆ及びＧがいる。

1 □□□ Ｆが**死亡した当時**、Ｂ、Ｄ及びＥが**いずれも死亡していた場合**には、Ｆの相続人は、Ｇである。

➡**1** Ａが相続人

1－✕

2 □□□ Ａが死亡した当時、Ｄが既に死亡しており、Ｇが**胎児**であった場合には、Ａの相続人はＢ、Ｃ及びＦである。

2－✕
➡**1** ▶1
胎児Ｇも相続人

3 □□□ Ａ及びＤが同乗する自動車の事故によりいずれも死亡したが、**両名の死亡の前後が不明**である場合、Ａの相続人は、Ｂ、Ｃ、Ｆ、Ｇである。

3－◯
➡**2**「意義」
同時死亡も「以前」に含まれる

02 □□□ 被相続人の配偶者のほか、父母の双方を同じくする姉１名と**父母の一方のみを同じくする弟**１名が相続人となるべき場合において、弟の相続分は、**12分の1**である。

➡**1** ▶2

◯

03 □□□ 被相続人の子Ａが（①相続欠格者である、②被廃除者である、③相続を放棄した）場合には、Ａの子Ｂは**代襲相続人**になる。

➡**2**「意義」❷❸
▶3

①
②

04 □□□ 被相続人Ａの直系血族は、Ａより先にすべて死亡しており、**Ａの兄であるＢ**が推定相続人となっていたところ、ＢもＡより先に死亡した。この場合、**Ｂの実子であるＣ**がＢを代襲してＡの相続人となる。

➡**2**「要件」「代襲者」
▶4

◯

05 □□□ Ａには子Ｂ、Ｃ及びＤ、Ｂには子Ｅ、Ｃには子Ｆ、Ｄには子Ｇ、さらに、Ｅには子Ｈがいる。Ａ、Ｂ、Ｅ及びＦが死亡した後にＣが死亡したときは、Ｈは、**Ｅ及びＢを代襲**し、Ｃの財産は、Ｈ及びＤが相続する。

➡**2** ▶4
兄弟姉妹の場合は1度だけ

✕

06 □□□ Ｂは、被相続人Ａの養子であったところ、Ａより先に死亡したが、Ｂの実子であるＣは、この**養子縁組前に出生**していた。この場合、ＣがＢを代襲してＡの相続人となる。

➡**2** ▶5

✕

07 □□□ **推定相続人**は、他の推定相続人の廃除を家庭裁判所に請求することができる。

➡**3**「要件」③
被相続人のみ可能

✕

08 □□□ 自筆証書遺言による推定相続人の廃除は、家庭裁判所が遺言書を**検認した時**にその効力が生じる。

➡**3**「効果」

✕

1 相続人の順位及びその法定相続分

	相続人の順位及びその法定相続分
第一順位	配偶者　1/2　子、その代襲相続人　1/2[1、2]
第二順位	配偶者　2/3　**直系尊属**　1/3
第三順位	配偶者　3/4　**兄弟姉妹**、その代襲相続人　1/4[2]

▶1　胎児は、相続については既に生まれたものとみなされる（886 I）。
▶2　父母の一方のみを同じくするいわゆる**半血の兄弟姉妹**の相続分は、父母の双方を同じくする全血の兄弟姉妹の相続分の2分の1である（900 ④但）。

2 代襲相続

意　義		相続人となるべき者が、❶相続開始以前に死亡、❷相続欠格、又は❸推定相続人の廃除により相続権を失った場合に、その者の直系卑属がその者に代わって同一順位で相続すること（887 II、889 II、901 I）[3]
要件	被代襲者	①　被相続人の子 　　又は ②　被相続人の兄弟姉妹であること（直系尊属は含まれない）
	代襲者[4]	①被代襲者の直系卑属であること、②被相続人の直系卑属であること[5]、③相続開始時に存在すること、④相続欠格者でないこと、⑤推定相続人の廃除を受けていないこと

▶3　**相続放棄**（939）は代襲原因とはならない。
▶4　代襲者について代襲原因が発生すれば、その子が代襲者となる（再代襲相続　887 III）。ただし、被相続人の**兄弟姉妹**が相続人である場合には、**1回だけ**代襲相続が認められる。
▶5　**縁組前**に生まれた養子の子は、被相続人の直系卑属ではないため、代襲できない。

3 推定相続人の廃除

要　件	①　廃除される者が、遺留分を有する推定相続人であること[6] ②　廃除の原因があること[7] ③　**被相続人**の家庭裁判所への請求（生前廃除　892）、又は遺言（遺言廃除　893）
効　果	生前廃除：廃除の審判の確定又は調停の成立により相続権を失う 遺言廃除：**被相続人の死亡の時**に遡って相続権を失う（893）
取消し	被相続人は、いつでも廃除の取消しを家庭裁判所に請求することができ、また遺言により廃除を取り消すことができる（894）

▶6　**兄弟姉妹**は相続人であるが遺留分を有しない（1042 I）ため、推定相続人の廃除の対象とならない。
▶7　遺留分を有する推定相続人が、❶被相続人に対して虐待をしたこと、❷被相続人に重大な侮辱を加えたこと、❸その他著しい非行をしたこと（892）。

09 □□□　相続欠格の効果は相対的であるから、父に対する殺人により刑に処せられた者は、父の相続に関しては相続人となることはできないが、**その配偶者であった母の相続**に関しては相続人となることができる。

→**4**「要件」①
父は、母の相続に関して「同順位にある者」に当たる

✕

10 □□□　（①詐欺又は強迫によって、被相続人が相続に関する遺言をすることを妨げた者、②詐欺又は強迫によって、被相続人に相続に関する遺言を取り消させた者）は**相続欠格事由**に該当する。

→**4**「要件」③④

①
②

11 □□□　被相続人に対する（①過失致死、②殺人予備、③殺人未遂）により刑に処せられた者は**相続人となることができない**。

→**4** ▶8、9

②
③

12 □□□　被相続人が殺害されたことを知りながら告訴又は告発をしなかった者であっても、**自己の兄**が殺害者であるために告訴又は告発をしなかったときは、相続人となることができる。

→**4** ▶10
兄は直系血族ではない

✕

13 □□□　相続に関する被相続人の遺言書を破棄した者であっても、当該破棄が相続に関して**不当な利益を得ることを目的としたものでなかった**ときは、相続人となることができる。

→**4** ▶11

○

14 □□□　相続欠格の対象は、**すべての相続人**であるが、推定相続人の廃除の対象は、**遺留分を有する**推定相続人のみである。

→**5**「対象者」

○

15 □□□　相続欠格の効果は、一定の事由があれば**法律上当然に**生ずるが、推定相続人の廃除の効果は、**家庭裁判所の審判**によって生ずる。

→**5**「手続」

○

16 □□□　**相続欠格**の場合には、被相続人は家庭裁判所にその取消しを請求することができないが、**推定相続人の廃除**の場合には、被相続人は家庭裁判所にその取消しを請求することができる。

→**5**「取消し」

○

4 相続欠格 (891条)

ランク **B**

要　件	① 故意に [▶8] **被相続人又は相続について先順位若しくは同順位にある者**を死亡するに至らせ、又は至らせようとしたために [▶9]、刑に処せられた者 ② 被相続人の殺害されたことを知って、これを告発せず、又は告訴しなかった者 [▶10] ③ **詐欺又は強迫**によって、被相続人が相続に関する遺言をし、撤回し、取り消し、又は変更することを妨げた者 ④ **詐欺又は強迫**によって、被相続人に相続に関する遺言をさせ、撤回させ、取り消させ、又は変更させた者 ⑤ 相続に関する被相続人の遺言書を偽造し、変造し、破棄し、又は隠匿した者 [▶11]
効　果	・相続欠格者は、法律上当然に（何らの手続を要せずに）相続権を失う (891) ・欠格事由が相続後に生じた場合でも、欠格の効果は相続開始時に遡って発生する (大判大3.12.1)

▶8　**殺人の故意**が必要であるため、過失犯である過失致死 (刑210)、暴行又は傷害の故意しかない傷害致死 (刑205) は、①に当たらない (大判大11.9.25)。

▶9　殺人罪 (刑199) の**既遂又は未遂**を問わない。また、殺人予備罪 (刑201) も含まれる。

▶10　その者に是非の弁別がないとき、又は殺害者が自己の配偶者若しくは**直系血族**であるときは、除かれている (891②但)。

▶11　遺言書の破棄・隠匿が、相続に関して**不当な利益を目的とするものでなかった**ときは、欠格事由に当たらない (最判平9.1.28)。

第7編
相
続

5 相続欠格と推定相続人の廃除の比較 ランク **B**

	相続欠格	推定相続人の廃除
対 象 者	相続人	遺留分を有する推定相続人
手　　続	不　要	家庭裁判所の審判 (892、893)
受遺能力	失う (965・891)	失わない
取 消 し	できない	できる (894)

相続欠格は、相続のために殺人等の違法行為をした者を相続人とは認めず、制裁を課す制度であるのに対し、推定相続人の廃除は被相続人となる者の意思の表れの制度です。この制度趣旨の違いから、この表の内容を押さえましょう。

01 □□□ （①未成年者、②被保佐人）は、**単独で**有効に相続の承認又は放棄をすることができない。
➡1 ■「能力」 ①
②

02 □□□ 相続の放棄は、**相続の開始前**であっても、することができる。
➡1 ■「時期」 ×
cf. 遺留分の放棄

03 □□□ 相続人が自己のために相続の開始があったことを**知らない場合**でも、相続の開始の時から3か月が経過したときは、単純承認をしたものとみなされる。
➡1 ■「熟慮期間」 ×
→知った時から起算する

04 □□□ **相続人が数人いる場合**の相続の放棄の申述は、**相続人のいずれかが**自己のために相続の開始があったことを知った時から3か月以内にしなければならない。
➡1 ■「熟慮期間」 ×
相続人が数人いる場合

05 □□□ 相続人Aが自己のために相続の開始があったことを知った時から3か月以内に相続の承認又は放棄をしないで死亡したときは、**Aの相続人B**は、Aの相続について承認又は放棄をすることができない。
➡1 ■「熟慮期間」 ×
再転相続の場合
Bが「自己のために相続があったことを知った時」から起算する

06 □□□ 相続の放棄をした相続人は、自己のために相続の開始があったことを知った時から3か月以内であれば、**放棄の撤回**をすることができる。
➡1 ■「撤回」 ×

07 □□□ **未成年者がその法定代理人の同意を得ずに相続の放棄をした**場合、家庭裁判所に申述することによって、**放棄を取り消す**ことができる。
➡1 ■「取消し」 ○

08 □□□ 相続人が、自己のために相続の開始があったことを知った後に、相続財産である建物について、（①賃借人に対し**賃料の支払**を求めた、②**失火により**毀損した、③**放火により**焼失させた、④第三者に対して**5年間の約束で賃貸**した、⑤**不法占有者に対し明渡し**を求めた）ときは、単純承認をしたものとみなされる。
➡1 ■❶ ▶1 ①
②：故意がない ③
④：3年を超えているため、処分に当たる ④
⑤：保存行為

916条の「その者の相続人が自己のために相続の開始があったことを知った時」とは、死亡した者が承認又は放棄をしなかった相続における**相続人としての地位を、自己が承継した事実を知った時**をいいます（最判令元.8.9）。例えば、被相続人Aが死亡し、相続人がBのみであり、Bが相続の承認も放棄もしないまま死亡してしまい、Bの相続人がCのみだった場合におけるAの相続についての熟慮期間の起算点は、Bを相続したことをCが知っただけでなく、Bからの相続によりAの相続人としての地位を承継したことをCが知った時となります。

1 相続の承認及び放棄

1 総　論

能　力	行為能力が必要
時　期	相続開始後になされることが必要

熟慮期間	期間	自己のために相続の開始があったことを知った時から３か月以内
	起算点	**《相続人が数人いる場合》** 相続人がそれぞれ自己のために相続の開始があったことを知った時から、各別に進行する（最判昭51.7.1） **《再転相続の場合》**（916） 相続人が相続の承認又は放棄せずに死亡したときは、熟慮期間は、その者の相続人が**自己のために相続の開始があったことを知った時から起算する** 　　ex. 被相続人Ａが死亡し、相続人がＢのみであり、Ｂが相続の承認も放棄もしないまま死亡してしまい、Ｂの相続人がＣのみだった場合、Ａの相続についての熟慮期間は、Ｃが自己のために相続の開始があったことを知った時から起算する 　　💡　ＣがＢの相続につき放棄をしたときは、Ａの相続につき承認又は放棄をすることができない（最判昭63.6.21）
撤　回		できない（919Ⅰ）
取消し		民法総則及び親族編に基づく取消しができる（919Ⅱ）

2 単純承認

　以下の場合、相続人は、単純承認をしたものとみなされる（921各号）。

【法定単純承認】

		内　容
❶	相続財産の処分	相続人が相続財産の全部又は一部を処分したとき ▶1 ＊　保存行為、短期賃貸借（ex. 土地は５年、建物は３年〔602〕）は除く
❷	熟慮期間の徒過	相続人が熟慮期間内に限定承認又は相続の放棄をしなかったとき
❸	背信行為	相続人が、限定承認又は相続の放棄をした後であっても、相続財産の全部若しくは一部を隠匿し、欲しいままにこれを消費し、又は悪意でこれを相続財産の目録中に記載しなかったとき ＊　その相続人が相続の放棄をしたことによって相続人となった者が相続の承認をした後は除く

▶1　相続人が自己のために**相続が開始した事実を知りながら相続財産を処分**したか、又は少なくとも相続人が被相続人の死亡した事実を確実に予想しながら**あえてその**処分をしたことを要する（最判昭42.4.27）。

09 □□□ （①限定承認、②相続放棄）は、相続人が**家庭裁判所に対してその旨を申述して**しなければならない。 → 1 **3**、**4**「方式」 ①
②

10 □□□ 限定承認をした相続人は、**相続によって得た財産の限度においてのみ**被相続人の債務及び遺贈を弁済する責任を負う。 → 1 **3**「効果」① ○

11 □□□ **限定承認をした相続人**が被相続人の債務を自己の固有財産で弁済した場合、その弁済は、無効である。 → 1 **3**「効果」① ×
債務は消滅しない

12 □□□ **限定承認をした相続人**が、**被相続人に対して有していた債権**は、一般債権者と同様に相続財産から弁済を受けることができる。 → 1 **3**「効果」② ○
債権は消滅しない

13 □□□ 共同相続人がA、B及びCである場合において、**A及びBが相続の単純承認をした後**であっても、Cのみで限定承認をすることができる。 → 1 **3** ▶2 ×
ＡＢＣ全員でする

14 □□□ **共同相続人の一人が相続の放棄をした**場合は、他の共同相続人は、全員共同して限定承認をすることができる。 → 1 **3** ▶2② ○

15 □□□ 相続開始の時に相続人のあることが明らかでない場合には、相続財産は、**相続財産の管理人を選任する審判が確定した時**に、法人となる。 → 2 **1**① ×

16 □□□ **相続財産全部の包括受遺者のあること**が明らかである場合には、相続財産法人は、成立しない。 → 2 **1** ▶4 ○

17 □□□ A、B及びCが不動産を共有している場合において、Aが死亡し、その相続人が存在しないことが確定し、清算手続が終了したときは、その共有持分は、**特別縁故者に対する財産分与**の対象となり、財産分与がされず、当該共有持分が承継すべき者のないまま相続財産として残存することが確定したときにはじめて、B及びCに帰属する。 → 2 **2**「関連判例」 ○

相続放棄をした者は、その放棄の時に相続財産に属する財産を現に占有しているときは、相続人又は相続人のあることが明らかでない場合に選任される相続財産の清算人に対して当該財産を引き渡すまでの間、自己の財産におけるのと同一の注意をもって、その財産を保存しなければなりません（940 Ⅰ）。

③ 限定承認

方　式	財産目録の作成、**家庭裁判所への提出及び申述** (924) ▶2
効　果	①　相続人は、**相続によって得た財産の限度においてのみ**、被相続人の債務及び遺贈を弁済すればよい (922) 💡債務自体を縮減させるものではない ②　相続人が限定承認をしたときは、その被相続人に対して有した権利義務は、消滅しなかったものとみなされる (925)

▶2　相続人が数人あるときは、限定承認は、**共同相続人の全員が共同してのみ**これをすることができる (923)。
　　→①　一部の共同相続人が相続財産を処分し、単独承認をしたものとみなされる場合 (921 ①) には、その後、他の共同相続人は、限定承認をすることができない。
　　　②　**共同相続人の一人が相続放棄**をした場合には、その者は初めから相続人でなかったことになる (939) ため、他の共同相続人は、限定承認をすることができる。

④ 相続放棄

方　式	**家庭裁判所への申述による** (938)
効　果	相続の放棄をした者は、その相続に関しては、**初めから相続人とならなかった**ものとみなされる (939) 💬

2 相続人の不存在
ランク **C**

① 相続人不存在の手続

①　被相続人が死亡したが、相続人のあることが明らかでない場合は、相続財産自体が、**被相続人の死亡時**に法人（相続財産法人）となる (951) ▶3、4
②　被相続人の死亡から、相続人捜索のための公告等の手続を経て、相続人の不存在が確定し、更に特別縁故者もいない場合には、相続財産が共有持分である場合は他の共有者に帰属し (255)、その他の財産は**国庫に帰属**する (959 前)

▶3　この場合、家庭裁判所は、利害関係人又は検察官の請求によって、相続財産清算人を選任しなければならない (952 Ⅰ)。
▶4　**相続財産全部の包括受遺者**のあることが明らかであるときは、「相続人があることが明らかでないとき」に当たらない (最判平9.9.12)。

② 特別縁故者に対する相続財産の分与

意　義	相続人の不存在が確定した場合に、相続人ではないが被相続人と特別縁故者 (ex. 内縁の妻) に対して、相続財産を与えること (958の2)
関連判例	共有者の一人が死亡し、相続人の不存在が確定したときは、その持分は、958条の2に基づく**特別縁故者に対する財産分与の対象**となり、この財産分与がされないときに、255条により他の共有者に帰属する (最判平元.11.24)

18 □□□　被相続人AがCに不動産売買の**仲介を委託**した場合において、Cが仲介を完了する前に**Aが死亡**したときは、Cがその後に仲介を完了させたとしても、Aの唯一の相続人Bは、Cに対する報酬支払義務を負わない。

➡3**1**「例外」①
委任者たる地位は承継されない　○

19 □□□　**AがBの代理人として**B所有の不動産を第三者に売却することとする旨の契約がAB間で行われた。この場合において、Aの相続人Cは、相続の放棄をしなくても、Bの代理人たる地位を承継しない。

➡3**1**「例外」②
代理人たる地位は承継されない　○

20 □□□　被相続人Aが**民法上の組合の組合員**であった場合には、その地位は相続人Bに承継される。

➡3**1**「例外」④　✕

21 □□□　被相続人Aが親族Cに対する**扶養義務**の履行として、Cとの協議により、毎月一定額の生活費を支払うことになっていた場合、Aの死亡時以降の生活費については、Aの唯一の相続人Bは、Cに対する支払義務を負わない。

➡3**1**「例外」⑤　○

22 □□□　Bは、所有者Aから**賃借**している土地上に建物を所有していたが、Bが死亡し、CがBの地位を単独で相続した。この場合、AからCに対する土地の返還請求又は建物の妨害排除請求が認められる。

➡3**1**【論点】「肯定例」②
賃借権は相続される　✕

23 □□□　Aが交通事故に遭い、死亡した場合、Aが生前に慰謝料を請求する意思を表明しなくても、Aの子Bは、Aの受けた精神的苦痛につき**慰謝料請求権**を相続する。

➡3**1**【論点】「肯定例」④　○

24 □□□　**相続人が一人**である場合において、その相続人が相続の**単純承認**をしたときでも、家庭裁判所は、**相続財産の管理人の選任**その他の相続財産の保存に必要な処分を命ずることができる。

➡4**1**「例外」①　✕

25 □□□　相続人のあることが明らかでない場合において、**相続財産の清算人が選任**されているときであっても、家庭裁判所は、利害関係人の請求があれば**相続財産の管理人を選任**することができる。

➡4**1**「例外」③　✕

相続人が数人あるときは、相続財産は、その共有に属しますが（898Ⅰ）、相続財産について共有に関する規定を適用するときは、法定相続分又は指定相続分が共有持分となります（898Ⅱ）。すなわち、遺産共有にある共有持分に関しては、特別受益・寄与分を考慮した具体的相続分を基準としません。

3 相続の一般的効力

1 相続財産の範囲

原　則	被相続人の財産に属した一切の権利義務を承継する（896本） 💬
例　外	被相続人の一身に専属したものは、相続されない（896但） ex. ① **委任者又は受任者たる地位**（653①） 　　② **代理関係の本人又は代理人たる地位**（111） 　　③ 使用貸借の借主の地位（597Ⅲ） 　　④ **組合における組合員たる地位**（679①） 　　⑤ **扶養請求権・扶養義務**（877以下） ▶5 　　⑥ 配偶者居住権（1036・597Ⅲ）・配偶者短期居住権（1041・597Ⅲ）

▶5　扶養請求権については、権利者たる被相続人が**請求の意思表示をした後で死亡した**ときは、相続人は、その具体的に発生した扶養料請求権を相続することができる（大判明37. 7.18）。

【論点：相続性が問題となる権利】

肯定例	① **占有権**（最判昭44.10.30） ② 居住用建物の**賃借権** ③ **生命侵害による損害賠償請求権**（大判大15. 2.16） ④ **慰謝料請求権**（最判昭42.11. 1）

4 相続財産の保存・管理

1 相続財産の保存

原　則	家庭裁判所は、利害関係人又は検察官の請求によって、いつでも、相続財産の管理人の選任その他の**相続財産の保存**に必要な処分を命ずることができる（897の2Ⅰ本）
例　外 （897の2Ⅰ但）	① 相続人が一人である場合においてその相続人が相続の**単純承認**をしたとき ② 相続人が数人ある場合において遺産の全部の分割がされたとき ③ **相続財産清算人が選任**されている場合（952Ⅰ） → 相続財産の管理人の選任その他の相続財産の保存に必要な処分を命ずることができない
管理人の権限等	不在者財産管理人の規定（27〜29）が準用される（897の2Ⅱ）

2 相続人による管理

相続人は、その固有財産におけるのと同一の注意をもって、相続財産を管理しなければならない（918本）。

第
7
編

相

続

01 □□□　Aには、相続人である子BとCがおり、**Bの相続分を4分の1、Cの相続分を4分の3とする旨の遺言**をして死亡した。Aが死亡時、Dに対して 2,000 万円の金銭債務を負っていた場合、Dは、当該債権に基づいて、Bに対して 1,000 万円の支払を請求することができない。

➡**1**「効力」「債権者との関係」　×

02 □□□　**特別受益の有無又は価額**について共同相続人間の協議が調わないときは、相続人は、**家庭裁判所**に特別受益について、これを定めることを**請求することができる。**

➡**2 1**「具体的相続分」　×

03 □□□　特別受益となる贈与の価額が受贈者の法定又は指定相続分の価額を超えるときは、受贈者はその**超えた価額を返還**しなければならない。

➡**2 1** ▶2　　×

04 □□□　被相続人Aは唯一の財産である現金 2,000 万円を遺して死亡した。相続人はいずれもAの嫡出子であるB、C及びDの3名である。Bは、**5年前婚姻するに当たり**Aから 1,000 万円の生前**贈与**を受けた。Cは、Aから 1,000 万円の**遺贈**を受けた。各相続人の具体的取得分はいくらか。

➡**2 1** ▶3　　B－0円　C－0円　D－1,000 万円　遺贈された財産の額は加算しない

05 □□□　**生前贈与**は、相続開始前の1年間にしたものに限り特別受益となる。

➡**2 1** ▶3 💡②　×

06 □□□　**受贈者の行為**によって、受贈財産の価額が減少している場合には、その**現存価額**が特別受益となる。

➡**2 1** ▶3 💡③　×

07 □□□　**婚姻期間**が **20 年以上**の夫婦の一方である被相続人が、他の一方に対し、その**居住の用に供する建物**について**贈与**をしたときは、当該被相続人は、その贈与について第 903 条1項の特別受益者の相続分の規定を適用しない旨の意思を表示したものと推定される。

➡**2 1** ▶4　　○

特別受益があった場合の算定は、**特別受益の分を相続財産に加えた上でひっくるめて計算**し、そこから平等に相続分を算出して、最後に特別受益者から特別受益の分を差し引くイメージです。これに対して、寄与分があった場合の算定は、**寄与分は横に置いておき、これを除いた上で相続分を算出**し、最後に寄与分を受ける者に、とっておいた寄与分を与えるイメージです。

1 遺言による相続分の指定

ランク B

意　義	被相続人が、**遺言で**、共同相続人の相続分を定め、又はこれを定めることを第三者に委託すること（902 Ⅰ）	
効　力	発生時期	遺言者の死亡の時（985 Ⅰ）
	債権者との関係	被相続人の債権者は、各共同相続人に対して**法定相続分に従って**算定した相続分に応じて権利行使できる（902の2本）▶1

▶1　債権者が指定相続分に応じた債務の承継を承認したときは、相続分の指定に拘束される（902の2但）。

2 法定相続分の修正

ランク A

1 特別受益者

意　義	共同相続人中で、被相続人から、遺贈を受け、又は婚姻若しくは養子縁組のため若しくは生計の資本として贈与を受けた者（903）
具体的相続分	相続開始時に**客観的に定まり**、協議や家庭裁判所の審判等によって定めることはできない▶2, 3
持戻しの免除	被相続人は、特別受益の持戻しを免除することができる（903 Ⅲ）▶4

▶2　相続分を算出した結果、マイナス分があっても、特別受益者はその分を**返還することを要しない**。

▶3　**【具体的相続分の算定式】**

<みなし相続財産>

$$具体的相続分 = \left[\frac{相続開始時}{の財産価格} + \frac{特別受益者が受}{けた贈与の総額} \right] × 相続分 - \frac{特別受益者が受けた}{贈与又は遺贈の総額}$$

　①　「相続開始時の財産価格」とは、債務を控除しない財産である（通説）。
　②　特別受益として加算される贈与がされた**時期に関する制限はない**。
　③　特別受益となる贈与の価額は、**受贈者の行為によって**、目的財産が滅失し、又はその価格の増減があったときでも、**相続開始の当時なお原状のままであるものとみなして定められる**（904）。

▶4　婚姻期間が**20年以上**の夫婦の一方である被相続人が、他の一方に対して**居住の用に供する建物又は敷地について遺贈又は贈与をしたときは、持戻しの免除の意思表示をしたものと推定される**（903 Ⅳ）。

08 □□□　Aには、妻B、Bとの間の子C、D及びEがおり、Aが1,000万円の財産を残して死亡した。B、C、D及びEの間の協議において、Eの**寄与分が100万円**とされたときは、Eの当該相続による取得額は250万円である。

→2**2**「意義」参照
みなし相続財産は寄与分の100万円を差し引いた900万円

○

09 □□□　（①**内縁の妻**、②**相続人から廃除された者**）は、被相続人と同居して特別の寄与をしたときでも、寄与分を取得することができない。

→2**2**「要件」①

①
②

10 □□□　寄与分は、**常に**家庭裁判所の審判によって決定される。

→2**2**「定める方法」

×

11 □□□　AがA所有の建物をBに賃貸している場合において、Aが死亡し、子Cが遺産分割により同建物を取得したときは、Cのみが**A死亡時から遺産分割成立時までのBに対する賃料請求権**を取得し、他の共同相続人Dは、当該賃料請求権について、権利を有しない。

→3**1**「遺産である賃貸不動産の賃料債権」
Dも賃料請求権を取得する

×

12 □□□　被相続人が死亡し、その複数の相続人が被相続人の**預貯金債権**を共同相続したときは、当該債権は、相続開始と同時に当然には相続分に応じて分割されず、**遺産分割の対象**となる。

→3**1**「預貯金債権」

○

13 □□□　A、B及びCが債権者Dに対して2,000万円の**連帯債務**を負っていたところ、Aが死亡し、Aの配偶者E及び子Fが当該債務を相続した。この場合、Dは、Eに対し、**1,000万円の限度**で、支払を請求することができる。

→3**1**「連帯債務」

○

14 □□□　甲土地の所有者Aが死亡し、その共同相続人であるB及びCは、**遺産分割協議により甲土地をBが単独で相続**することとしたが、登記名義はAのままであった。**その後**、遺産分割協議の存在を知らないCの債権者Dは、Cに代位して甲土地について相続を原因とする所有権の移転の登記をした上で、Cの持分（法定相続分）について差押えの登記をした。この場合、Bは、Dに対し、**Cの法定相続分に相当する甲土地の持分**の取得を対抗することができる。

→3**2**

×

2 寄与分 （904条の2）

意　義	共同相続人の中に、被相続人の財産の維持又は増加について特別の寄与をした者がいるときに、その者の相続分算定において寄与に応じた増加を認める制度
要　件	① 共同相続人であること 　＊ 廃除を受けた者、内縁の配偶者は含まれない ② 特別の寄与をしたこと 　＊ 通常の家事は、「特別の寄与」には当たらない
定める 方　法	① 共同相続人の協議で定める 　↓ （協議が調わないとき又は協議をすることができないとき） ② 寄与をした者の請求により、家庭裁判所が一切の事情を考慮して定める

3 共同相続の効力

1 権利義務の承継

可分債権	各共同相続人の相続分の割合に応じて当然に分割される（最判昭29. 4. 8、最判昭34. 6.19）
預貯金債権	分割承継されず、**遺産分割の対象**となる（最大判平28.12.19）▶5
連帯債務	各共同相続人は**相続分の割合**に応じて債務を承継し、その範囲で本来の連帯債務者と共に**連帯債務を負う**（最判昭34. 6.19）
遺産である賃貸 不動産の賃料債権	相続開始後、**遺産分割までに生じた賃料債権**は、各共同相続人が各相続分に応じて分割債権として確定的に取得する（最判平17. 9. 8）

▶5　各共同相続人は、遺産に属する預貯金債権のうち、その相続開始時の債権額の3分の1に当該払戻しを求める共同相続人の法定相続分を乗じた額については、単独で権利行使することができる（909の2前）。

2 権利承継の対抗要件

　相続による権利の承継は、**法定相続分を超える部分**については、登記、登録その他の対抗要件を備えなければ、第三者に対抗することができない（899の2Ⅰ）。

相続人間における相続分の調整を行う**寄与分**のほかに、相続人以外の者の療養看護等による貢献に対する配慮を目的とする**特別の寄与**の制度があります。すなわち、被相続人に対して無償で療養看護その他の労務の提供をしたことにより被相続人の財産の維持又は増加について特別の寄与をした被相続人の親族（相続人等を除く）は、相続の開始後、相続人に対して、その寄与に応じた額の金銭の支払を請求することができます（1050Ⅰ）。

01 ☐☐☐ 被相続人は、**遺言により**遺産分割の方法を定めることを第三者に委託することができる。

→**1**「方法」① 〇

02 ☐☐☐ 相続財産中の特定の不動産を共同相続人の一人に**相続させる旨の遺言**は、**遺産分割の方法の指定**に当たるので、当該不動産をその相続人に取得させるためには、遺産分割の手続を経なければならない。

→**1**「方法」
遺産分割を経ずに遺産を取得する ✕

03 ☐☐☐ 共同相続人間にいったん遺産分割協議が成立した場合、共同相続人は、その協議を（①**合意**解除、②債務不履行を理由として**法定**解除）することはできない。

→**1**「解除」 ②

04 ☐☐☐ Aが死亡し、Aの法定相続人が妻B、子C及びDのみである場合、Aの**遺産である現金**については、遺産分割を待つことなく、Bが2分の1、C及びDが各4分の1を取得する。

→**1** ▶1 cf.
遺産分割を経ることを要する ✕

05 ☐☐☐ 遺産分割前に共同相続人の一人から遺産を構成する特定不動産についての共有持分権を譲り受けた第三者は、共有関係を解消するためには、**遺産分割手続**を行う必要がある。

→**1** ▶2
共有物分割手続による ✕

06 ☐☐☐ 共同相続人の一人から遺産の分割前にその**相続分を譲り受けた**第三者が遺産である特定の不動産の共有関係を解消しようとする場合において、他の共同相続人との間で協議が調わないときは、遺産の分割ではなく、**共有物の分割**を裁判所に請求する必要がある。

→**1** ▶2参照
相続人の地位が譲渡されているので遺産共有 ✕

07 ☐☐☐ 遺産の分割は、共同相続人の遺産についての処分権限に基づいて認められるものであるが、**遺産の一部**のみを分割することはできない。

→**1** ▶3 ✕

08 ☐☐☐ 共同相続人は、**5年以内の期間**を定めて、遺産の全部又は一部について、その**分割をしない旨の契約**をすることができるが、その期間の終期は、**相続開始の時から10年**を超えることができない。

→**1**「分割時期」
▶4「共同相続人間の契約」 〇

1 遺産分割

意　義	遺産を構成する財産を共同相続人が分割して、各自が個別的に取得する手続をいう ▶1、2、3
方　法	①　指定分割（908 I）、　②　協議分割（907 I）、　③　審判分割（907 II） **《相続させる旨の遺言》** 特定の遺産を特定の相続人に「相続させる」旨の遺言がされた場合、**遺産分割の方法の指定**と解され、被相続人の死亡の時に直ちにその遺産がその相続人に承継される（最判平3.4.19）
解　除	①　債務不履行に基づく**法定解除：不可**（最判平元.2.9） ②　**合意解除：可**（最判平2.9.27）
分割時期	原則として、いつでも、その協議で、遺産分割をすることができる（907 I）▶4

▶1　金銭債権・債務等の可分債権・債務は遺産分割の対象にはならない。
　　cf. 相続開始時に存した**現金**は、遺産分割を経ることを要する（最判平4.4.10）。

▶2　共同相続人の一人から遺産に属する特定不動産の共有持分権を譲り受けた第三者が、他の共同相続人に対して共有関係の解消を求める場合には、**共有物分割訴訟**による（最判昭50.11.7）。

▶3　遺産の一部だけを分割することもできる（一部分割）。ただし、遺産の一部を分割することにより他の共同相続人の利益を害するおそれがある場合におけるその一部の分割については、当該分割を家庭裁判所に請求することはできない（907 II但）。

▶4　**【遺産分割を禁止できる期間】**

禁止の方法	最初の禁止期間	更新後の禁止期間
被相続人の遺言 （908 I）	相続開始時から5年以内	―
共同相続人間の契約 （908 II、III）	5年以内、かつ 相続開始の時から10年以内	5年以内、かつ 相続開始の時から10年以内
家庭裁判所の審判 （908 IV、V）		

＊　共同相続人からの遺産分割請求に対し、特別の事由があるときは、家庭裁判所は、遺産の全部又は一部について、その分割を禁ずることができる（908 IV本）。

09 ☐☐☐ **遺産分割協議成立後に、認知により新たに相続人となった者**は、遺産分割協議の無効を主張して、再度遺産分割協議を行うことを請求することができる。

➡**2**
価額のみによる支払請求だけが可能

✕

10 ☐☐☐ **相続開始の時から10年を経過**した後にする遺産の分割については、**特別受益に関する規定**は適用されるが、**寄与分に関する規定**は適用されない。

➡**3**「原則」
特別受益及び寄与分のいずれの規定も適用されない

✕

2 遺産分割後の認知

ランク A

　相続の開始後に認知されたことによって相続人となった者が遺産分割を請求しようとする場合において、他の共同相続人が既にその分割その他の処分をしたときは、**価額のみによる支払の請求権**を有する（910）。

3 期間経過後の遺産の分割における相続分

ランク B

原　則	**特別受益・寄与分は**、相続開始時から **10 年を経過**した後にする遺産分割については、適用されない（904 の 3 柱本） →　法定相続分又は指定相続分に基づいて遺産分割をすることとなる
例　外 （904 の 3 柱但）	①　相続開始時から 10 年を経過する前に、相続人が家庭裁判所に**遺産の分割の請求**をしたとき ②　相続開始時から始まる 10 年の期間の満了前 6 か月以内の間に、遺産の分割を請求することができない**やむを得ない事由**が相続人にあった場合に、その事由が消滅した時から 6 か月を経過する前に、当該相続人が家庭裁判所に遺産の分割の請求をしたとき →　相続開始時から 10 年を経過していても、例外的に特別受益・寄与分の主張をすることができる

第7編

相続

　長期間の経過により、特別受益や寄与分に関する証拠が散逸するなどして、具体的な相続分の算定が困難となり、遺産分割の支障となるおそれがあることを考慮し、相続開始の時から 10 年を経過した後にする遺産分割に関しては、特別受益・寄与分は主張することができないとしています。

01 □□□　成年被後見人が医師の立会いを得ないでした**遺言**は、一時的に事理弁識能力を回復していた時になされたものだとしても、効力を生じない。

➡1❶「遺言能力」　○

02 □□□　遺言は、**15 歳未満の者がした**場合であっても、**取り消されるまでは有効**である。

➡1❶「遺言能力」　×
無効

03 □□□　**15 歳に達している未成年者**は、法定代理人の同意がなくても**遺贈**をすることはできるが、法定代理人の同意なしに**死因贈与**をすることはできない。

➡1❶「遺言能力」　○
死因贈与は贈与契約

04 □□□　遺言は 2 人以上の者が同一の証書ですることができないとされているが、2 人の遺言が同じ紙に書かれていても、**両者が全く独立の遺言で、切り離せば 2 通の遺言書になる**ような場合は、遺言は有効である。

➡1❶「共同遺言の禁止」　○

05 □□□　**2 人の者の遺言が容易に切り離すことのできない1 通の証書**に記載されている場合であっても、当該証書の全部を遺言者の一方のみが作成したときは、当該遺言のうち**証書を作成した遺言者の遺言部分**は、有効である。

➡1❶「共同遺言の禁止」　×
遺言全体が無効

06 □□□　遺言に**停止条件**を付した場合において、その条件が遺言者の死亡後に成就したときは、遺言は、**条件が成就した時**からその効力を生ずる。

➡1❶ ▶1　○

07 □□□　**未成年後見人の指定**は、遺言でのみすることができる行為である。

➡1❷「遺言でのみできるもの」　○

08 □□□　**遺言執行者の指定の委託**は、遺言によりすることができる。

➡1❷「遺言でのみできるもの」　○

09 □□□　**推定相続人の成年の子**は、公正証書遺言に立ち会う証人としての適格を有しない。

➡1❸「証人・立会人の欠格事由」②　○

10 □□□　**成年被後見人**は、公正証書遺言に立ち会う証人としての適格を有しない。

➡1❸ cf.　×

1 遺 言

B

1 総 論

遺言能力	未成年者：15歳に達した者は単独で遺言をすることができる（961） 成年被後見人：事理を弁識する能力を一時回復した時において、**医師2人以上の立会いで**、遺言をすることができる（973）
共同遺言の禁止	遺言は、2人以上の者が同一の証書ですることができない（975） **《共同遺言に当たらない場合》** 名義の異なるAB2つの遺言書が、各葉ごとにAの印章による契印がなされた数枚を合綴した場合であっても、A名義の遺言書の形式のものとB名義の遺言書の形式のものとが**容易に切り離すことができる場合**（最判平5.10.19）
効力発生時	遺言者の死亡時 ▶1

▶1　遺言に停止条件を付した場合において、その条件が遺言者の死亡後に成就したときは、遺言は**条件が成就した時**からその効力が生じる（985Ⅱ）。

2 遺言事項

生前行為でも遺言でもできるもの	遺言でのみできるもの
・認　知（781Ⅱ） ・遺留分を有する推定相続人の廃除及びその取消し（892、893、894） ・特別受益者の相続分の指定（903Ⅲ） ・信　託（信託2、4）	・**未成年後見人の指定**（839） ・未成年後見監督人の指定（848） ・相続分の指定、指定の委託（902） ・遺産分割方法の指定、指定の委託（908） ・5年以内の遺産分割の禁止（908） ・相続人相互の担保責任の指定、免除（914） ・遺　贈（964） ・**遺言執行者の指定**、指定の委託（1006） ・遺贈等の遺留分侵害額の請求の負担の割合（1047Ⅰ②但）

3 証人・立会人の欠格事由

自筆証書遺言の場合を除いて、遺言書の作成には、証人又は立会人の関与が必要である。

【証人・立会人の欠格事由】（982条・974条）

① 未成年者
② 推定相続人、受遺者及びこれらの配偶者、直系血族
③ 公証人の配偶者、4親等内の親族

cf. **成年被後見人**、被保佐人、遺言執行者（大判大7.3.15）は、証人欠格者ではない（974参照）。

第5章 遺言 | 277

11 □□□　自筆証書遺言で日付に関し「〇年〇月吉日」との
　　み記載されている場合、この遺言書は無効である。

➡ 2 **1** 「要件」
作成日が特定できな
いため　　　　　○

12 □□□　自筆証書によって遺言するに当たってしなければ
　　ならない遺言者の押印は、実印による必要はなく、**指印**
　　であってもよい。

➡ 2 **1** ▶ 2　　○

13 □□□　自筆証書遺言による遺贈は、家庭裁判所による**遺**
　　言の検認をすることによって遺言書としての効力が発生
　　する。

➡ 2 **1** 「検認」
検認は効力発生要件
ではなく証拠保全手
続にすぎない　　×

14 □□□　秘密証書遺言としての形式を有しないが、自筆証
　　書遺言として形式が整っている場合は、**自筆証書遺言と**
　　して有効となる。

➡ 2 **2**
無効行為の転換　○

15 □□□　Aは、自己所有の甲土地をBに遺贈することとし、
　　遺言執行者をCと指定して、死亡した。その後、Aの唯
　　一の相続人Dが甲土地につき相続を原因とする所有権の
　　移転の登記を経由した上で、甲土地をEに売却し、Eへ
　　の所有権の移転の登記をした。この場合、Cは、**遺言執**
　　行者があることを知らなかったEに対し、所有権の移転
　　の登記の抹消登記手続を請求することができる。

➡ 3 「妨害行為の禁
止」
善意の第三者には対
抗できない　　　×

16 □□□　**相続人の債権者**又は**被相続人の債権者**は、遺言執
　　行者があることを**知らなかったときに限り**、相続財産に
　　ついて、その権利を行使することができる。

➡ 3 「相続人の債権
者等との関係」　×

17 □□□　遺言執行者は、遺言に遺言者の別段の意思表示が
　　ない限り、自己の責任で**第三者にその任務を行わせるこ**
　　とができる。

➡ 3 「復任」　　○

自筆証書遺言にいわゆる**花押**を書いても、自筆証書遺言の方式として要求され
ている 968 条 1 項の「押印」には当たらないとされています（最判平 28. 6. 3）。
自筆証書遺言の方式として押印が要求されている趣旨は、遺言者の同一性及び
真意を確保するとともに、重要な文書について作成者が署名した上で押印する
ことによって文書の作成を完結させるという日本の慣行・法意識に照らして文
書の完成を担保することにあるところ、印章による押印に代えて花押を書くこ
とによって文書を完成させるという慣行・法意識を認めることはできないので
す。

2 遺言の方式

1 自筆証書遺言と公正証書遺言の比較

	自筆証書遺言	公正証書遺言
要 件	遺言者が、遺言の全文・日付・氏名を自書し、押印する ▶2、3	969 条参照
筆 者	本 人	公証人
証人・立会人	不 要	証人2人以上
検 認	必 要 ▶4	不 要

▶2　ワープロは不可、カーボン複写は可、拇印・指印は可。
　　　💬 遺言書のみで作成日が特定できない日付の記載は不可。
▶3　相続財産の目録は自書であることを要しない（968 Ⅱ前）。
▶4　遺言書保管官により保管された遺言書については家庭裁判所による検認は不要（遺言書保管4Ⅰ、11）。

2 秘密証書遺言

　遺言書に署名押印し、証書に用いた印章で封印したものを証人2名以上の立会いのもと公証人に提出して行う方法（970）。**検認は必要**。

＊　自筆証書遺言の形式の要件を満たすときは**自筆証書遺言として有効**となる（971）。

3 遺言執行者

効 力	遺言執行者であることを示してした行為は、相続人に対して直接に効力を生ずる（1015）
権 限	遺言の内容を実現するため、遺言の執行に必要な一切の行為をする権利義務を有する（1012Ⅰ）▶5 ＊　遺贈の履行は、遺言執行者のみが行うことができる（1012Ⅱ）
妨害行為の禁止	相続人は相続財産の処分など遺言の執行を妨げるべき行為をすることができず、その行為は無効となる（1013Ⅰ、Ⅱ本） ＊　善意の第三者に対抗できない（1013Ⅱ但）
相続人の債権者等との関係	相続人の債権者（相続債権者を含む）は、遺言執行者の有無に関する善意・悪意を問わず、相続財産についてその権利を行使することができる（1013Ⅲ）
復 任	遺言に別段の意思表示がない限り、**自己の責任**で復任できる（1016Ⅰ）

▶5　遺産に属する特定の財産を共同相続人に承継させる旨の遺言（特定財産承継遺言）があったときは、遺言執行者は、その共同相続人が対抗要件を備えるために必要な行為をすることができる（1014Ⅱ）。

18 □□□　胎児への遺贈は、**胎児の出生前に遺贈者が死亡し**た場合も有効である。
→ 4 「受遺者」　○

19 □□□　**包括遺贈を受けた法人**は、遺産分割の当事者となることができる。
→ 4 「受遺者」参照　○

20 □□□　**遺言者Aが死亡する前に、受遺者Bが死亡した**ときは、受遺者Bの子Cは、当然にBの相続人としてAの遺贈を受けることができる。
→ 4 「受遺者の生存」　×

21 □□□　**特定遺贈を受けた者**は、自己のため遺贈があったことを知った時から3か月以内に遺贈の放棄をしなければ、遺贈を承認したものとみなされる。
→ 4 「特定遺贈」　×
いつでも遺贈の放棄可
cf. 包括遺贈

22 □□□　遺贈と死因贈与のいずれにおいても、**受遺者又は受贈者に一定の給付をする債務を負担させる**ことができる。
→ 4 「負担付遺贈」　○

23 □□□　遺言者は、**推定相続人との間で遺言を撤回しない旨を約した後**は、遺言を撤回することができない。
→ 5 **1**　×
いつでも撤回可能

24 □□□　遺言者が前の遺言で**甲土地をAに遺贈**し、後の遺言で甲土地についてBのために**地上権を設定**した場合、Aは、甲土地の所有権を取得しない。
→ 5 **2**①参照　×
前の遺言と後の遺言は抵触しない

25 □□□　遺言者が甲土地をAに遺贈する旨の遺言書を作成した後に、その遺言書を**他の書類と誤認して焼却**した場合には、燃え残った部分があって当該遺言の内容が不明でないときであっても、Aは、甲土地の所有権を取得しない。
→ 5 **2**③　×
過失による場合は含まれない

26 □□□　遺言を撤回した後、その**撤回行為を詐欺を理由に取り消した**場合、遺言の効力は回復する。
→ 5 **3** 「撤回の取消し」　○

遺言者が自筆証書である遺言書に**故意に斜線を引く行為**は、その斜線を引いた後になお元の文字が判読できる場合であっても、その斜線が赤色ボールペンで当該遺言書の文面全体の左上から右下にかけて引かれているときは、1024条前段で規定する「故意に遺言書を破棄したとき」に該当し、遺言を撤回したものとみなされます（最判平 27.11.20）。この場合、その行為の一般的な意味に照らして、当該遺言書の全体を不要のものとし、そこに記載された遺言の全ての効力を失わせる意思の表れとみるのが相当だからです。

| 4 | 遺　贈

受遺者	自然人でも法人でも受遺者となることができる ＊　受遺者には、相続人と同一の欠格事由が定められている（965・891） ＊　胎児は、遺贈について、既に生まれたものとみなされる（965・886Ⅰ）	
受遺者の生存	受遺者は、遺言者の死亡時において生存していなければならない 遺言者の死亡以前に受遺者が死亡したときは、遺贈はその効力を生じない（994Ⅰ）	
包括遺贈	包括遺贈の受遺者（包括受遺者）は、相続人と同一の権利義務を有する（990）	
	承認・放棄	包括受遺者は、自己のために包括遺贈があったことを知った時から3か月以内に承認又は放棄をしなければならない（990・915Ⅰ）
特定遺贈	承認・放棄	受遺者は、遺言者の死亡後、いつでも、遺贈の放棄をすることができる（986Ⅰ）
負担付遺贈	受遺者に一定の法律上の義務を負担させる遺贈であり、遺贈の目的の価額を超えない限度においてのみ負担した義務の履行責任を負う（1002Ⅰ）	

| 5 | 遺言の撤回

1 撤回の自由

　遺言者は、いつでも、遺言の方式に従って、その遺言の全部又は一部を撤回することができる（1022）。　なお、撤回対象となる遺言と同一の方式によることを要しない。
　また、遺言を撤回する権利を放棄することはできない（1026）。

2 法定撤回事由（1023条、1024条）

① 前の遺言と後の遺言の抵触
② 遺言とその後の生前処分等の抵触
③ 遺言書の破棄　
④ 遺贈の目的物の破棄

③④について：
　故意をもって行うことが必要。
　過失による場合は含まれない。

3 撤回の撤回・取消し

撤回の撤回	原則	1022条から1024条の規定による遺言の撤回が、更に撤回されても、第1の遺言は復活しない（1025本）
	例外	遺言書の記載に照らし、遺言者の意思が原遺言の復活を希望するものであることが明らかなとき（最判平9.11.13）
撤回の取消し		遺言の撤回が錯誤・詐欺・強迫による場合には、撤回が取り消されると、第1の遺言が復活する（1025但）

01 □□□　遺留分権利者は、**兄弟姉妹以外**の相続人である。 → **1**「遺留分権利者」○

02 □□□　相続人として配偶者A、子B、C及びDがあるときは、Bの**遺留分の割合**は、12分の1である。 → **1**「遺留分の割合」○

03　Aを被相続人とする相続に係る遺留分侵害額請求権に関する次の記述は、それぞれ正しいか。なお、AとE、F、G、H又はIとの間には、親族関係はないものとする。

1 □□□　Aが相続開始の**2年前**にその**子Bに対して**生計の資本として金銭を贈与した場合には、当該贈与は、遺留分侵害額請求の対象とならない。

1 － ✕
→ **2**「対象となる贈与の範囲」「対相続人」

2 □□□　被相続人Aに、子C及びDがいる場合に、AがEに対し全財産を遺贈したが、CがAの生前に**家庭裁判所の許可**を得て**遺留分を放棄**していたときは、Dは、相続財産の2分の1に相当する額について、Eに対し遺留分侵害額請求をすることができる。

2 － ✕
→ **1**「遺留分の放棄」Cが遺留分を放棄してもDの遺留分は変わらない

3 □□□　Aが相続開始の**2年前**にFに対して土地を贈与した場合において、当該贈与の当時、遺留分権利者に損害を与えることをAは知っていたものの、Fはこれを**知らなかった**ときは、当該贈与は、遺留分侵害額請求の対象とならない。

3 － ○
→ **2**「対象となる贈与の範囲」「対相続人以外」

4 □□□　Aが相続開始の**6か月前にGに対して甲土地を贈与**すると共に、**Hに対して乙土地を遺贈**した場合には、Gより先にHが遺留分侵害額を負担する。

4 － ○
→ **2**「負担の順序と割合」①
受遺者のHが先に負担する

5 □□□　AからIに対して、土地の贈与がされた場合、遺留分権利者のIに対する遺留分侵害額請求権は、遺留分権利者が、Aの**相続開始を知った時から1年間**行使しないときは、時効によって消滅する。

5 － ✕
→ **2**「期間制限」①
相続の開始及び遺留分の侵害を知った時から1年間

1 遺留分の内容

ランク A

遺留分権利者	兄弟姉妹を除く法定相続人
遺留分の割合	直系尊属のみが相続人である場合　→　3分の1 上記以外の場合　→　**2分の1** ＊　相続人が複数の場合、これに法定相続分を乗じる
遺留分の放棄	方法：**相続開始前の場合　→　家庭裁判所の許可が必要** 影響：他の共同相続人の遺留分に影響を及ぼさない

2 遺留分侵害額請求権

ランク A

意　義		遺留分権利者及びその承継人は、被相続人から遺贈を受けた受遺者又は贈与を受けた受贈者に対し、遺留分侵害額に相当する金銭の支払を請求することができる▶1
対象 となる 贈与の 範囲	対相続人 以外	相続開始前の**1年間**にしたものに限る（1044 I 前） ＊　当事者双方が遺留分権利者に損害を加えることを知っていたときは、**1年前の日より前**にしたものでも同様（1044 I 後）
	対相続人	相続開始前の**10年間**にしたものに限る（1044 III・I 前） ＊　婚姻若しくは養子縁組のため又は生計の資本として受けた贈与に限られる ＊　1044条1項後段の適用あり。
負担の 順序と割合 		次の順序に従い、遺留分侵害額を負担する（1047 I 各号） ①　受遺者と受贈者とがあるとき　→　**受遺者が先に負担** ②　受遺者が複数あるとき・複数の贈与が同時にされたとき▶2 　→　**価額の割合に応じて負担** ③　受贈者が複数あるとき（②を除く）▶2 　→　**後の贈与に係る受贈者から順次前の贈与に係る受贈者が負担**
期間制限		①　相続の開始及び遺留分を侵害する贈与又は遺贈があったことを**知った時から1年間**（1048 前） ②　**相続開始の時から10年**（1048 後）

▶1　裁判所は、受遺者又は受贈者の請求により、遺留分侵害額として負担する債務の支払につき相当の期限を許与することができる（1047 V）。

▶2　遺言に別段の意思表示があるときを除く。

遺留分侵害額請求権の順序は、法的安定性の観点からの配慮に基づき、直近のものから遺留分侵害額請求をするシステムを採っています。この点を意識して、①～③の知識を押さえておきましょう。

第7編

相

続

01 ☐☐☐　配偶者短期居住権を取得した配偶者は、**賃料を支払うことを要しない。**　➡1「意義」　○

02 ☐☐☐　配偶者は、**遺産分割又は遺贈**によって配偶者短期居住権を取得する。　➡1「取得」　✕

03 ☐☐☐　配偶者は、**配偶者短期居住権を譲渡**することができない。　➡1「譲渡の可否」　○

04 ☐☐☐　居住建物の所有者は、配偶者居住権を有する配偶者に対し、**配偶者居住権の設定の登記**を備えさせる義務を負う。　➡2「登記の可否」＊　○

05 ☐☐☐　配偶者居住権を有する配偶者は、居住建物の**所有者の承諾**があるときは、**第三者にその建物の使用又は収益をさせる**ことができる。　➡2 ▶2　○

1 配偶者短期居住権

意　義	相続の開始時に被相続人所有の建物に無償で居住していた配偶者が、一定の期間、居住建物を無償で使用することができる権利
取　得	当然に取得する▶1
範　囲	居住建物のうち無償で使用していた部分（1037Ⅰ柱本括参照）
存続期間	【居住建物が遺産分割の対象となる場合】 遺産分割により居住建物の帰属が確定した日又は相続開始の時から6か月を経過する日のいずれか遅い日までの間（1037Ⅰ①） 【居住建物が遺産分割の対象とならない場合】 居住建物取得者が配偶者短期居住権の消滅の申入れをした日から6か月を経過する日までの間（1037Ⅰ②、Ⅲ）
消　滅	・配偶者が居住建物に係る配偶者居住権を取得したとき（1039） ・配偶者が死亡したとき（1041・597Ⅲ）
登記の可否	不　可
譲渡の可否	不　可

▶1　①配偶者が相続開始の時に居住建物に係る配偶者居住権を取得したとき、又は②配偶者が相続欠格又は廃除により相続権を失ったときは、この限りでない（1037Ⅰ柱但）。

2 配偶者居住権

意　義	相続開始の時に被相続人所有の建物に居住していた配偶者が、終身の間、居住建物を無償で使用・収益をすることができる権利▶2
取　得	「遺産分割」又は「遺贈」によって取得できる（1028Ⅰ柱本①②）▶3
範　囲	居住建物の全部（1028Ⅰ柱本）
存続期間	配偶者の終身の間（1030本） ＊　遺産分割（協議又は審判）や遺言により、これより短い期間とすることができる（1030但）
消　滅	・居住建物が配偶者の財産に属することとなったとき（1028Ⅱ） 　＊　他の者がその共有持分を有するときは消滅しない ・配偶者が死亡したとき（1036・597Ⅲ）
登記の可否	配偶者居住権の登記が可（不登3⑨、81の2） ＊　居住建物の所有者は配偶者に対して登記義務を負う（1031Ⅰ）
譲渡の可否	不　可

▶2　居住建物の所有者の承諾を得れば、**第三者に居住建物の使用収益をさせることができる**（1032Ⅲ）。

▶3　被相続人が相続開始の時に居住建物を配偶者以外の者と共有していた場合は、この限りでない（1028Ⅰ柱但）。

よくある質問 Q&A ── 相続

Q p259 **1** ▶ 2に関して、よくわからないので具体例を挙げて教えてください。

A 下記の事例で説明をしていきます。

C及びDが既に死亡しているところ、甲が死亡したときは、相続分は、乙は4分の3、Fは12分の2、Eは12分の1となります。

⇒ 甲には子も直系尊属も存在しないため、相続人は配偶者の乙と兄弟姉妹のE及びFとなります。そのため、乙の相続分は4分の3であり、E及びFは残りの相続分である4分の1を分け合います。そして、Eは甲と父母の一方（D）のみを同じくする半血の兄弟姉妹であるため、甲と父母の双方（C及びD）を同じくする全血の兄弟姉妹のFの相続分の2分の1となり、F及びEは「2：1」の割合で相続分を取得します。仮に、甲に1,200万円の財産があった場合であれば、Fの相続分は、4分の1×3分の2＝12分の2となり、200万円を、Eの相続分は、4分の1×3分の1＝12分の1となり、100万円を相続することになります。

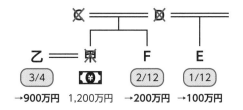

Q p270の問13に関して、なぜ通常の可分債権と扱いが異なるのでしょうか？

A 一般的な感覚として、預金債権（ATMから取り出す金銭）は現金とそれほど変わりはないため、通常の可分債権と扱いが異なります。元々「相続開始時に存した被相続人の**現金**は、**遺産分割の対象となる**ため、相続人は、遺産分割までの間、その現金を相続財産として保管している相続人に対し、自己の相続分に相当する支払を求めることはできない。」（最判平4. 4.10）とされていました。その取扱いに近づけているのです。

Q p278の問16では、なぜ遺言執行者の有無に関する善意・悪意を問わない扱いにされているのでしょうか?

A 1013条3項の趣旨は、相続債権者(被相続人の債権者)に関しては、被相続人の生前にされたはずの強制執行等の権利行使が相続という偶然の事情によって困難になるのは不当であるから、**相続開始の前後で法的地位が変わらないようにする**ことにあります。そして、相続人の債権者に関しても、相続債権者と相続人の債権者の実体法上の優先順位について同順位とされていることから考えると、相続債権者の権利行使を認める以上、**相続人の債権者の権利行使も認めるべき**といえます。このような趣旨に基づくため、遺言執行者の有無に関する善意・悪意は問わないとされているのです。

Q 配偶者居住権と配偶者短期居住権は、どのように趣旨が違うのでしょうか?

A 《配偶者居住権について》
遺産分割において配偶者が居住建物の所有権を取得することにすると、居住建物の評価額だけで相当程度高額になるため、その後の生活資金のためのその他の財産の取得を十分にできなくなってしまいます。そこで、配偶者のために居住建物の使用収益権のみを認め、処分権限は認められない権利として配偶者居住権を設けることにより、**遺産分割の際に配偶者が居住建物の所有権を取得するよりも低廉な価額で居住権を確保できる**ようにしています(その結果、配偶者は遺産分割の際に他の財産も取得できることになり、その後の生活資金を確保できるようになります)。

《配偶者短期居住権について》
配偶者が被相続人所有の建物に居住していた場合、配偶者は被相続人の占有補助者として当該建物を使用している場合が多いですが、相続の開始により被相続人の占有補助者としての資格を失うので、他の占有権限を新たに取得しない限り、**当該建物を無償で使用する法的根拠がなくなります**。また、配偶者が相続開始により当該建物を遺産共有することになる場合には、当該共有持分に基づいて建物を使用できますが、その場合には他の相続人に対して**賃料相当額の不当利得返還義務を負う**ことになってしまいます。そこで、短期間に限り、被相続人の意思にかかわらず配偶者が居住建物にそのまま無償で居住できる配偶者短期居住権が設けられています。

■▪ 編者紹介

伊藤塾（いとうじゅく）

毎年、司法書士、行政書士、司法試験など法律科目のある資格試験や公務員試験の合格者を多数輩出している受験指導校。社会に貢献できる人材育成を目指し、司法試験の合格実績のみならず、合格後を見据えた受験指導には定評がある。1995年5月3日憲法記念日に、法人名を「株式会社法学館」とし設立。憲法の心と真髄をあまねく伝えること、また、一人一票を実現し、日本を真の民主主義国家にするための活動を行っている。
（一人一票実現国民会議：https://www2.ippyo.org）

伊藤塾 〒150-0031　東京都渋谷区桜丘町17-5
　　　　https://www.itojuku.co.jp/

うかる! 司法書士 必出3300選/全11科目[1]
民法編 第3版

2015年4月21日　1版1刷
2019年12月18日　2版1刷
2022年11月16日　3版1刷

編　者　伊藤塾
　　　　Ⓒ Ito-juku, 2022
発行者　國分 正哉
発　行　株式会社日経BP
　　　　日本経済新聞出版
発　売　株式会社日経BP マーケティング
　　　　〒105-8308　東京都港区虎ノ門4-3-12
装　丁　斉藤 よしのぶ
組　版　朝日メディアインターナショナル
印刷・製本　三松堂

ISBN978-4-296-11583-9
Printed in Japan